京台两地应用型大学通识教育比较研究

常百灵 —— 著

华夏出版社

图书在版编目（CIP）数据

京台两地应用型大学通识教育比较研究 / 常百灵著 . 北京：华夏出版社有限公司，2024.8. -- ISBN 978-7-5222-0727-8

Ⅰ.G640

中国国家版本馆 CIP 数据核字第 20240C2N63 号

京台两地应用型大学通识教育比较研究

著　　者	常百灵
责任编辑	王　敏
责任印制	周　然

出版发行	华夏出版社有限公司
经　　销	新华书店
印　　装	北京华宇信诺印刷有限公司
版　　次	2024 年 8 月北京第 1 版 2024 年 8 月北京第 1 次印刷
开　　本	720×1030　1/16
印　　张	14.75
字　　数	236 千字
定　　价	89.00 元

华夏出版社有限公司　地址：北京市东直门外香河园北里 4 号　邮编：100028
　　　　　　　　　　网址：www.hxph.com.cn　电话：(010) 64663331 (转)
若发现本版图书有印装质量问题，请与我社营销中心联系调换。

目录

第一章 导论 / 1
    一、研究问题的提出 / 1
    二、通识教育的内涵 / 13
    三、通识教育的历史、发展和模式 / 26
    四、通识教育的教育理念 / 40

第二章 台湾地区技职通识教育发展历程 / 47
    一、台湾地区高等技职教育发展概述 / 47
    二、台湾地区技职通识教育的必要性 / 50
    三、台湾地区技职通识教育的嬗变 / 52

第三章 台湾地区技职通识教育理念和目标 / 73
    一、台湾地区技职通识教育理念 / 73
    二、台湾地区技职通识教育目标 / 92

第四章 台湾地区技职通识教育实践 / 98
    一、技职通识教育课程设计理论 / 98
    二、技职通识教育课程模式 / 103
    三、非正式课程 / 129
    四、组织管理模式 / 141

第五章 台湾地区技职通识教育评鉴 / 149

一、台湾地区技职通识教育评鉴的发展历程 / 149

二、台湾地区技职通识教育评鉴的实施 / 159

三、技职通识教育评鉴的效果及局限性 / 169

四、通识教育的学生评鉴 / 172

第六章 京台两地应用型本科院校通识教育比较与评价 / 177

一、理念和基本模式 / 178

二、课程体系 / 185

三、师资队伍 / 194

四、教学方式 / 198

第七章 结论及建议 / 201

一、主要结论 / 201

二、对策建议 / 209

主要参考文献 / 215

第一章
导 论

一、研究问题的提出

通识教育（general education）是对近现代高等教育有重大影响的思想和实践。学界普遍认为，通识教育的概念源于古希腊哲学家亚里士多德提出的自由教育思想。近代西方资本主义经济、政治、社会的变迁深刻影响到高等教育界，自由教育的传统逐渐嬗变为以欧美本科教育为模式的通识教育。

中国广泛使用的"通识教育"一词系舶来品，是由英文 general education 一词翻译过来的。在不同的历史时期、不同的国家和地区，general education 曾有多种译法。如在我国大陆地区曾被译为通才教育、普通教育、一般教育等，在我国港台地区曾被译为宏通教育、通才教育、全人教育、通识教育；在日本则称为教养教育。我国台湾地区学者从中国传统文化中引经据典，说文解意，比较恰当、深邃、全面地表达了"通识教育"的内涵。例如学者郭为藩认为，"通"字是通达、贯通、融会于一炉之意；"识"指见识、器识；"通识"即整合的认知。所谓通识教育，并非表示对各学科领域知识零碎而肤浅地都懂一点，而是通过有系统的文雅教育（liberal education）课程设计，并利用科际整合，引导学生由博返约，拓宽学术的视野。台湾大学历史系教授高明士引用清儒章学诚释"通"为"达"及"通者，所以通天下之不通也"（《文史通义》）的说法，认为今日的问题，是人文不知理工的学问，理工不知人文的学问，这就是"不通"，通识教育的首要任务在于"通天下之不通";"识"取唐儒刘知几对"学者有博闻旧事,多识其物"(《史通》)中"识"字的解释,刘氏解"识"引用了孔子的"多闻,择其善者而从之",博闻是学问之要求,也就是通识教育中"通"的功夫,但择善的功夫则取决于"见识""器识"的程度。① general education强调在掌握基本知识、技能的基础上培养人对自我以及自己和社会、自己和环境等各种关系做出正确判断、正确选择的能力,"通"和"识"正可涵盖其义,将general education译为通识教育的理由全在于此②,并且"通识教育"的确抓住了liberal education和general education的精髓,并蕴含了中国传统文化的灵魂③。直到二十世纪八九十年代,通识教育这一概念才得到了华人社会的普遍认同,并逐渐流行开来。

中国传统教育中有着丰富的通识教育思想资源,通识教育与中国传统文化中儒家、道家与法家诸子的一些教育思想不谋而合④,从某种意义上来说,中国的传统高等教育在本质上就是通识教育。中国古代重视教育,周朝的官学要求学生掌握六种基本才能,即礼、乐、射、御、书、数,称为"六艺"。孔子是中国古代最有影响的教育家,他提出教育的目标就是培养具有"智""仁""勇"三德的"君子",以这样的贤能之人去治理国家,实现"大同世界"的社会理想。他提出"知(智)者不惑,仁者不忧,勇者不惧"(《论语·子罕》)。陶行知先生将"智""仁""勇"比附为智、德、体的全面发展。这反映了孔子关于"三达德"的思想,已经初步显露关于人的各种素质和谐发展的思想。⑤ 中国传统儒家经典《中庸》概括的学习方法为"博学之、审问之、慎思之、明辨之、笃行之",可见儒家教育思想非常重视"博学"和会通。中国古代教育修德与修学的目的是为治国理政培养人才,这与古希腊的贵族教育在政治维度上并没有太大差

---

① 高明士. 传统中国通识教育的理论 [J]. 通识教育季刊, 1994, 1 (4): 67—75.
② 李曼丽. 通识教育:一种大学教育观 [M]. 北京:清华大学出版社, 1999: 18.
③ 庞海芍. 通识教育内涵解读 [C]//郭大成. 素质教育与大学使命:2011年大学素质教育高层论坛论文集. 北京:北京理工大学出版社, 2013: 111—124.
④ 黄俊杰. 大学通识教育的理念与实践 [M]. 高雄:台湾通识教育学会, 1999: 47—130.
⑤ 王炳照,阎国华. 中国教育思想史:第1卷 [M]. 长沙:湖南教育出版社, 1994: 60.

别。但是我们的经学体系无法有效容纳逻辑与科学理性，在知识论和方法论上过于偏重伦理道德层面，其长远后果就是中国在近现代的系统性落后。①

清末，中国建立了近现代意义上的大学。它既不是中国传统高等教育自身逻辑发展的结果，也不是社会经济发展到一定阶段的产物，而是与民族救亡运动相伴而生，是移植西方国家大学制度的产物。② 通识教育也被引入中国并进行系统的实践。③ 为了挽救民族危亡，实现教育救国、实业救国，清末和民国的官员大都主张大力引进西方现代科学技术，专门教育开始崭露头角，传统的"通才教育"模式受到冲击。从此，中国近现代大学教育就在"通识教育"和"专门教育"的天平上摇摆。发展专门教育和实业教育的客观需要和随之而来的功利主义、实用主义倾向，促使专家学者围绕通识教育和专门教育孰轻孰重，展开了激烈的争论。争论的结果是认可了大学教育应以"研究高深学术，培养能治事、治人、创业之通才与专才"为目标，并且规定了统一的大学共同必修课程标准，加强了大学基本训练。④ 一批教育家奉行通识教育的思想，对大学进行了卓有成效的改革。比较有代表性的有蔡元培、梅贻琦、钱穆等。

蔡元培于1912年发表《对于教育方针之意见》，提出教育"五主义"，即军国民主义、实利主义、德育主义、世界观、美育主义。并指出，"以教育界之分言三育者衡之，军国民主义为体育；实利主义为智育；公民道德及美育皆毗于德育；而世界观则统三者而一之"。蔡元培特别强调的美育得到广泛赞同，而有德、智、体、美四育之说。⑤ 蔡元培1917年出任北京大学校长之后，主张"德、智、体、美"育全面发展，养成一种"健全的人格"；主张学术分离，将基础科学和应用科学进行区分，明确北京大

---

① 北航高研院通识教育研究课题组. 转型中国的大学通识教育——比较、评估与展望[M]. 杭州：浙江大学出版社，2013：21.
② 李佳. 近代中国大学通识教育课程研究[M]. 杭州：浙江大学出版社，2010：16.
③ 庞海芍. 素质教育/通识教育在中国的实践历程与未来发展[J]. 教学研究，2022 (2)：1—9.
④ 冯惠敏. 中国现代大学通识教育[M]. 武汉：武汉大学出版社，2004：自序.
⑤ 涂又光. 中国高等教育史论[M]. 3版. 武汉：华中科技大学出版社，2018：217—221.

学的办学定位为"研究高深学问"的研究型大学;主张文理融通,要求学理工科的学生学些人文社会科学知识,学文科的学生学些自然科学知识,以"打破存在于从事不同知识领域学习的学生之间的障碍";主张学术自由、兼容并包。蔡元培的教育改革非常明确地把培育完全人格作为通识教育的目标,把宽厚的通识教育看作精深的专门教育的基础,推动了北大的发展,这些探索对今天的通识教育改革仍然具有重要启示意义。

1940年,钱穆写就《改革大学制度议》一文,提出"智识贵能汇通"的观点。他提出,认为大学教育的最高任务唯在智识之传授,是一种不利于人格之锻炼、品性之陶冶的"鄙见";反对一入大学,在学生毫无人生准则的前提下,过早开始文理分科,甚至文理之内又无限细分,如文学、历史、哲学、政治、经济、教育等等,各筑垣墙,自为疆境,其结果只能成为不通的"愚人";并警示中国大学"一门学术之发皇滋长,固贵有专家,而尤贵有大师……今日国内负时誉之大学,其拥皋比而登上座者,乃不幸通识少而专业多。如此则将使学者不见天地之大,古今之全体,而道术将为天下裂"。①

1941年4月,梅贻琦在主持西南联大常务工作期间,写就《大学一解》一文,集中体现了清华大学的通才教育思想。面对大学教育中存在的通识和专识的争论,梅贻琦明确提出"通识为本,而专识为末"的观点:"窃以为大学期内,通专虽应兼顾,而重心所寄,应在通而不在专。换言之,即须一反目前重视专科之倾向,方足以语新民之效……通识之用,不止润身而已,亦所以自通于人也,信如此论,则通识为本,而专识为末;社会所需要者,通才为大,而专家次之。以无通才为基础之专家临民,其结果不为新民,而为扰民","通识之授受不足,为今日大学教育之一大通病"。②虽然梅贻琦通过理论分析得出"通重于专"的结论,但就大学教育的目的是培养通才还是专才、是培养"人"还是制造"机器"的争论

---

① 钱穆. 改革大学制度议 [N]. 大公报,1940-12-01.
② 涂又光. 中国高等教育史论 [M]. 3版. 武汉:华中科技大学出版社,2018:256—259.

一直存在，在实践中"折中为大学一、二年级以'通才'为主，三、四年级以专业为主"。①

民国时期，中国大学通识教育探索形成了很多有价值的思想，也积累了一些经验，培养了大批会通中外、融通文理、学识渊博又富于创造精神的卓越人才。但是，不同于西方大学的发展历史和人文主义教育思想，中国近代大学创办之初就具有强烈的工具理性色彩和社会本位论，服务于国家政治、军事、经济的功利目的十分突出，"经世致用"的专门教育更受欢迎。② 这种通识教育的探索并没有持续太久，所影响的范围也很有限。

1950年代，由于新中国快速工业化的需要，中国高校全面学习苏联经验，建立了专才教育培养模式，通识教育几近"销声匿迹"。1952—1957年，全国高校进行了院系调整，把各大学相同或相近的科系相对集中，按行业归口建立各类专门学院，如工业、钢铁、地质、航空、矿业、水利、农学、医学、师范等，保留少数文理科综合性大学，大力发展工科院校。调整后，全国的人文社会科学专业大大削弱，各大学的学科结构比较单一；学习苏联经验，从教育思想、教学内容、教学制度到教学方法全面系统进行改革，按照狭窄的专业方向培养专门人才，只保留了思想教育、体育等具有通识教育性质的内容；高度集中的统一管理，全国统一专业设置、统一教学计划、统一教学大纲、统一教材、统一教学过程、统一教学管理，使得人才培养模式过于单一，学生缺乏个性发展。③

我国大陆地区20世纪50年代采用这种本科专业化的大学体制有其历史合理性和必要性，大批专业技术人才的培养，有力地支撑了大陆地区工业化快速发展的进程。这种与发达国家接轨的方式有力推进了大陆地区高等教育的初级现代化，为大陆地区工业体系建设和科技发展打下了坚实基础。但是这种体制的弊端也是明显的：过早、过窄、过细的专

---

① 冯友兰. 三松堂自序 [M]. 北京：生活·读书·新知三联书店，2021：316.
② 庞海芍. 素质教育/通识教育在中国的实践历程与未来发展 [J]. 教学研究，2022 (2)：1—9.
③ 郝维谦，龙正中，张晋峰. 中华人民共和国高等教育史 [M]. 北京：新世界出版社，2011：84—98.

业划分，严重限制了大学生的想象力和创造力的充分发展，尤其不利于跨学科、跨领域的前沿性思维和研究①，"批判思考与创新能力"的培养，必须建立在广博的知识基础之上，而且必须凭借深厚的文化资源，才有可能进行批判与知识的创新②；学生人格教育缺失，难以有效融入社会和承受挫折③。基于此，教育部门和各高校开始探索大学本科教育模式的转型问题。

1978年中国改革开放以后，一些研究者和管理者再次关注通识教育。如1988年杭州大学张维平的博士论文研究的就是"高等学校中的普通教育"，1989年杨东平教授出版了专著《通才教育论》，1999年李曼丽博士曾经详细梳理了西方通识教育的内涵、历史渊源、实践模式、教育理念等。但是，直至20世纪结束，中国大陆都还是把通识教育称为"素质教育"。素质教育是基于对应试教育的反思而提出的教育理念。素质教育首先在基础教育领域实践并取得系列重大成就。同时，素质教育思想也从基础教育领域向高等教育领域不断扩展，文化素质教育政策即为素质教育思想在高等教育领域落实的一个重要抓手。④ 1995年，国家教育委员会发布《关于开展大学生文化素质教育试点工作的通知》，开始有计划、有组织地在高校开展大学生文化素质教育试点工作，以北京大学、清华大学和华中科技大学为代表的首批五十三所高校开展了这项工作。1998年4月，教育部在总结试点工作经验的基础上印发了《关于加强大学生文化素质教育的若干意见》，明确提出"加强文化素质教育是时代发展的要求"，"是我国高等教育改革的需要"，"是大学生全面发展的需要"；要"采取多种途径与方式，加强文化素质教育"，"必须将文化素质教育贯穿于大学教育的全

---

① 甘阳．大学人文教育的理念、目标与模式 [M]//甘阳，陈来，苏力．中国大学的人文教育．北京：生活·读书·新知三联书店，2015：3—40．
② 黄俊杰．21世纪的大学专业教育与通识教育：互动与融合 [J]．顺德职业技术学院学报，2007 (1)：1—5．
③ 北航高研院通识教育研究课题组．转型中国的大学通识教育——比较、评估与展望 [M]．杭州：浙江大学出版社，2013：68．
④ 李曼丽．"通识教育"与"文化素质教育"的基本概念辨析 [C]//大学素质教育编辑部．大学素质教育（2022下半年合集），2022．

过程";提出并建设了九十三个文化素质教育基地,覆盖了一百五十七所高校。1999年《中共中央国务院关于深化教育改革 全面推进素质教育的决定》明确指出:"高等教育要重视培养大学生的创新能力、实践能力和创业能力,普遍提高大学生的人文素养和科学素质。"各大学特别是理工科院校纷纷在教学计划中加入"文化素质教育课程"(即一般所称的"全校通选课"),增设、活跃第二课堂,如讲座、文化艺术活动、社团与社会实践等。全国各级各类学校文化素质教育普遍开展,开启了"中国版"通识教育探索之路。①

进入21世纪,通识教育日渐升温,一些知名大学开始使用"通识教育选修课、通识课程"概念,部分大学提出了本科实施"通识教育基础上的宽口径专业教育"的人才培养模式,一些大学创办了通识教育改革实验班,仿效欧美特别是美国高校开设通识教育课程,并开展通识教育人才培养模式的探索。北京大学的元培计划及后来的元培学院、复旦大学的复旦学院、浙江大学的竺可桢学院、中山大学的博雅学院、清华大学的新雅书院、北京航空航天大学人文与社会科学高等研究院等,通过改革人才培养计划,打造通识教育课程,开展通识教育活动,形成了各具特色的通识教育实践模式。此外,高职院校在通识教育方面的探索热情也高涨起来,如广东顺德职业技术学院"通专结合"的教育模式就颇有代表性。②

2016年3月国务院发布的《中华人民共和国国民经济和社会发展第十三个五年规划纲要》在第十四篇第五十九章第三节"提升大学创新人才培养能力"中,明确提出:"推进高等教育分类管理和高等学校综合改革,优化学科专业布局,改革人才培养机制,实行学术人才和应用人才分类、通识教育和专业教育相结合的培养制度,强化实践教学,着力培养学生创意创新创业能力。"这是通识教育首次出现在政府文件中,再次引发了人

---

① 王洪才,解德渤. 中国通识教育20年:进展、困境与出路 [J]. 厦门大学学报(哲学社会科学版), 2015 (6): 21—28.
② 陈智. 高职院校通识教育与专业教育结合的探索 [J]. 教育研究, 2007 (3): 87—91.

们对通识教育的关注。近十余年来通识教育日渐升温，大有取代素质教育之势。事实上，与其说素质教育正在被通识教育所取代，不如说二者日益交织在一起推动着中国的大学教育改革。① 因为通识教育之所以日渐升温，一是借助于改革开放以来大力倡导素质教育才很快得到高校的认同；二是众多高校普遍把通识教育课程作为实施素质教育的重要路径；三是素质教育、文化素质教育、通识教育等概念同时在很多大学使用，一起改变着中国高校的教育理念、课程体系乃至人才培养模式。②

　　大学通识教育联盟的成立是我国大陆地区通识教育发展过程中的重要事件。2015年11月15日在复旦大学举办的"复旦大学通识教育十周年学术研讨会"上，北京大学、清华大学、复旦大学、中山大学四所高校发起创立《大学通识教育联盟》，并制定《大学通识教育联盟章程》，"旨在推动中国高校通识教育的发展，增进高校在通识教育方面的相互交流、协作与支持"。该章程规定，联盟的主要工作包括：每年举办一次"大学通识教育联盟年会""大学通识教育核心课程暑期讲习班"，不定期举办"通识教育核心课程教学研讨会"以及"校长论坛"等相关会议。规划以联盟名义共同编辑出版《通识教育评论》（复旦大学承办半年刊）、《通识教育通讯》（北京大学承办，包括"通识经典""核心课程""博雅园地""通识动态"四个栏目）；建立"通识联播"微信公共平台，并开设联盟的通识教育网站；出版通识教育丛书，借以积极传播通识教育理念和各校教学改革动态。③

　　联盟成立后，成员不断增加。2016年6月26日，第二届大学通识教育联盟年会在清华大学举行，浙江大学、南京大学、武汉大学、厦门大学、重庆大学及香港中文大学等六校加入联盟，四校联盟扩大为十校联盟。2017年8月22日在北京大学举办的第三届大学通识教育联盟年会，已有近一百五十所高校参加，并审核通过了中国人民大学、上海交通大

---

① 庞海芍，郇秀红．素质教育与大学教育改革［J］．中国高教研究，2015（9）：73—78．
② 庞海芍．素质教育/通识教育在中国的实践历程与未来发展［J］．教学研究，2022（2）：1—9．
③ 大学通识教育联盟章程（修订稿）［EB/OL］．（2016－6－20）［2021－12－31］．http://www.dean.pku.edu.cn/web/rules_info.php?id=145．

学、西安交通大学、陕西师范大学等三十四所高校加入联盟。2021年5月8日，第五届大学通识教育联盟年会在武汉大学开幕，活动吸引了来自全国一百二十多所高校的四百多位代表参加，年会主题为"大学通识教育的多样性探索"。迄今为止，已经有六十所高校加入了"大学通识教育联盟"。此前，通识教育联盟共举办过五届年会，分别探讨了"通识教育和专业教育相结合的大学培养制度""通识教育与'双一流'建设""本科教育与通专结合""中国大学通识教育的多样性探索"等主题。成立数年来，联盟推动了中国高校通识教育的积极发展，探索出一条适合中国高校通识教育发展的道路，初步建构起通识教育和专业教育相结合的大学培养制度。①

中国通识教育兴起的直接原因是应试教育的弊害，但在20世纪90年代国家大力倡导素质教育并取得明显成果的情势下，高校自主探索通识教育的浪潮却日益高涨。作为教育自身变革产物的通识教育更多地受到时代必然性与社会需要的推动，追溯中国通识教育的当代起源背景，是通识教育获得自觉定位的基础与前提。② 中国通识教育兴起的背景可以从三个维度来把握：

其一，中国通识教育的兴起具有民族国家竞争背景。经过改革开放几十年的发展，原有的依靠要素驱动、投资规模驱动发展的经济增长模式难以为继，实施创新驱动发展战略成为必然选择。习近平总书记在党的十八届五中全会第二次全体会议上提出："我们必须把创新作为引领发展的第一动力，把人才作为支撑发展的第一资源，把创新摆在国家发展全局的核心位置，不断推进理论创新、制度创新、科技创新、文化创新等各方面创新，让创新贯穿党和国家一切工作，让创新在全社会蔚然成风。"③ 在2016年12月召开的全国高校思想政治工作会议上，习近平总书记更直接将创新指向大学教育："我们对高等教育的需要比以往任何时候都更加迫切，对科学知识和卓越人才的渴求比以往任何时候都更加强烈。党中央做出加快

---

① 第五届大学通识教育联盟年会在武汉大学开幕[EB/OL]. (2021-5-10) [2021-12-31]. http://education.news.cn/2021-05-10/c_1211148430.htm.
② 尤西林. 中国当代通识教育的起源背景与现状问题——兼论通识教育"评估—调整"机制的意义[J]. 华东师范大学学报（教育科学版），2022 (8)：1—8.
③ 习近平. 习近平谈治国理政：第2卷[M]. 北京：外文出版社，2017：198.

建设世界一流大学和一流学科的战略决策,就是要提高我国高等教育发展水平,增强国家核心竞争力。"① 国家战略成为中国通识教育切近的第一层背景,而"创新"则成为国家战略与教育结合的枢纽。培养出卓越人才的国际竞争压力,让国内一流高校纷纷将目光投向欧美高校,尤其是其通识教育。中国通识教育的积极倡导者甘阳曾坦言,自己老拿美国大学作为参照,是"因为美国大学就是比中国大学好。我们不要不服气"。② 学术界普遍将通识教育与创新性联系起来,认为美国科技创新的根基在于通识教育,中美实力对比的焦点在通识教育,中国从苏联承袭的专业—职业性大学结构已丧失了创新力。

其二,知识经济社会发展是通识教育的深层背景。自 20 世纪 70 年代以来,科技进步日益成为经济发展的决定性因素。1996 年,经济合作与发展组织(OECD)首次提出"以知识为基础的经济"的术语。经合组织认为,知识通常包括:知道是什么的知识(know-what)、知道为什么的知识(know-why)和知道怎样做的知识(know-how),在未来的知识经济社会中,还有一种"谁知道及谁知道如何做某事的知识"(know-who)将变得十分重要。这意味着,仅仅掌握自己专业领域的知识是远远不够的,主动打破自己专业领域的限制,开阔视野,关注其他领域正在进行的工作和工作的进展情况,这对于提高个人学习效率和工作效率来说是非常必要的。③ 由于较早地就把目标限定在特定领域中,视野未免受限,学生难以走出各自专业的小圈子,认识不到知识之间的联系,缺乏从比较广阔的视角思考和处理问题的意识和能力。毕业后,学生面临的是比传统社会更加复杂、多变的工作环境,需要开阔视野,关注并利用其他相关领域的新进展,有效地解决工作中遇到的问题,并需要应对职业经常变换的挑战。④ 通识教

---

① 把思想政治工作贯穿教育教学全过程 开创我国高等教育事业发展新局面[N]. 人民日报,2016-12-9(1).
② 甘阳. 通识教育:美国与中国[J]. 复旦教育论坛,2007(5):22—29.
③ 李曼丽. 通识教育:一种大学教育观[M]. 北京:清华大学出版社,1999:187.
④ 陈向明. 从北大元培计划看通识教育与专业教育的关系[J]. 北京大学教育评论,2006(3):71—85+190.

育通过提供多学科领域贯通的通识课程，帮助学生开阔视野，理解不同知识领域思考和处理问题的方式。通识教育还可以通过多元的课程，帮助学生构筑与自己职业领域相关的知识体系，增强对未来职业的适应性。社会生活日益成为一个复杂的系统，行业之间、部门之间、部门内部需要互相了解认知、互相支持协作。在通识教育中，知识和见识的增长、团队协作意识和能力的养成与获得，将会为学生未来的职业发展和更好地适应社会提供支持。2015年11月，联合国教科文组织发布了《教育2030行动框架》。这个面向全人类而且特别涵盖第三世界社会的教育纲领，针对知识经济不断冲击所造成的单一专业—职业的周期性和结构性失业，将应对性的职业技术培训转变为长期性的终身教育，因此其内容不仅包括了特定的专业技术学习，而且更加强调作为不断自我学习与不断迁移的深层基础的思维训练与情感审美教育，进而"确保所有人打下扎实的知识基础，发展创造性及批判性思维和协作能力，培养好奇心、勇气及毅力"。[①]

其三，构建中国社会发展的统一性是通识教育的现实背景。改革开放使中国社会发生了深刻的变革，市场经济体制的建立和逐步完善为社会注入了极大活力，同时，也出现了一些令人困惑的问题，如现代化与经济增长方式转变的双重需求，以及高等教育进入大众化阶段带来了扩大化和提高质量的任务。在这样一个纷繁复杂、竞争激烈、价值多元的背景下，高等教育应该培养什么样的人才值得深思。"时代的发展需要人们具有新的心智特点和智慧力量，为了更好地实现我国社会的可持续发展，更好地帮助个体健康参与社会发展，我们需要给予学生共同的信念，包括历史上具有经典意义的价值观，还包括以什么样的态度来看待不断加剧的竞争和变化等。"[②] 习近平总书记在全国高校思想政治工作会议上

---

① 国家教育发展研究中心专题组，译. 迈向全纳、公平、有质量的教育和全民终身学习——《教育2030行动框架》之前言、愿景、理念与原则[J]. 世界教育信息，2016 (1).
② 李曼丽. 中国大学通识教育理念及制度的构建反思：1995—2005[J]. 北京大学教育评论，2006 (3)：86—99+190.

明确提出,教育的根本问题是"培养什么样的人、如何培养人以及为谁培养人"。①

我国经济发展进入新时代,经济发展方式正在发生深刻转型。如何适应我国经济社会发展需求,为科技创新、劳动者素质提升和管理创新提供人力和智力支撑,如何应对社会职业变化导致的人力资源需求和就业市场的变化,培养具有创新创业能力的高素质人才,都对迈入普及化阶段的我国高等教育提出了新的挑战。2017年1月,国务院印发《国家教育事业发展"十三五"规划》,提出"要深化本科教育教学改革。实行产学研用协同育人,探索通识教育和专业教育相结合的人才培养方式,推行模块化通识教育,促进文理交融"。② 可见,通识教育已经成为中国高等教育的重要组成部分,提高人才培养质量,培养高水平应用型人才,必须重视通识教育发展。

我国台湾地区的经济经历了20世纪50年代的恢复和发展后,在整个60—80年代保持了相当长时间的高速增长态势,创造了所谓的"经济奇迹"。该"奇迹"的出现固然与"有利的国际环境为台湾经济发展提供了技术来源与市场支持"③ 直接相关,同时也与台湾地区重视人力资源开发,大力发展教育事业,特别是以培养应用型人才为目的的技职教育密不可分。20世纪80年代以来,为因应经济社会发展对人才培养的要求,台湾地区高等教育领域,包括高等技职教育体系普遍开展了通识教育实践,积累了丰富的通识教育成果。台湾地区的高等技职教育在办学定位和办学层次上与大陆地区的应用型大学大致相当。开展京台两地应用型大学通识教育研究,系统地梳理其通识教育的理念、实践及应用型大学通识教育不同于一般大学的特殊性,对形成"通识教育与专业教育

---

① 把思想政治工作贯穿教育教学全过程 开创我国高等教育事业发展新局面 [N]. 人民日报,2016-12-9 (1).
② 国家教育事业发展"十三五"规划 [EB/OL]. [2020-01-10]. http://www.gov.cn/zhengce/content/2017-01/19/content_5161341.htm.
③ 邓利娟. 台湾经济从"奇迹"到"困境"发展过程的重新审视——基于东亚新学说的理论视角 [J]. 台湾研究集刊,2009 (2):42—51.

相结合的培养制度",推动落实高校立德树人根本任务具有重要意义。

二、通识教育的内涵

通识教育(general education)是对近现代高等教育有重大影响的一种教育思想和实践。一般认为,第一个把通识教育与大学教育联系在一起使用的是美国博德学院的帕卡德(A. S. Packard)教授。19世纪初,部分美国学院为适应知识增长及学生修习需求的变化开始实行选修制,允许学生选科和选课。这一改革造成不同学生所学课程出现很大不同,打破了所有学生修习相同课程的传统制度,引发了"大学生学习的课程是否需要一些共同的部分"的争论。帕卡德教授公开支持本科课程应该有共同部分的观点,他认为:"我们学院预计给青年一种 general education,一种古典的、文学的和科学的,一种尽可能综合的教育,它是学生进行任何专业学习的准备,为学生提供所有知识分支的教学,这将使得学生在致力于学习一种特殊的、专门的知识之前对知识的总体状况有一个综合的、全面的了解。"[①] 这是通识教育最初被赋予的意义。

从20世纪30年代中期起,通识教育开始成为一个普遍使用的概念,与大学恢复共同必修课程有关的各种教学改革、实验联系在一起。关于通识教育的内涵,在已有文献中的表述多种多样,迄今为止尚没有一个公认的、规范性的表述。[②] 国内较早开始研究通识教育的学者李曼丽、汪永铨运用马克斯·韦伯(Max Weber)的"理想类型"(Ideal Type)法,对搜集到的、19世纪初期以来具有一定代表意义的著作及著名学者对大约五十种有关通识教育内涵的表述进行考察,从性质、目的和内容三个角度对通识教育的内涵做出了初步建构。简言之,就其性质而言,通识教育是高等

[①] 转引自李曼丽. 通识教育:一种大学教育观 [M]. 北京:清华大学出版社,1999:8.
[②] 李曼丽. 通识教育:一种大学教育观 [M]. 北京:清华大学出版社,1999:10.

教育的组成部分，是所有大学生都应接受的非专业性教育；就其目的而言，通识教育旨在培养积极参与社会生活的、有社会责任感的、全面发展的社会的人和国家的公民；就其内容而言，通识教育是一种广泛的、非专业性的、非功利性的基本知识、技能和态度的教育。① 这一概括为我们理解和认识通识教育提供了基本的框架，受到很多学者的关注。不过，这样的概括依据的多为欧美学者的文本，而在第二次世界大战之后，作为一种教育理念和模式，通识教育逐渐扩散至日本、德国以及中国香港、台湾和大陆地区②，在不同的文化语境中，学者们对通识教育有了新的理解和表达。在对不同的概念进行考察和对相关概念进行辨析的基础上，本文认为，通识教育的内涵可以从以下几个维度进行理解。

（一）通识教育是一种现代教育理念，不是对古典自由教育的简单再现

教育理念是一定的经济社会发展状况及相应教育实践的产物。同时，教育理念又总是具有文化属性，只有在一定的文化传统中才能得到恰当而充分的理解。③ 通识教育产生于 19 世纪初，资本主义经济的发展繁荣、科学知识的大量涌现，导致学科日益分化，科学技术在社会发展中的地位和作用越来越得到肯定。在高等教育领域，传统的以心智训练为主的自由教育受到冲击，专业教育由于其自身所具有的社会价值而越来越广泛地受到重视。"我们生活在一个专业主义的时代，在这个时代，对于学生来说，成功之路往往在于选择一种专业化程度较高的职业。"④ 专业教育就是现代高等教育的实质，这是通识教育理念形成的基础和前提。

现代社会学科分化对大学的育人产生了直接的影响，现代化的挑战意

---

① 李曼丽，汪永铨. 关于"通识教育"概念内涵的讨论 [J]. 清华大学教育研究，1999（1）：99—104.
② 沈文钦. 通识教育模式在第二次世界大战后的全球扩散 [C]//郭大成. 素质教育与大学精神：2012 年大学素质教育高层论坛论文集. 北京：北京理工大学出版社，2013.
③ 石中英. 论教育学的文化性格 [J]. 教育研究，2002（3）：19—23.
④ 哈佛委员会. 哈佛通识教育红皮书 [M]. 李曼丽，译. 北京：北京大学出版社，2010：41.

味着专业分科的教学组织方式、以学术研究为志业的基本定位和科学主义、知识本位的伸张等深刻变革。因而,"在以理性和科学为基石的现代社会,人类不可避免地走向专业分化,有一种现代教育是每一种文明进行社会整合、塑造文化认同、推动文明演进的文教手段,也是每一个具有专业职分的个人获得其应有修养的途径"。① 这种现代教育就是通识教育。通识教育本身是一种"否定的否定",即以近代科学为滥觞、以现代研究型大学为标志的现代知识分工、专业化、传播和扩大再生产系统,否定了传统社会统治精英和文化精英的自我复制或"再生产"模式;而通识教育的理念和实践,则是对这种按照客观或实用化知识技能的内部分工、专门化和学科内部"知识"的量化增长逻辑来组织大学教育的观念的"否定"或超越;今天的"通识教育"是镶嵌在专业教育、实用教育(技能训练)和大众社会基本价值系统之内,但力求在一个较高的"人力资本"投入和"人力资源配置"的水准上,为全社会提供更好的"产品"。②

通识教育为克服专业分化带来的现代性问题而生,是非专业非职业的教育。有学者因为这种非专业非职业性而直接把中国的传统教育等同于通识教育③,认为儒家的教育就是通识教育,这种观点脱离了古今之变的历史语境,在概念的运用上不够严谨科学。同样,也不能把通识教育简单等同于自由教育。

通识教育继承了古希腊以来的自由教育的传统,因而一些学者将通识教育和自由教育互换使用,甚至认为通识教育就等同于自由教育。有学者从类型学意义上对 liberal education 这一概念进行分析:从对象来看,liberal education 在不同的历史阶段分别被定义为自由人教育(与奴隶相对)、绅士教育和自由公民教育;从功能上看,liberal education 被定义为自为目

---

① 陆一,徐渊. 制名以指实:"通识教育"概念的本语境辨析[J]. 清华大学教育研究,2016(5):30—39.
② 张旭东. 关于"通识教育"理念和实践的一些经验和看法[C]//甘阳,孙向晨. 通识教育评论(2022年总第十期). 北京:商务印书馆,2023.
③ 张汝伦. 通识又解[C]//甘阳,孙向晨. 通识教育评论(2022年总第九期). 北京:商务印书馆,2022.

的的非功利性教育、预备性的通识教育（从古罗马开始）、使心灵获得自由的教育（从古罗马的塞涅卡开始）和作为心智训练的教育；从内容上看，liberal education 被定义为自由技艺的教育，在很长一段时间内，对绅士阶层的教育最重视的是古典学，因此在某一个历史阶段，liberal education 等同于古典教育，19 世纪下半叶之后，现代学科体系逐渐形成，越来越多的知识门类进入大学，并主张自己具有心智训练的价值，liberal education 演变为包含人文学科、社会科学和自然科学的教育。[①] 哈佛委员会的红皮书也有类似的观点："通识教育问题的核心在于自由传统和人文传统的传递"，通识教育和自由教育的目标是相同的，旨在造就自由人，"自由教育可以看作通识教育的早期阶段，它们本质相同但程度有所差别"。[②]

通识教育与西方历史上的自由教育是两个不同的概念。虽然两者之间具有历史发展的连续性，在内涵上也有共通之处，但是自由教育和通识教育在所处的历史情境、培养目标以及各自所对应的教育类型方面很不相同。自由教育的核心概念是自由，即心智的解放。自由教育的目的是培养人发展自身的素质，肯定知识本身的价值，教育的内容以广博为尚，追寻生命中的真、善、美。古典时期的自由教育仅限于有闲阶层，是典型的精英教育，"其目的是培养出一个对于自身、对于自身在社会和宇宙中的位置有着全面理解的完整的人"。[③] 它与被统治阶级所接受的职业教育相对立，理智训练本身即是目的，不直接为学生的职业需要服务。

通识教育产生于西方发达国家（特别是美国）高等教育大众化阶段，不再是仅仅服务于少数有闲阶层，而是向全部受高等教育者普及，其目的是培养既具有较宽厚的专业基础又全面发展的人。通识教育在理念上基本延续了自由教育旨在培养人格健全的完整的人这一传统。从这个意义上讲，通识教育所面对和探讨的，必然是人类历史中那些永恒不变的生存困

---

① 沈文钦. Liberal Education 的多重涵义及其现代意义：一个类型学的历史分析 [J]. 北京大学教育评论，2021（1）：17—43+190.
② 哈佛委员会. 哈佛通识教育红皮书 [M]. 李曼丽，译. 北京：北京大学出版社，2010：柯南特导言，40.
③ 哈佛委员会. 哈佛通识教育红皮书 [M]. 李曼丽，译. 北京：北京大学出版社，2010：40.

境和伦理道德。在内容设计上，人类文明的历史以及在历史长河中形成的各类人文经典，必然是通识教育的重点。即便是面对专业教育强势影响下学生将来成为各种各样专家的发展需求，让学生不失健全的人格和自由的品性，并且有能力应对专业领域之外提出的种种挑战，仍然是对自由教育精神的延续。现代通识教育的兴起与日益严重的学科专业分化所带来的知识碎片化、知识自身发展所需要的宽厚基础和科际整合相关，更为主要的是，"在一个日益多元复杂和全球化的时代，通识教育承担着凝聚社会共识、培养合格公民的时代使命，不仅仅是人才培养问题，也是国家战略问题"。① 从这样的目标出发，通识教育的内容就不限于自由教育所重视的古典语言和古代经典，而是超越人文教育，扩展到社会科学和自然科学的广阔领域。

（二）通识教育旨在培养全面发展的社会的人和国家的公民

中国学者也大多强调通识教育的目的是培养"完整的人"。北京大学陈向明认为，通识教育既是大学的一种理念，也是一种人才培养模式，其目标是培养完整的人（又称全人），即具备远大眼光、通融识见、博雅精神和优美情感的人，而不仅仅是某一狭窄专业领域的专精型人才。② 北航高研院通识教育研究课题组认为，通识教育是古典自由教育的现代延续，旨在培养健全的人，同时应对学科专业分化带来的知识碎片化和现代复杂社会带来的超学科挑战。③ 台湾地区学者黄俊杰认为，"所谓通识教育就是一种建立人的主体性，以完成人之自我解放，并与人所生存之人文及自然环境建立互为主体性关系的教育，也就是说是一种完成'人之觉醒'的教育"。④

任何一种成熟的教育思想，都以实现人的某种发展为目标，又同时关

---

① 哈佛委员会. 哈佛通识教育红皮书[M]. 李曼丽，译. 北京：北京大学出版社，2010：3.
② 陈向明. 对通识教育有关概念的辨析[J]. 高等教育研究，2006（3）：64—68.
③ 北航高研院通识教育研究课题组. 转型中国的大学通识教育——比较、评估与展望[M]. 杭州：浙江大学出版社，2013：4.
④ 黄俊杰. 大学通识教育的理念与实践[M]. 武汉：华中师范大学出版社，2001：27.

照与育人目标相适应的理想政治与社会。① 通识教育"旨在培养学生成为一个负责任的人和公民"②，而好人和好公民需要掌握的知识要素包括自然科学、社会科学和人文学科三个部分，帮助我们理解和处理人与自然、人与社会、人与自身之间的关系；教育不仅仅只是传授知识，而且应该培育年轻人的心智品质，包括"有效的思考能力、交流思想的能力、做出恰当判断的能力，辨别价值的能力"③，而这些心智品质正是通识教育的培养目标。通识教育是一种培养"人"的教育，是培养"全人"的教育，是跨学科整合的教育，是培养人文精神的教育。④

无论是"完整的人""健全的人"，还是有主体性的人，无疑通识教育都专注人的培养，更关注人的基本能力和素养，而不是只会做某种工作的人。"通识"，指的正是在一般劳动而非特殊劳动意义上的劳动者的基本素质，特别是其内在的可再生及可塑的能量和创造性；而这种可再生及可塑的能量和创造性，又以保存、滋养、调节、调动和释放作为人的本质的自由、自我实现和自我超越的驱动力以及无限的理性思维能力为最高目标。⑤

教育的目的在于培育和造就完整的人，实现人的全面发展。在个人层面，通识教育的作用就是健全人格，是对人性的确认、成全和反省。通识教育通过经典阅读、小班讨论等教学方式帮助学生认识自我、认识社会，形成健康的生活情趣，成就完整人格。通识本身就是为己之学，因而并不直接追求其他功利性目标。但是通识教育在直指人心、塑造灵魂的同时，也成就了受教育者在现代社会通用的种种技能，这些技能、知识的副产品也是我们乐见的。教育应该是公平和平等的，应该为每个

---

① 陆一. 从"通识教育在中国"到"中国大学的通识教育"——兼论中国大学专业教育与通识教育多种可能的结合 [J]. 中国大学教学, 2016 (9)：17—25.
② 哈佛委员会. 哈佛通识教育红皮书 [M]. 李曼丽, 译. 北京：北京大学出版社, 2010：40.
③ 哈佛委员会. 哈佛通识教育红皮书 [M]. 李曼丽, 译. 北京：北京大学出版社, 2010：50.
④ 张东海. 通识教育：概念的误读与实践的困境——兼从全人教育角度理解通识教育内涵 [J]. 复旦教育论坛, 2008 (4)：20—23.
⑤ 张旭东. 关于"通识教育"理念和实践的一些经验和看法 [C]//甘阳, 孙向晨. 通识教育评论 (2022年总第十期). 北京：商务印书馆, 2023.

人的全面发展提供条件。这是马克思主义的根本价值目标，也是人类的共同理想。马克思说："在共产主义社会里，任何人都没有特殊的活动范围，而是都可以在任何部门内发展，社会调节着整个生产，因而使我有可能随自己的兴趣今天干这事，明天干那事，上午打猎，下午捕鱼，傍晚从事畜牧，晚饭后从事批判，这样就不会使我老是一个猎人、渔夫、牧人或批判者。"①

梅贻琦在《大学一解》中谈到，道德修养包括知、情、意三个方面，专业教育往往注重知识的传授，于情感、意志方面很是忽视，甚至无所作为。这是传统教育转型为现代教育过程中必然经历的过程。传统教育是小众的，少数的学生从游于学养深厚、品德高尚的教师，耳濡目染，品行修养自在其中。在现代教育中，受教育者的规模大幅增长，远远超过了优良师资增长的规模，小班授课模式近乎成为一种奢侈。随着知识的迅猛增长，学生和教师追求新知的压力和动力超过了对品性修养的关注。然而，人格的完善对学生一生的重要意义远远超过专业本身所带来的影响。成就全面发展的人、成为更好的自己，为美好生活奠定基础，仅仅是通识教育个人层面的目标。人是生活在社会之中，个人才智及美好生活只有在社会中才能得到承认和成就。因此，更好的社会也就意味着更好的个人。从人类社会发展来看，通识教育就是要在学科融合的基础上培养学生的参与意识、批判精神和综合素养，解决人们面对复杂社会现实问题的时候表现出来的无能、无力、无助等难题。②

通识课程在课程设计方面都强调对综合性知识的掌握，重视跨学科学习，致力于促进人的全面发展。一般来说，人类的知识分为自然科学、社会科学和人文学科三部分。虽然我们学习的知识属于不同的领域，但是生活的世界却是一个整体。自然科学旨在对自然环境有所理解，以利于我们与之保持适当的关系；社会科学旨在对我们的社会环境和人类制度有个总

---

① 马克思恩格斯文集：第1卷［M］．北京：人民出版社，2009：537．
② 钟秉林，王新凤．通识教育的内涵及其本土化实践路径探析［J］．国家教育行政学院学报，2017（5）：3—9．

体的理解,以便于我们与社会保持适当关系;人文学科的目的是促使人们理解人类与其自身的关系,理解人类的内在期望与理想。①

20世纪美国通识教育的探索以及产生的重大影响,并不是脱离社会独立存在的,而是对西方社会遇到的现代性问题的回应和解答,也是高等教育自身发展逻辑的呈现。通识教育作为现代教育理念,它产生于理性化、专业分化、推崇人人平等的现代社会,它本身的现代性体现在教育对象的普遍性和平等性上,针对过度专业分化造成人的疏离而言,它是对现代性弊端的纠正。②工业化科技发展带来的专业主义、功利主义对高等教育产生了冲击,工业革命对人类社会产生了深远的影响,工业的发展引起了社会分工的发展,产生了越来越多的行业、企业。人们越来越多地从乡村迁出而聚居于城市,社会形态也逐渐由农业社会转变为工业社会。随着科学技术影响力的进一步深化,企业需要越来越多的受过专业技术培训的劳动者。受到的专业教育不同,将来的职业发展不同,相应的经济利益和社会地位也会有巨大的差别。因此,学生在专业选择方面深受功利主义的影响,商科、法课等专业受到追捧。科学技术飞速发展,知识领域不断分化,受此影响,高等教育不分专业的自由教育传统开始改变,专业教育成为必须,并且不同专业的知识分支越来越细,不同专业之间的差别越来越大。专业的分化、社会的日益多样化引发教育者对社会凝聚力下降及共同生活基础缺失的担忧,迫切需要通过基于共同思想基础的价值观教育来增强凝聚力。高等教育大众化带来受教育者的差异性和社会的日益分化。美国大力开展通识教育探索之时,正是美国高等教育大发展的时期。受教育者由原来的少数富裕的精英阶层子弟,转变为多数的包括普通阶层在内的人员。学生在智力层次和兴趣方面有很大的差异,有些学生喜欢学术思考,智力水平适合接受更高水平的教育,有些学生则对动手操作性活动更有兴趣,有些学生则在艺术方面有更高的天赋。学生自身的差异性要求高

---

① 哈佛委员会. 哈佛通识教育红皮书[M]. 李曼丽, 译. 北京: 北京大学出版社, 2010: 45.
② 陆一. 从"通识教育在中国"到"中国大学的通识教育"——兼论中国大学专业教育与通识教育多种可能的结合[J]. 中国大学教学, 2016(9): 17—25.

等教育采取差异化的培养方式，使不同的学生都能得到很好的培养，进而为未来的美好生活奠定扎实的基础。但是，学生的差异性以及随之而来的高等教育的分化，使不同群体之间日益缺乏共同语言，难以达成共识。这种差异性和分化带给高等教育的思考是，需要一些共同的课程或能力来凝聚共识，为学生的未来发展奠定共同基础。

素质教育和通识教育也有着异曲同工之妙，两者概念不同但目的一致，都强调培养人格健全、全面和谐发展的完整的人。为了克服教育过分功利化、专业化带来的弊端，两者均提倡不论何种学科专业学生，都需要涉猎人文、社会、自然科学三大知识领域。在途径上，西方的通识教育课程体系系统完善，值得借鉴；中国的思政课程及第二课堂活动等成效显著，值得弘扬。在中小学阶段，建议采用"素质教育"概念为宜，重在改变以"应试教育"为目的的教育倾向；大学阶段，建议在素质教育思想引领下构建通识教育与专业教育相结合的培养制度。[1] 通识教育与"文化素质教育"在理念上是相通的，两者背后的教育目标与价值指向相似，都是力求实现一种支持人的"全面发展"的教育。但两者在什么是完整的人以及如何实现人的全面发展上存在分歧，其背后的原因在于对"人的本质"的不同思考。从概念发展史来看，国外舶来的"通识教育"与本土生长的"文化素质教育"是在各自教育背景下发展起来，不可忽视其文化情境属性。[2]

（三）通识教育是一种人才培养模式

所谓"人才培养模式"，是指培养主体为了实现特定的人才培养目标，在一定的教育理念指导和一定的培养制度保障下设计的，由若干要素构成的具有系统性、目的性、中介性、开放性、多样性与可仿效性等特征的有关人才培养过程的理论模型与操作样式。[3] 通识教育不仅仅是一种课程体

---

[1] 庞海芍. 素质教育/通识教育在中国的实践历程与未来发展 [J]. 教学研究，2022（2）：1—9.
[2] 李曼丽. "通识教育"与"文化素质教育"的基本概念辨析 [C]//大学素质教育编辑部. 大学素质教育（2022下半年合集），2022.
[3] 董泽芳. 高校人才培养模式的概念界定与要素解析 [J]. 大学教育科学，2012（3）：30—36.

系，更是一整套包含了教育理念、培养规格、课程设置以及教育教学管理体制等在内的人才培养模式。①

通识教育作为一种人才培养模式独具特色，颇受推崇。耶鲁大学校长理查德·莱文教授在第四届中外大学校长论坛上的演讲中充满自信地表示，创新和批判性思考对于国家发展具有重要意义，这是中国可以从美国的通识教育模式中学习的经验。②欧洲国家也开始重新重视通识教育，原因在于：原先的人才培养模式过早地使大学生走向了专业化的道路，越来越不能适应劳动力市场对具备文学和数学方面的良好素养、宽广的知识基础的人才的需求；在知识经济时代，创新越来越依赖于跨学科知识和通用性技能，而原来的过早专业化的模式不利于这两者的获得。③

每一种教育模式都具有文化的适应性，通识教育模式也是如此。通识教育作为一种在美国具有悠久历史的教育模式，对于中国而言，是一种在异域文化当中发展起来的全新教育理念，因此，不加变动而全部照搬到中国是很难成功的。④同时，应该看到，"通识教育的核心目标，是为了让学生树立起对美国自由民主社会的信念，认同美国自由民主社会的价值观，推动美国自由民主社会的发展和进步。一句话，通识教育就是美国社会的教育，带有鲜明的美国烙印，是为美国利益服务的教育"。⑤对通识教育的本土化改造势在必行。

中国社会和大学经过数十年高歌猛进的现代化建设，通识教育的现实基础已经具备。中国大学的通识教育能否真正实行，需要我们创造性地回应育人目标、制度模式、教育内容、教育形式和效果评价等方面的挑战。具体来

---

① 钟秉林，王新凤．通识教育的内涵及其本土化实践路径探析［J］．国家教育行政学院学报，2017（5）：7—9．
② 理查德·莱文．通识教育在中国教育发展中的角色［J］．国家教育行政学院学报，2010（7）：8—10＋77．
③ 沈文钦．通识教育模式在第二次世界大战后的全球扩散［C］//郭大成．素质教育与大学精神：2012年大学素质教育高层论坛论文集．北京：北京理工大学出版社，2013．
④ 理查德·莱文．通识教育在中国教育发展中的角色［J］．国家教育行政学院学报，2010（7）：8—10＋77．
⑤ 秦春华．我们需要什么样的通识教育［J］．中国大学教学，2016（11）：17—26＋35．

说包括，大学能否提出现代中国的人才培养目标；能否确立与其人才培养目标相适应的通识与专业结合的教育模式；能否从中国书院传统出发，在第二课堂和寄宿制共同生活的教育方面与既有学工系统理顺关系；知识精英能否在必读经典上达成一定共识；能否切实吸收国外有效教学方法；能否从中国大学实际出发构建管理和质量评估体系。① 高等院校和专家学者从不同角度提炼美国通识教育的优点，形成符合中国特色的通识教育模式。

通识教育本土化过程中，首先应该形成中国特色的人才培养目标。如《哈佛通识教育红皮书》明确提出，通识教育"旨在培养学生成为负责任的人和公民"，而这样的好人和好公民必须具备一定的心智品质，即"有效的思考能力、交流思想的能力、做出恰当判断的能力、辨别价值的能力"。②

中国通识教育应当培养具有"世界眼光、中国灵魂的现代公民"。所谓"现代公民"意味着能正确认识我们身处其中的现代社会，以形成符合现代社会要求的认知、情感、意志、品质、能力和行为方式；"世界眼光"意味着能够从全球化的角度来看待世界以及处于世界中的中国，进而形成与这个全球化时代相匹配的国际视野和国际化交往能力；而"中国灵魂"则意味着能够正确认识中国的文化传统，不仅知道自己在何种意义上是一个中国人，而且明白自己只有作为中国人才能被其他国家地区的人们尊重，从而真正成为一个具有中国灵魂的中国人。③ 北京大学校长林建华2015年底在全校公开讲座"通识教育大讲堂"启动仪式上提出："我们不应该沾沾自喜地停留在过去，也不要一味地去模仿美国的博雅教育，我们要走出一条'通识教育与专业教育相结合'的道路。"他将"懂得社会、懂得自己、懂得中国、懂得世界"设置为北大通识教育的目标。④

---

① 陆一. 从"通识教育在中国"到"中国大学的通识教育"——兼论中国大学专业教育与通识教育多种可能的结合 [J]. 中国大学教学, 2016 (9)：17—25.
② 哈佛委员会. 哈佛通识教育红皮书 [M]. 李曼丽, 译. 北京：北京大学出版社, 2010：40、50.
③ 张亮. 我们应当提供什么样的哲学通识教育 [J]. 北京理工大学学报（社会科学版）, 2013 (4)：154—157.
④ 林建华. 什么是成功的大学教育 [N]. 光明日报, 2015-12-25 (13).

经典文本构成通识教育的主要内容,能否在必读经典上达成一定共识,是决定中国大学通识教育能否落地生根的本质。经典文本作为思想内容和修辞表达浑然一体的最高典范,既是思想与心智训练的好材料,也是表达风格形成的好范例。挑战在于,经历了传统的断裂与蜕变的现代中国已然糅杂了多种传统,如先秦以来以儒家为主的古典传统,指引了中国现代革命的马克思主义传统,以及当代社会主义传统等;正因为多种本质上不一致的传统在当今中国同时发挥着作用,而每一种传统内部还存在不同立场之间的张力,这就使得我们哪怕在最低程度上达成何为经典的共识也很困难。① 在经典的选择方面,中国优秀传统文化、革命文化、西方文化都要囊括其中,只有以更加开放包容的心态去拣选经典,才能帮助学生形成正确看待中国和世界的观念,形成正确的世界观、人生观和价值观。教育的探索注定是一个漫长的过程,只有我们不断总结教育实践中的经验,抓住问题的本质,真正凝聚共识,通识教育才能破浪前行。也有学者提炼了中国文化的精髓,提出"理兼天人"的价值观、"情兼生死"的人生观和"事兼知行"的方法论,在人文化成、立德树人的层面提供了通识教育的中国方案。②

在经典的选择方面,各大学或由专家推荐,或结合学生选择,选择确定了自己的经典文本。香港中文大学于2009年创建了"与人文对话"和"与自然对话"两门所有本科生一、二年级必修的通识教育基础课,这两门课程的教材便是必读经典篇章的文集。③ 南京大学自2015年推行全校"悦读经典计划",编纂了包括"文学与艺术""历史与文明""哲学与宗教""经济与社会""自然与生命""全球化与领导力"六方面共六十本经典书目的导读教材。④ 2018年武汉大学通识教育3.0改革中的一个亮点,

---

① 陆一. 从"通识教育在中国"到"中国大学的通识教育"——兼论中国大学专业教育与通识教育多种可能的结合[J]. 中国大学教学,2016(9):17—25.
② 李建中,刘纯友. 兼:大学通识教育的中国方案[J]. 黄冈师范学院学报,2022(5):1—5.
③ 梁美仪. 经典阅读与人文素质——香港中文大学通识基础课程建设的思考[C]//郭大成. 素质教育与大学精神:2012年大学素质教育高层论坛论文集. 北京:北京理工大学出版社,2013.
④ 南京大学阅读经典著作能拿2个学分[EB/OL].(2015-9-2)[2020-9-20]. http://edu.people.com.cn/n/2015/0902/c227065-27542287.html.

就是开设了"人文社科经典导引"和"自然科学经典导引"两大基础通识教育导论课,其中"人文社科经典导引"阅读的经典包括《论语》《庄子》《史记》《国富论》《正义论》等十二部。①

中国化的通识教育方案应该注重借鉴美国通识教育的教学方法。通识教育的根本"首先在于能体现通识教育理念的相关课程和教学方式",中国大学的通识教育可以走一条更有实质效果的道路——以建立通识教育的"共同核心课"以及建立"助教制度"这两个环节为中心,把通识教育课程看成是本科的主要课程和基础学术训练。② 美国最为人们所推崇的是其"经典研读+小班讨论"的教育方式。美国研究型大学的通识教育核心课程在阅读量和讨论、写作方面的要求是每周阅读一本人文经典名著,每周除教师讲授外还有博士生助教带领的小班讨论,此外每周还要写一篇短论文(读书报告)。以美国芝加哥大学为例,其通识教育的授课方式大致分为两种:一种是以讨论为主,另一种是以授课为主。如果以授课为主,则采取"大班讲授,小组讨论"的模式。讨论课构成了芝加哥大学通识教育的核心内容,也形成了比较成熟的组织形式。对于小班讨论而言,教师事先的准备工作是关键。首先是阅读材料的选择。在材料的选用上,芝加哥大学已经形成了一套成熟的做法,有些阅读材料已经作为教材出版。选定教材后,另外需要准备的就是如何处理经典文本、设计相关的讨论主题等。学生不仅需要细读规定内容,还要准备三分钟发言,提出自己认为值得注意和讨论的问题,并且要积极参与讨论。课后还要提交课后总结。通过这种紧张的训练,学生虽然付出的时间和精力比较多,但是基本的写作能力、有效地把握讨论的关键议题并迅速做出反应和有效表达的能力都能得到良好的训练。③ 通识教育以经典著作深层阅读和讨论为主的教学方式

---

① 冯惠敏,郭路瑶. 通识教育改革的动向与争议——基于"武大通识3.0"的个案分析[J]. 教育探索,2019(1):70—75.
② 甘阳. 大学通识教育的两个中心环节[J]. 读书,2006(4):3—12.
③ 范广欣. 芝加哥大学的西方文明核心课程:通识教育与大学理念[EB/OL]. (2015-9-2)[2020-9-20]. https://www5.cuhk.edu.hk/oge/oge_media/rcge/Docs/Conference/Idea_of_University/fanguangxin.pdf.

不是少数课程所独有的,而是贯穿在各门课程和各种教学环节中,这从根本上保障了美国高校,特别是研究型大学人才培养的高质量。中国大学本科生阅读的量和质都偏低,而最终是学习的深度和强度决定了学习的质量,适当地提高中国本科生阅读层次、阅读量和阅读强度,又是改革和推进中国大学本科教育的不二法门,"通识教育核心课程"不过是为此目的服务的手段之一。①

总而言之,通识教育的根本宗旨在于培养全面发展的人和公民。教育的目的就是让每个人都能够得到提升,成就未来美好生活。虽然受科技发展、工业化等客观因素影响,高等教育领域出现了专业化、功利化的趋势,但是追求人的全面发展是人类不变的教育理想。人的全面发展不仅是知识的跨学科融通,还包括知识、能力、情感、意志的均衡发展,以及对人与社会关系的正确认知。所以,通识教育是个人获得教养和完善人格的途径,也是国家的文化教育手段,是人类各种现代文明的凝合剂、团结力。② 通识教育与自由教育虽然在追求人的自由全面发展上具有内在的一致性,但是通识教育并不是对自由教育的回归,而是为了回应和解决现代社会的弊病,在更高层面上的发展。

三、通识教育的历史、发展和模式

(一)通识教育的历史渊源

通识教育源于古代西方的自由教育(liberal education),这在教育史学界已经形成共识。古希腊哲学家亚里士多德认为,人的全部生活大体可以分为"鄙俗"的和"高尚"的两类。"鄙俗"的生活是为了谋生,以实

---

① 张旭东. 关于"通识教育"理念和实践的一些经验和看法 [C]//甘阳,孙向晨. 通识教育评论(2022年总第十期). 北京:商务印书馆,2023.
② 陆一. 从"通识教育在中国"到"中国大学的通识教育"——兼论中国大学专业教育与通识教育多种可能的结合 [J]. 中国大学教学,2016(9):17—25.

用、谋利为目的的"劳作"生活;"高尚"的生活则是以沉思为最高理想的闲暇生活。与其人生价值观相对应,亚里士多德把教育相应地分为"自由人"的教育(即通常所说的自由教育)和"非自由人"的教育。自由教育是以发展理性促使人的智慧、道德和身体和谐发展,为个体积极享用"闲暇"、从事"沉思"做准备的教育。它排斥任何为从事某种职业做准备或其他的实用目的,只是为献身于理性思维和探索客观真理做准备。为了这个目的,自由教育以自由学科如读、写、音乐、绘画、哲学等为主要内容,避免机械的、实用的、专业化的训练,因为各行各业的实际操作是奴隶们的事物,有损于人的理性的发展,是自由人所不应该从事的。相反,"非自由人"的教育,是指为了谋生,以领取酬金为目的,以"工匠贱业的种种技艺"为主要教育内容,并以专门性的职业技能训练为手段进行的教育。这种自由教育带着明显的阶级社会的烙印,形成了西方古典人文教育的传统。

自由教育思想在古代西方教育史上发展成为一个强有力的传统。在19世纪以前社会发展的不同阶段中,自由教育的内涵也不断嬗变。古希腊-罗马时期的自由教育观,其内涵在中世纪发生了变化。中世纪基督教教会学校也提倡"自由教育",但其"自由"已经不是指充分发展人的理性,而是指摆脱尘世的欲望,皈依基督的神性;中世纪教育提出"七艺"教育作为实现其教育目的的基础。文艺复兴时代,人文主义者倡导解放人性,冲破教会的束缚,认为自由教育的理想是个人身心的自由发展,把古希腊-罗马时期的人文学科方面的古典著作,主要是希腊文和拉丁文的古典作品,视为自由教育的主要内容,自由教育演变成"古典文科教育"。19世纪以来,随着自然学科的兴起,自由教育逐渐与其并驾齐驱,并逐渐被解释为文理兼备的普通教育。

(二) 通识教育的发展

1. 通识教育的产生

美国的高等教育机构完全是按照英国大学的模式建立的。早期的美国学院同英国的牛津、剑桥一样，崇尚"自由教育"，以培养为数不多的牧师、律师及政府官员为目标，所开设的课程以古典人文学科为主，糅合了"中世纪的七艺，文艺复兴时期人文主义对希腊和拉丁古典作品的兴趣，以及体现宗教改革思想的宗教教育"①等教育内容，同时严格规定所有学生修习同样的课程，学生没有任何选课的自由。

18世纪后期开始的工业革命，带来了自然科学的迅猛发展以及在生产过程中的广泛应用，同时，社会生产和科学技术的进步也对人的培养提出新的要求并创造了新的条件。为了满足社会生产的需要，美国一些学院开始开设自然科学、医学、法律等实用技术类课程，越来越多的人希望高等学校能够提供多种多样的适合个人兴趣的教育。为适应这种情势，美国一些学院以19世纪初德国大学提出的著名的"学习自由"和"教学自由"思想为指导原则，开展了以自由选课为特点的教育改革。1828年，耶鲁大学为回应对其课程内容的不实用性、落后性及课程的规定必修形式的批评，发表了著名的《耶鲁报告》，为自由教育的价值进行辩护。次年，美国博德学院的帕卡德教授在《北美评论》撰文捍卫《耶鲁报告》，文中用通识教育（general education）这一概念为共同学科辩护，这标志着通识教育的产生。这次论争史称第一次通识教育运动。

2. 选修制与第二次通识教育运动

通识教育的概念在出现后相当长一段时间内，并未引起人们太多注意。当时的大学仍旧处在"坚持心智训练"的自由教育哲学的氛围中，只不过自由教育的内容在悄然发生改变。1858年，美国学者托马斯·希尔在哈佛大学发表题为《自由教育》的演讲，指出，完整的自由教育应该包括五大门类——神学、心理学、历史学、自然史（包括化学、机械科学、生物学、植物学）、数学，这五类知识缺一不可。古典学并不能代替自然科学的学习，完全建立在古典学基础上的教育肯定是有欠缺的，"不管我们把希腊经典和拉丁经典学得如何深入，它们都不能给我们提供任何有关自

---

① 贺国庆．近代欧洲对美国教育的影响［M］．石家庄：河北大学出版社，1994：23．

然史的知识";自由教育应当建立在自由文化的基础上,而所谓自由教育实际上指的是一种百科全书式的宽广的文化,"包括对任何真理的学习,包括对任何美和善的东西的追求"。① 这里的自由教育已经与通识教育没有实质性差别了。当时大学改革的主要方向是选课制。

1862年,美国颁布《莫雷尔法案》,服务于工农业发展的技术类课程在各州立大学大量开设,允许学生选课成为很多学校的选择。同时,资本主义经济的飞速发展,使得科学技术的社会地位逐步提高,高等教育培养工程师、自然科学家和工程技术人员的重要性获得普遍认同。1869年,哈佛大学校长艾略特(Eliot,1869—1909年担任哈佛大学校长)在就职演说中明确宣布:"本校要坚持不懈地努力建立、改善并推广选修制。"② 他认为,高校必须为社会发展服务。针对当时社会上普遍轻视自然科学的状况,他提出,各种学科都具有相同的价值,文学与科学、古典文学与数学、自然科学与形而上学之间并不存在真正的对立,主张兼收并蓄,并把它们搞到最好。在艾略特的领导下,哈佛大学的选修制课程改革狂飙突进,到1895年,一年级的必修课就减少到两门英语课和一门现代外语,至此,哈佛大学已全面实行选修制。在哈佛大学的影响下,大批院校纷纷减少或废除必修课,大量增加选修课。至19世纪末,选修制在美国高等院校中基本确立。

这种绝对自由的选修制度,从一开始就埋下了一颗过犹不及的危险种子。选修制的唯一合理性前提在于,它必须假设学生是一个理性的个体,这一理性个体非常清楚自己的各种特点和未来的发展方向,并且能够为自己将来的发展而放弃眼前的微小利益。现实却并非如此。根据1903年哈佛大学的一项调查,学生选课的标准往往不是根据课程本身的内容,而是看授课时间是否方便和是否容易取得学分;还有好多课程的选修是学生未加认真思考草率决定的。实行自由选修制造成的高等学校课程上的混乱局

---

① 李继兵. 通识教育的历史——源流追溯[M]//尤西林. 通识教育文献选辑:第一卷 起源与制度. 北京:科学出版社,2019:118.
② 转引自李曼丽. 通识教育:一种大学教育观[M]. 北京:清华大学出版社,1999:58—59.

面，和学生本身知识过早专门化和缺乏系统性的不良后果，引发了许多教育家、学者的不满，最终导致一些学院改弦更张，恢复课程的"综合性"，停止实行自由选修制，开设通识教育课程，掀起了第二次通识教育运动的热潮。

1909年，洛厄尔（Lowell）就任哈佛大学校长，着手对自由选修制进行改造，自1914年起实行"集中与分配"制。学校规定：学生为达到毕业要求必须修满十六门课，其中六门必须是本系的专业课，以便保证学习具有重点，是为"集中"；另外六门课要从不同的知识领域（人文学科、社会科学和自然科学）中各选两门，以保证学生具有比较宽广的知识面，是为"分配"；余下课程任学生自由选择。哈佛大学的课程改革兼顾学生修习知识的深度和广度，引得其他学院效仿并对自由选修制进行改革。这样从二十世纪二三十年代起，美国高等学校本科课程就初步形成了主修课、通识教育课和自由选修课三大部分组成的课程体系，通识教育课成为主要构成部分之一。①

为了限制自由选修导致的学生知识能力的过分专门化，增加他们对社会问题、价值观、伦理观等的认识和判断能力，哥伦比亚大学开设了"战争问题""现代文明导论"等课程。"现代文明导论"原为一年的课程，到1929年扩充为两年的通识教育必修课，由历史、经济、哲学等系教师负责讲授，对西方文明进行多角度的探讨，要求学生不分科系都要修习。这种概览课在当时的大学相当流行，对美国的高等教育产生了很大影响。

芝加哥大学的通识教育改革也影响深远。1928年，赫钦斯（Hutchins）出任芝加哥大学校长，对本科教学进行大刀阔斧的改革，提出著名的"芝加哥计划"。赫钦斯批评了大学里功利主义和唯市场取向的专业设置和教学内容，使研究型大学日益变成职业培训的场所；现代大学要成为现代科学创新之所，必须首先成为"文明传承之所"，这就要求探讨人类的永恒

---

① 李曼丽. 通识教育：一种大学教育观[M]. 北京：清华大学出版社，1999：62—63.

问题，即"共同人性"与本民族的族类特性问题。该校把不管学生将来从事什么职业都必不可少的知识分为生物科学、自然科学、社会科学和人文学科四大类，要求本科生必须掌握这四大类的基本知识方法和理论，并且具有表达能力。赫钦斯认为，塑造了西方文明传统的那些伟大著作，是"古今人类的智慧精髓及文化宝藏，是通识教育取之不尽的教材来源，经过去芜存精的筛选，即可作为通识教育的最佳内容"。为了配合实施"芝加哥计划"，赫钦斯选聘一些专家组成"西方名著编撰咨询委员会"，整理、遴选并编辑古今著名著作以解决大学课程问题。赫钦斯主张所有课程都要建立在基本而且具有永恒价值的研究上，把他所选出的经典名著作为全体学生的必修课程，称之为共同的核心课程。到1952年止，该委员会共编辑了五十四本名著，不仅包括文学作品，还有历史、哲学、经济、政治、数学、物理、音乐等方面的著作。芝加哥大学的改革，进一步明确了高等学校本科通识课程应该关注的知识领域和内容，为通识教育课程设计奠定了一定的基础。① 由于种种原因，赫钦斯的教育理念并没有在芝加哥大学落实，真正实施则是在圣约翰学院的教育实践中。

3. 第三次通识教育运动

第二次世界大战的爆发再次引发美国社会讨论教育问题的热潮。工业化造成的社会结构的巨大变化，学校规模扩张带来的学生的多样性，学科专业的日益分化，让人们不得不重新思考通识教育的必要性和重要性。

1943年，哈佛大学校长科南特（James Conant）任命了一个大学委员会负责实施"自由社会中的通识教育目标"的研究项目，该委员会1945年发表的研究报告《自由社会中的通识教育》（俗称"红皮书"）对通识教育进行了全面系统的论述，影响深远，是"二战"后各类学校改革通识教育的纲领性文件。该报告认为，通识教育问题的核心"在于自由传统和人文传统的传递"，以构建"维持文明社会所必需的广泛的思想基础"，"如何在一个专业主义必不可少的系里挽救通识教育及其价值"，是美国高等

---

① 李曼丽. 通识教育：一种大学教育观 [M]. 北京：清华大学出版社，1999：62.

教育必须面对的重要问题。该报告强调，通识教育"旨在培养学生成为一个负责任的人和公民"，而好人和好公民需要掌握的知识要素包括自然科学、社会科学和人文学科三个部分，帮助我们理解和处理人与自然、人与社会、人与自身之间的关系；教育不仅仅只是传授知识，而且应该培育年轻人的心智品质，包括"有效的思考能力、交流思想的能力、做出恰当判断的能力，辨别价值的能力"。① 该报告还就通识教育的要求、组织管理、课程方案等提供了完整的方案。

1947年，由杜鲁门总统指定的一个高等教育委员会发表了题为《美国民主社会中的高等教育》的报告。该报告对美国社会缺乏某种共同的知识和经验深感不安，希望通过把通识教育提高到与专业教育同样的位置、制定按适当比例把这两类教育结合起来的计划来达成教育目标。该报告还列出十一项通识教育目标：能展现出具有民主理念和伦理原则的行为；能积极参与所属团体或社区的活动，以其知识和能力而有所贡献；能表达人际相互尊重的认知和行为，以促进了解与和平；能了解和运用自然的环境，应用科学的方法，解决自己的生活，助益人类的生活；能了解别人的观点，能有效表达自己的观点；能掌握自己的情绪，能维护良好的社会适应；能掌握自己的健康和体能；能了解和欣赏文学、音乐、美术，并参与艺术活动；能与家人美满相处，具有家庭的知识和伦理；能有适合自己兴趣才能的工作职业，在工作中展现才能、收获愉快；能有批判性的能力和习惯，具有建设性的思想。②

哈佛报告和战后美国高等教育委员会的报告从战略高度指出了通识教育的重要性、必要性，在美国社会引起了强烈反响，几乎所有美国学院都开始着手讨论通识教育的目的、课程内容和教学事宜，掀起了通识教育发展的高潮。③

---

① 哈佛委员会. 哈佛通识教育红皮书［M］. 李曼丽，译. 北京：北京大学出版社，2010：柯南特导言、40、50.
② 黄坤锦. 美国大学的通识教育——美国心灵的攀登［M］. 台北：台湾师范大学书苑有限公司，1995：121.
③ 李曼丽. 通识教育：一种大学教育观［M］. 北京：清华大学出版社，1999：64.

4. 第四次通识教育运动

1960年代初开始的越南战争，致使成千上万的青年在战争中死亡或残疾，引起了美国国内政治和经济的混乱，其国内不断出现反战示威运动、民权运动，社会陷入危机，也严重削弱了该时期美国的通识教育。校内激进分子、部分教育改革家把规定的通识教育课程指责为"僵死的、狭隘的、不能满足学生需要的"课程，提出应该为学生提供有"适应性"、"切合需要"、具有"多样性"的课程。于是，许多高校对原有课程进行自由化改革，几乎取消了原来的修课规定。20世纪70年代中期以后，美国在愈加激烈的国际竞争中发现它原有的科学技术上的优势正在逐步消失，社会上再次掀起对高等教育质量的反思，国内要求改进高等教育课程，加强和重视通识教育的呼声又起。正是在这样的条件下，哈佛大学进行了通识教育课程改革。

1973年，时任哈佛大学校长博克任命罗索夫斯基为文理学院院长，主持本科课程规划。1978年3月，新的核心课程计划发表，哈佛自战后即开始执行的通识教育大纲被取代。罗索夫斯基在规划哈佛大学核心课程时，为通识教育定下五项标准：1. 一个有教养的人，必须能清晰而有效地思考和写作。2. 一个有教养的人，必须对自然、社会和人文有批判性的了解。3. 一个有教养的美国人，在20世纪最后的四分之一时间里，在我们时代的其他文化方面不应该是一个狭隘无知的人。4. 一个有教养的人，要能了解和思考道德和伦理的问题。5. 一个有教养的人应在某些知识领域有深入的研究，达到介于广泛的知识能力和专业层级之间的程度。① 罗索夫斯基认为改革的关键便是重新构建通识教育课程的目标，"不是要学生在知识的广度上精熟古典名著，也不是在某一特别的知识学科方面作精深钻研，而是要用教师认为大学教育不可或缺的几个领域来引导学生掌握获取知识的主要方法"。② 该方案自1979年开始实行，经过几次模块调整后，2001年

---

① 亨利·罗索夫斯基. 美国校园文化：学生·教授·管理[M]. 谢宗仙，周灵芝，马宝兰，译. 济南：山东人民出版社，1996：90—92.
② 亨利·罗索夫斯基. 美国校园文化：学生·教授·管理[M]. 谢宗仙，周灵芝，马宝兰，译. 济南：山东人民出版社，1996：99.

确定为七个模块：外国文化、历史研究、文学艺术、科学、道德评判、社会分析、定量推理，传授七种学科的思维方式。这次哈佛大学的核心课程改革对许多国家高等教育的教学改革带来了巨大影响，许多发展中国家纷纷效仿。20世纪90年代以后，美国各大学又逐渐注重对西方文化价值的传授，增设跨文化课程，倡导人文教育，成为美国大学教育理念新的发展趋势。

5. 通识教育模式的全球扩展

第二次世界大战后，随着美国政治、经济、军事和文化方面影响的不断加强，包括通识教育课程在内的美国高等教育模式逐渐扩散到其他国家和地区的高等教育领域，并在一定程度上影响了这些国家和地区的高等教育改革。如前所述，中国大陆在20世纪80年代反思过分专业化的教育模式的弊病过程中，开始了通识教育的探索。中国香港、台湾地区也在20世纪80年代之后逐渐在大学中推行通识教育实践。我们重点介绍日本通识教育的发展状况。

"二战"后，美国占领日本并对其进行民主化改造，通识教育模式被介绍到日本大学。根据美国教育使节团的建议，日本大学按照美国模式，在大学本科教育中引进通识教育理念并设置相应的课程。

在1947年7月8日日本公布的大学设置标准中，所有的大学都被要求在本科阶段提供通识性的教育。通识教育课程被划分为人文学科、社会科学和自然科学三大类别，其中人文组包括哲学、心理学、教育学、历史学、描述性地理学、文学和外语；社科组包括法学、政治学、经济学、社会学、统计学及家政学；自然科学组包括数学、物理学、化学、地理学、生理学、人类学和天文学。这些科目还可以根据需要调整和增删。1947年颁布的《学校教育法》规定："大学作为学问的中心，应当提供高深学问和技术的教学和学习，同时应提供广泛的通识文化，发展学生在知识、道德和实践方面的能力。"①

---

① 沈文钦. 通识教育模式在第二次世界大战后的全球扩散 [C]//郭大成. 素质教育与大学精神：2012年大学素质教育高层论坛论文集. 北京：北京理工大学出版社，2013.

到 1991 年日本掀起新一轮全国范围的大学本科教育改革为止,除东京大学和少数私立大学外,日本大学本科课程结构没有发生本质性变化,仍然由通识教育课程和专业教育课程两部分组成。1991 年开始,日本政府放宽了大学设置基准,允许各大学和学部按照各自的办学理念自主编制课程,这相当于暂时废除了通识教育模式。

1998 年 10 月和 2000 年 11 月,日本大学审议会分别提出了《21 世纪的大学与今后的改革方案》和《全球化时代的高等教育》报告。这两份报告指出,大学课程改革不仅要改变通识教育与专业教育的关系,重视通识教育,而且在课程设置与教学组织等方面,以美国大学,特别是文理学院型课程模式为样板,在本科教育阶段主要进行教养教育,专业教育则主要集中在研究生阶段进行。[1]

通识教育模式在全球的扩展出现了两次浪潮。在第二次世界大战之后,通识教育被认为与民主政治之间存在特别密切的关系,是培养政治公民、提高公民的批判性思维的途径。美、英两国在德国、日本推行通识教育实践正是基于这一政治考虑,这是通识教育模式扩散的第一波浪潮。20 世纪 80 年代之后,通识教育模式扩散进入了第二波浪潮。本次扩散涉及中国大陆和香港地区,主要是基于知识和技能层面的考虑,满足劳动力市场(包括学术劳动力市场)的需求,即培养能适应不同工作岗位的复合型人才,以及具有跨学科研究能力的学术人才。[2]

(三) 通识教育的模式

世界性的通识教育依据其哲学基础、课程体系和历史路径可以划分为美国模式和欧洲模式两大类型。[3] 著名的高等教育研究专家、科学社会学研究者本·大维在《学问的中心:英国、法国、德国与美国》一书中将通

---

[1] 黄福涛. 面向 21 世纪中日本科课程改革的比较研究 [J]. 清华大学教育研究, 2001 (4): 126—133.
[2] 沈文钦. 通识教育模式在第二次世界大战后的全球扩散 [C]//郭大成. 素质教育与大学精神: 2012 年大学素质教育高层论坛论文集. 北京: 北京理工大学出版社, 2013.
[3] 孙华. 通识教育的理想类型 [J]. 教育学术月刊, 2015 (4): 3—13.

识教育分为显性通识教育与隐性通识教育两大传统，前者的典型代表是美国，而后者的典型代表是德国和法国。

1. 通识教育欧洲模式

从某种意义上说，通识教育在欧洲更倾向于被认为是一种教育理念，而不是一项教育举措。欧洲大学往往没有明确设置专门的通识课程，没有独立的、自成体系的通识教育环节，通识教育目标通过专业教育以及整个大学的学术活动来实现。英国哲学家怀特海认为："并没有一门课程只给学生普通陶冶，而另一门课程只给专门知识。为了普通教育目的而学习的学科，也就是专门地去学习的专门学科……你不能把一件无缝的学问外套割裂开来。"①

19世纪早期，德国和法国就已经不在大学中开设通识教育课程了。在法国，潜在的通识教育功能表现为对一些基础知识技能——文法、修辞、逻辑、数学——的重视。在德国，通识教育的任务主要是由文法中学来承担的。在这些学校中，学生学习语言学、文学、历史、数学、物理学、化学、生物学等基础性学科。高等教育被认为是与普通教育截然不同的。德国大学的课程设置通常集中于学生所选择的一个专门的科目，有时候也会要求辅修科目，例如要求主修经济的学生辅修法律课程，要求主修哲学的学生辅修历史课程。在高等教育当中，学生必须掌握研究方法，突破知识的疆界，获得新的知识发现，在研究上做出原创性的贡献，"由科学达致修养"，他们在探索科学过程中所获取的"修养"被认为对学生从事各种职业都是有益的。②

英国牛津大学的通识教育独具特色。宏观上，牛津大学通过设立联合专业解决通识教育与专业教育的结合问题，主要形式包括双科专业、三科专业、主辅修专业等。例如，牛津大学共有49种专业，其中单科专业24

---

① 华东师范大学教育系，杭州大学教育系编译. 现代西方资产阶级教育思想流派论著选 [M]. 北京：人民教育出版社，1980：121.

② 沈文钦. 通识教育模式在第二次世界大战后的全球扩散 [C]//郭大成. 素质教育与大学精神：2012年大学素质教育高层论坛论文集. 北京：北京理工大学出版社，2013.

个，联合专业 25 个（双科专业 21 个，三科专业 4 个）。牛津大学开设的双科专业有现代史和经济学、经济学和哲学、经济学和管理、现代史和英语、数学和哲学等。组成双科专业的两个学科并无主次之分，每个学科的课程比重大致相同。这种实践模式为学生提供了宽广的、综合性的知识基础，突破了各学科与专业之间的藩篱，建构了人类知识的完整体系，既解决了知识分化所带来的"专业"教育问题，也满足了自由教育所必需的知识和能力结构需求。①

牛津大学通识教育方面的另一个突出特色是其导师制的教学方式，导师制被奉为"牛津皇冠上的宝石"。导师制教学就是在学生和他所跟从的导师间进行的例行周会。学生根据要求准备论文并在与导师见面的周会上口头陈述，导师听完后立即进行讨论，在师生的相互辩难中，学生对相关领域的知识有了更加深入全面的理解，掌握一种质疑、探究、摸索、细查的方法，在导师的协助下，学生能够自己建构起知识框架、心灵结构和理论视野，"导师制的核心是一种教会青年学子独立思考的理论"。②

2. 通识教育美国模式

美国通识教育在其长期的嬗变中形成了相对稳定的实践模式，每一种模式都有一定的教育哲学理念做支撑。根据美国学者莱文的研究，迄今为止通识教育主要有四种实践模式，分别是分布必修模式、核心课程模式、名著课程模式和自由选修模式。③ 普林斯顿大学 2016 年的一份有关通识教育的报告中，将美国通识教育的实践模式区分为开放模式、核心课程模式、分布选修模式、核心与分布选修结合模式。④ 这两种划分方式虽有差

---

① 孙华. 通识教育的欧洲模式 [J]. 江苏高教，2015 (2)：12—16.
② 北航高研院通识教育研究课题组. 转型中国的大学通识教育——比较、评估与展望 [M]. 杭州：浙江大学出版社，2013：53—55.
③ Levine A. A Handbook on Undergraduate Curriculum [M]. San Francisco：Jossy-Bass Publishers，1978：9.
④ Princeton University. Report of the task force on general education [R/OL]. (2016-10-14). https://strategicplan.princeton.edu/sites/strategicplan/files/task-force-report-on-general-education.pdf.

异，体现了不同模式之间的学习借鉴，但大致相同。我们选取分布必修模式、核心课程模式、名著课程模式和自由选修模式进行介绍。

分布必修模式

"分布必修"，指对学生必须修习的学科领域（一般为自然科学、社会科学和人文学科），以及在各个领域内至少应修习的课程门数或最低学分数做出规定的通识教育课程计划。分布必修是美国高校最为普遍的通识教育模式，众多私立大学如哈佛、耶鲁和大多州立综合性大学都实行这一模式。值得说明的是，哈佛大学自2007年起改变了1979年开始的"核心课程"模式，实行"分布必修"模式的课程计划。根据这种课程计划，通识教育课程体系包括八个领域：美学与诠释、文化与信仰、实证和数学推理、道德推理、生命系统科学、宇宙物理科学、世界社会、世界中的美国。[①] 针对通识教育实践中的问题，哈佛大学于2016年发起了新一轮的通识教育课程改革。新课程体系包括通识教育必修、分布必修、定量推理必修和基本技能（写作、外语）必修。其中通识教育必修模块包括四部分：美学与文化；历史、社会与个人；伦理与公民；社会中的科技。[②]

20世纪初，人们针对自由选修制导致的课程支离破碎和学生所学知识过分专业化提出了"分布必修"，因此"分布必修"是被作为防止过分专业化的一种策略而发展起来的，它的指导思想就是"宽广"，即旨在拓宽学生的知识面，力求使学生在知识上突破某一狭窄领域并最终能达到"广博"的目的。[③] 分布必修常常把通识教育的内容限定在几个知识领域，如人文学科、自然科学与数学、社会科学等。分布必修制中的课程绝大部分是由各系科所开设的入门介绍课，教师以各系科的专任教师为主，授课方式以教师课堂讲授为主。

分布必修模式对于拓宽学生的知识面有一定的价值，也最容易在管理

---

① 北航高研院通识教育研究课题组. 转型中国的大学通识教育——比较、评估与展望 [M]. 杭州：浙江大学出版社，2013：24.
② Harvard College Program in General Education. Gen ED Categories [EB/OL]. https://gened.fas.harvard.edu/courses-listing.
③ 李曼丽. 通识教育：一种大学教育观 [M]. 北京：清华大学出版社，1999：83.

上实施，因而是美国高校通识教育实践中应用最广泛的。但是，分布必修课程"主要是为那些想在同一领域进一步深造的学生设计、组织和教学的"，"通常难以克服学术的系科分化所必然带来的狭隘性，并且也通常不能提供有关各种思想与各种学问分支之间关系的见解"，"它们对通识教育的贡献通常是偶然的，甚至是意外的"；分布必修制度"在为学生提供、发展共同的思想和信息方面实际是薄弱的"，通识教育是否成功的衡量标准，应该是学生是否"对所有学问领域的共同点以及它们各自的目标和方法的主要差异有所理解"。①

核心课程模式

一般来说，通识教育的核心课程模式以1979—2007年的哈佛大学最为典型，影响也最为深远。所谓核心课程，是指"综合传统独立学科中的基本部分内容，以向所有学生提供共同的知识背景为目的的课程设置"，课程并不以掌握一定的知识、信息为目的，而是为了"学习与这些综合性的以及重要的探索方式相关的思想方法或分析方法"。②哈佛大学的核心课程最初被分为六类：文学和艺术、科学、历史研究、社会分析、外国文化、道德理性。根据核心课程的要求，哈佛大学的本科生必须完成三个方面的要求：(1) 他们必须接受目的在于培养学生写作能力的课程，学会写文理通顺的文章（一个有教养的人一定能够清晰而有效地写作）；(2) 掌握一门外语（这是不忽视他国文化的一个方面）；(3) 有数量推理能力，诸如要学习计算机导论、数据处理以及某些基本统计方法（这是在自然科学和社会科学中运用数字和定量方法获得信息的另一个方面）。③除哈佛大学外，美国一些知名高校如哥伦比亚大学、麻省理工学院、芝加哥大学、耶鲁大学等也采用这一课程模式。

---

① 哈佛委员会. 哈佛通识教育红皮书 [M]. 李曼丽, 译. 北京：北京大学出版社, 2010：151—152.
② 亨利·罗索夫斯基. 美国校园文化：学生·教授·管理 [M]. 谢宗仙, 周灵芝, 马宝兰, 译. 济南：山东人民出版社, 1996：110.
③ 亨利·罗索夫斯基. 美国校园文化：学生·教授·管理 [M]. 谢宗仙, 周灵芝, 马宝兰, 译. 济南：山东人民出版社, 1996：99.

名著课程模式

名著课程，也称"巨著课程"，是美国高校为实施通识教育制定的一种本科阶段的教学计划。圣约翰学院是目前唯一实行这种计划的学校。该校"名著计划"对学生没有主修要求，四年本科课程内容都是名著，通识教育的比重是100%；名著课程所选择名著涉及哲学、文学、史学、政治学、自然科学、艺术、宗教等诸多方面的内容，既有古典名著，也有当代著名学者的作品；在教学组织上，主要以讨论课为主，也开设语言、数学、实验、音乐等基本技能辅导课，为学生进行名著学习和讨论提供所需要的最基本的语言写作、表达、推理方法的知识和技能。名著计划的目的是把学生培养成为"一个受过自由教育的人"。[1]

自由选修模式

自由选修模式，意味着学校没有任何特别规定的通识教育计划，学生在主修一门专业所需要的十门左右课程之外，可以自由选修学校所有其他课程。该模式认为，世界变化无常，宇宙中没有永恒不变的事物，强调个人的不同生活和经验的需要，主张自由选修，反对必修；通识教育旨在培养"自由人"，由学校对通识教育做出种种规定和限制是实施通识教育的不自由、不民主的方式，与教育的目的相悖，因而主张所有的课程都是自由选修的。目前，美国的布朗大学、阿姆赫斯特学院等高校采用这种模式。

四、通识教育的教育理念

教育理念是指人们对于教育现象（活动）的理性认识、理想追求及其所形成的教育思想观念和教育哲学观点。[2] 它是人们对教育实践及其教育

---

[1] 李曼丽. 通识教育：一种大学教育观 [M]. 北京：清华大学出版社，1999：87—89.
[2] 韩延明. 理念、教育理念及大学理念探析 [J]. 教育研究，2003（9）：50—56.

观念的理性建构，是教育改革与发展的思想先导。多样化的通识教育实践是在一定的通识教育理念或通识教育哲学指引下开展的。早在 20 世纪 80 年代，曾是全美学院和大学联合会（AAC&U）课程开发部门牵头人的加夫（Jerry G. Gaff）认为，历史上美国通识教育至少出现过四种理念：理想主义、进步主义、要素主义、实用主义。① 黄坤锦将美国大学通识教育的哲学派别和思想理念归为理想常经主义、进步实用主义和精粹本质主义三大类。② 虽然表述有别，但总体而言，永恒主义、进步主义、要素主义三种理念最为典型。③

（一）永恒主义

永恒主义教育哲学兴起于 20 世纪 20—30 年代，在美国一些学院和大学讲授经典著作的青年教师形成一个小团体，代表性人物有赫钦斯、阿德勒、布坎南等。他们批判以进步主义教育为代表的实验的、科学的教育运动，认为"自然主义的、实用主义的和科学的哲学以及学校中居支配地位的教育实践是不适当的"，学校需要的指导价值和标准"可以在希腊、希伯来和西方世界的基督教传统中找到"。④ 他们一方面著书、讲演，宣传自己的观点，另一方面还在赫钦斯的领导下，在芝加哥大学、圣约翰学院推行他们的"百本名著计划"。永恒主义的哲学基础是古典的实在论（唯实论），即认为"一般"是先于"个别"而客观独立存在的。世界受真、善、美原则控制，而这些原则是独立于时间、空间、特定的社会条件而亘古不变的、永恒的；人性是不变的，人的"理性的、道德的、精神的能力"乃是任何时代、任何地方的人都具有的共同的、不变的本性；尽管人的本性中具有这些能力，但是潜在的，只有在适当的条件下才能引发出来，而这

---

① GAFF J G. General education today: a critical analysis of controversies, practices, and reforms [M]. San Francisco: Jossey-Bass Publishers, 1983: 2—7.
② 黄坤锦. 美国大学的通识教育——美国心灵的攀登[M]. 北京：北京大学出版社，2006：30.
③ 李曼丽重点分析了这三种通识教育理念。参见李曼丽. 通识教育：一种大学教育观[M]. 北京：清华大学出版社，1999：110—135.
④ 罗伯特·梅逊. 西方当代教育理论[M]. 陆有铨，译. 北京：文化教育出版社，1984：27.

种适当的条件就是适合人本性的教育；由于人性是不变的，所需要的教育也是不变的。①

永恒主义者赫钦斯认为，通识教育的目的就是培养人的"理性"或者说"理智美德"。所谓"理智美德"，是"由理智能力的训练而获得的习惯。一种受适当训练的理智，一种适当形成习惯的理智，是一切领域里都能够起着很好作用的理智。因此，不论学生是否注定从事于沉思的生活或实际的生活，由理智美德的培养所组成的教育是最有用的教育"。② 对于理智训练而言，传统的"永恒学科"的价值高于实用学科。永恒学科"首先是那些经历了许多世纪而达到古典著作水平的书籍"，"一本古典著作是这样的书，它在任何时代都是当代的"。③ 名著是历史上伟大人物对涉及人类生活的最基本的、最重要的问题的讨论，具有永恒的价值。名著教学能够给予学生最好的教育。就教学方法而言，永恒主义者认为阅读名著和讨论是进行理智训练的最好方法。阿德勒在《如何读书》中有一段话对此做了很好的说明，他说："受过良好阅读训练的心灵已经发展了它的分析和批判的力量。受过良好的讨论训练的心灵进一步增强了这种分析和批判的力量。通过耐心的、通情达理的辩论，人们获得了在辩论中容忍对方的修养。这样就抑制了那种把自己的意见强加给别人的动物性的冲动。"④

永恒主义带有明显的保守复古的特色，是西方传统的自由教育在新的时代条件下的某种复归。

（二）进步主义

自由选修模式的教育哲学基础是以杜威为代表的进步主义。19世纪后期，随着南北战争的结束，美国资本主义经济进入飞速发展阶段，社会也

---

① 陆有铨. 现代西方教育哲学 [M]. 2版. 北京：北京大学出版社，2012：119—120.
② 华东师范大学教育系，杭州大学教育系编译. 现代西方资产阶级教育思想流派论著选 [M]. 北京：人民教育出版社，1980：199.
③ 华东师范大学教育系，杭州大学教育系编译. 现代西方资产阶级教育思想流派论著选 [M]. 北京：人民教育出版社，1980：207.
④ 罗伯特·梅逊. 西方当代教育理论 [M]. 陆有铨，译. 北京：文化教育出版社，1984：46.

进入快速变革期，这种变革也深刻影响到教育领域。当时在教育上占主流的是传统主义。传统教育概括来说，"第一，把过去已经拟定好的知识和技能的体系作为教材，因而，学校的主要任务是把这些知识和技能传授给新的一代。第二，在过去，已经建立了各种行为的标准和规则；道德训练是形成符合这些规则和标准的行动的习惯。第三，学校组织的一般模式（我所指的是学生之间的关系和师生之间的关系）同其他社会机构相比，具有极为显著的特征。"[1] 反对传统教育的目的和方法、反对被动学习和枯燥无味训练的人，都被称为进步派，其秉持的理念被称为进步主义。

进步主义内容庞杂，在不同的历史阶段也有所调整和发展，杜威是主要代表人物。杜威在哲学上属于主观唯心主义经验论一派，在他的哲学词汇里，实用主义、工具主义、实验主义等词是同义语，中心概念是"经验"。与传统的经验主义不同，杜威引进了生物学和心理学的概念，认为经验是人的有机体与环境相互作用的结果；有机体不仅对环境产生影响，而且，环境中所造成的变化又反过来对有机体及其活动起反作用；观念、知识和经验都是在行动中，在人的有机体和环境相互作用的过程中得来的，"行动处于观念的核心"，"认识本身就是一种行动"。[2] 在经验论的基础上，杜威提出"教育即生活"，"教育即生长"，"教育即经验的改造或改组"。他反对外部强加的教育目的，强调教育本身即是目的，教育与生长是同一过程的两个方面。他主张学校应鼓励学生在行动中通过解决问题来求得知识，提出"从做中学"理念，认为所有的学习都要涉及"做"，只有通过"做"得来的知识才是真知识。他提出引导学生运用智慧去探究或探索以解决问题的"问题教学法"。在具体做法上，主要以问题-解决模式、项目、实验等灵活多样的形式组织教学内容。例如，莎拉·劳伦斯学院的心

---

[1] 约翰·杜威. 我们怎样思维·经验与教育 [M]. 姜文闵，译. 北京：人民教育出版社，1991：248.
[2] 华东师范大学教育系，杭州大学教育系编译. 现代西方资产阶级教育思想流派论著选 [M]. 北京：人民教育出版社，1980：1—2.

理学课程,是通过一个"人格及行为观察"项目的方式进行的,要求注册学习该课程的学生,在一学期内沿着教师规定的路线,从纽约的大街小巷、商场店铺选择十个人,对其主要特征、言行举止等进行观察、描述,在项目进行的过程中允许拍照、录音等等;然后从中选出四个最具代表性的人再进一步进行详细的描述;最后概括出现代文明社会中人格的主要类型及其主要特点,撰写项目报告,该门课程的学习方告结束。①

(三) 要素主义

核心课程模式以要素主义的教育哲学为指导。要素主义是当代美国一个影响较大的教育思想流派,主要代表人物有巴格莱、柯南特等。要素主义产生于20世纪30年代美国资本主义经济大危机时期。面对这场空前的危机,学校的社会作用成为美国教育界讨论的焦点问题之一。要素主义者认为,美国教育的首要功能是要保卫和加强"民主的理想",即建立在代议制政体和《权利法案》基础上的政治秩序、政治自由等。在哲学观点上,要素主义总体上属于唯心主义,认为文化传统里有所谓永恒不变的、共同的因素,如一个民族共同的文化遗产,一个国家共同认可的思想、规则等,这是一切人都应当学习的;学校是传递文化的机构,是"社会再现的过程",通过教育可以使社会遗产在新生的每一代中再现出来,"使每一代拥有足以代表人类遗产最宝贵的要素的各种观念、意义、谅解和理想的共同核心"。②

由柯南特任命的哈佛委员会完成的《哈佛通识教育红皮书》,对通识教育的目的和内容做了完整全面的表述。该报告中认为,通识教育"旨在培养学生成为一个负责任的人和公民"③,而要在社会中过上一种完满和负责任的生活,教育既追求知识的本质,也追求人在社会中的美好品性,这

---

① 转引自李曼丽. 通识教育:一种大学教育观 [M]. 北京:清华大学出版社,1999:126.
② 华东师范大学教育系、杭州大学教育系编译. 现代西方资产阶级教育思想流派论著选 [M]. 北京:人民教育出版社,1980:147、158.
③ 哈佛委员会. 哈佛通识教育红皮书 [M]. 李曼丽,译. 北京:北京大学出版社,2010:40.

些心智的特质和品性正是通识教育的培养目标，具体包括：有效的思考能力、交流思想的能力、做出恰当判断的能力、辨别价值的能力[1]。教学内容应包含人类知识的三个领域：人文学科、社会科学以及数学和自然科学。在人文学科领域，所有学生学习的课程均应能够被称为"伟大的文学文本"，还应包括哲学、美术、音乐等课程；在社会科学领域，所有学生都应学习一门名为"西方的思想与制度"的课程，还包括美国的民主、人际关系等课程；在数学和自然科学领域，学生应该修习数学、物理学基本原理、生物学基本原理等。要素主义者认为，教育过程中的主动性在于教师而不在于学生，教师应该处于教育过程的中心地位。在教学方法方面，要素主义者注重学生的心智训练，比如，注重英语写作课的开设，认为它"应当被看作通识教育课程的一个整体部分，是提高思想交流能力过程中的一个阶段，并且是系统分析、价值评估、敏锐的洞察力方面的深度训练"[2]；又如，注重将教师讲授、学生阅读与小组讨论相结合的方法，以训练学生的心智品质及把握文化中遗产的能力，其中讲授课和小组讨论对阅读都大有帮助，讲授课的主要目的在于为讨论发掘适当的主题，而这些主题将首先包括最伟大的、最普遍的、最重要的属于人类当务之急的问题[3]。

通识教育虽然在理念和实践上各不相同，但针对伴随高等教育专业化日益发展出现的各种问题，它们各自提出的解决方案的总目标是共同的。第二次世界大战以后，随着社会发展日益复杂化，各种通识教育理念开始相互渗透、综合，界限逐渐模糊。[4] 有学者认为，本质主义理念本身就是对永恒主义和进步主义理念的扬弃。[5] 进步主义在教学内容和教学方法上，注重学生在实际生活和实际活动中接受通识教育知识和能力的训练，反对传统的以死记硬背为特征的教学方式。但是，也存在忽视间接经验的学习以及科学本身的系统性，学生基础差、缺乏智力训练等局限性。永恒主义

---

[1] 哈佛委员会. 哈佛通识教育红皮书 [M]. 李曼丽，译. 北京：北京大学出版社，2010：50.
[2] 哈佛委员会. 哈佛通识教育红皮书 [M]. 李曼丽，译. 北京：北京大学出版社，2010：158.
[3] 哈佛委员会. 哈佛通识教育红皮书 [M]. 李曼丽，译. 北京：北京大学出版社，2010：162.
[4] 李曼丽. 通识教育：一种大学教育观 [M]. 北京：清华大学出版社，1999：135.
[5] 黄坤锦. 美国大学的通识教育——美国心灵的攀登 [M]. 北京：北京大学出版社，2006：45.

提倡通过"永恒学科"课程的学习,在学科分化和综合化成为知识发展主要趋势的时代,帮助学生掌握基础知识和基本技能。但是,也存在过分强调个人理性的陶冶与完善,过于注重古典著作的价值,而忽视当代科学技术知识的传授等弊病。本质主义反对把通识教育和专业教育对立起来,将学习古代人文经典扩展到对包括人文学科、自然科学、社会科学在内所有经典的学习,重视教育对人的专业以外的基本知识和基本技能的培养,以及对共同文化遗产的理解力的开发和培养。因此,本质主义成为最容易被接受的通识教育理念。

在通识教育实践中,实用主义或者称之为务实主义,成为多数学校的选择。这种实用主义思想源于克尔的多元化巨型大学理念。克尔认为,现代大学是一个"多元化"的机构,它有三层含义:其一,大学是多目标的,而非单一目标;其二,大学是多个权力中心,而非单一权力中心;其三,大学服务的对象是多方面的人员顾客,而非单方面的人员顾客。因此,大学不崇拜单一的上帝,不组成任何单一的、统一的社群,也没有任何特殊的消费者,它的特征是:充满了真、善、美的各种理想,同时,有许多途径可以达成这些理想。大学既然是多元的,在通识教育方面也应该依据多元化和自由化原则进行。学生可以在多元化课程中自行选择,也要负自行选择的责任,并为尝试错误付出代价。"学校提供给他极大程度和范围的选择,足够让其心灵惊吓和满足智力挑战。在此选择当中,学生会面临抉择的机会与困难,意外灾祸的比率可能很高,失误受伤可能很多,然而就学习自由——学生自行挑战和抉择、自行要停留或前进——而言,确是胜利的。"① 应该说,如今美国大学主流的分布选修模式,正是实用主义的这种理念或不妨说是策略的产物。它不仅是应对大学内部学科分立与高度细化的无奈之举,而且也是迫于庞大学生群体内部在潜质、能力、兴趣、利益需求各方面高度非均质性的变通选择。②

---

① 黄坤锦.美国大学的通识教育——美国心灵的攀登[M].北京:北京大学出版社,2006:43—44.
② 阎光才.关于本科通识教育的林林总总[J].中国高教研究,2021(12):12—17+56.

第二章
台湾地区技职通识教育发展历程

台湾地区的大学，依其规模性质可分为综合大学、单科大学或学院；依其特色，有研究型大学、教学型大学、社区型大学。其中，研究型大学特别注重研究所的发展，偏重学术研究；教学型大学则以大学本科为主，强调教学，并兼重推广及服务功能；社区型大学主要为民众提供选修学分或实用技能课程，除具有衔接大学功能外，亦有利于民众整体素质的提升。1974年，台湾地区第一所技术学院成立，开始了技职教育和一般高等教育双轨并行的时代。台湾地区高等技职教育涵盖科技大学、技术学院，与大陆应用型本科院校在人才培养规格和层次上相近，在台湾地区高等教育中占有举足轻重的地位。截至2020学年度，台湾地区大学及独立学院共计一百四十所，其中技术学院及科技大学七十所，占比为50%。在七十所技术学院及科技大学中，公立的有十三所，私立的有五十七所。[①]

台湾地区技职院校的通识教育既是高等技职教育自身发展逻辑的产物，也是通识教育改革浪潮影响的结果。

一、台湾地区高等技职教育发展概述

自1949年至今的七十余年中，台湾地区经济发展成就卓著。20世纪

---

① 教育资料馆. 台湾地区教育年报：2020年 [EB/OL]. [2022-9-1]. https://history.moe.gov.tw/Literature.

60年代，台湾地区经济年平均增长率达到10%，20世纪70年代与80年代仍保持较快的增长速度，年平均增长率分别为9.4%与8.1%。[①] 台湾地区摆脱了战后的贫穷，由落后的农业社会转变为新兴的工业化社会，创造了所谓"台湾奇迹"。在台湾地区经济腾飞的过程中，技职教育为经济社会发展提供了大批技术人力，功不可没。台湾地区技职教育的发展史就是一部技职教育配合经济社会发展需要不断调整更新的历史。

台湾地区高等技职教育的发展历程可分为三个阶段：

1950—1974年的奠基期。这一时期的台湾地区百废待兴，教育也是延续旧制，技职教育仍在萌芽阶段。当时的技职教育体系仅止于高级职业学校（类似大陆学制的职业高中），其课程内容仍然沿用"综合职业型"课程，学习范围过于宽广，实习操作的时数不足，学生不能专精，没有进修通道，以全部就业为教育目标。1954年台湾地区技职教育引进美国单位行业学制，课程专业化、技术专精化、加强加重工厂实习的上课时数，改变过去"综合职业型"职业教育的不足。单位行业的课程与教学方式，为后来台湾地区技职教育的快速成长与发展打下了雄厚根基。1960年初，教育事务主管部门开放专科学校的申请与创设，数年间二十多所专科学校先后成立，台湾地区的技职教育进阶落实到专科学校的层次。专科教育逐渐走向多元化，有五年制、二年制、三年制专科学校。晚间上课有夜间部，周六及周日上课有进修专科学校。夜间部及进修专校招收在职工作的学生，成效可与日间部媲美，毕业生深受企业界的肯定。[②] 台湾地区早期的技职教育为配合经济发展而设置，以培育实用性技术人力为目标，学习内容为技能训练导向，所培育的人才直接投入就业市场，含有计划性教育、终结性教育的意义，与普通教育形成两条平行轨道。

1974—1997年的发展期。1974年，台湾地区第一所技术学院——台湾工业技术学院（现在的台湾科技大学），招收专科毕业生，这是台湾地

---

① 邓利娟. 台湾经济从"奇迹"到"困境"发展过程的重新审视——基于东亚新学说的理论视角 [J]. 台湾研究集刊，2009 (2)：42—51.

② 张天津. 台湾技职教育的历史回顾 [J]. 中国职业技术教育，2005 (23)：13—15.

区高等技职教育的开端。经过二十年的努力奋斗，到1994年有关部门批准由原有的三所专科学校，即台北工专、台北护专及台湾艺专改制为技术学院，这才有了第二所技术学院。随着经济发展转向技术及资本密集、高附加价值产业结构形态，技职教育所需人力之知识及技能已非职业及专科学校所能培育，教育政策根据需求全面调整职校设科，并以群集观念重新规划课程，同时提升发展层次，积极发展专科学校，设立技术学院及科技大学以为衔接。

1997年后步入提升期。台湾地区教育事务主管部门为回应社会需求，致力于推动建设高等教育第二条轨道，让绩优专科院校得以改制成为技术学院，并让具规模之技术学院改名为科技大学。1997年，教育事务主管部门首次同意成立科技大学，共有五所：台北科技大学、台湾科技大学、云林科技大学、屏东科技大学及朝阳科技大学。除朝阳科技大学外，其他四所皆为公立学校，都是由技术学院改名而来的。双轨制的高等教育体系已经完成，在出生率降低、学生来源减少的社会环境下，双轨制的体系在科系与课程的分界线上已有重叠区出现，但是科技大学重视应用技能研究与实用专业课程学习的特质并没有改变。[1]

科技大学的办学方向由各校依本身条件、资源、师生未来共同愿景规划，培育专业理论与实务技能兼备的学生，以研究发展科学技术、培育专门及高级技术人才为目标。科技大学的具体发展目标包括：提供产业高级技术人力、提升产业竞争力、培育世界级人力等。随着科技发展，台湾地区的产业结构有重大变迁，从以往劳力密集的初级工业，转变为资本及技术密集产业，各产业皆强调专业技术分工，高级专业技术人力成为经济发展的关键。通过成立科技大学，可以培育出符合产业所需的高级技术人才。为了提升台湾地区的整体竞争力，传统产业须调整为高附加价值、低能源消耗、低污染产业，产业升级为地区经济成长的必要条件。科技大学强调实务技能与专业理论，教导学生建立全球观点，并增强策略性思考能

---

[1] 张天津.台湾技职教育的历史回顾[J].中国职业技术教育，2005（23）：13—15.

力,以利于产业界创造利润与发展未来潜能。台湾地区缺少自然资源,人力发展成为最重要的经济成长要素,在全球化趋势下,科技大学承担着知识及技能整合运用的任务,并以培育世界级人力为目标。①

二、台湾地区技职通识教育的必要性

一般来说,技职教育的目的在于配合地区经济发展需求,培养产业技术人才,以人力养成及安置就业为目标,具有终结教育的性质。随着高等技职教育规模扩大,技职体系学生升学管道拓宽,技职教育的目标已逐渐失去以往终结性职业养成教育的特色而转变为以学生个人生涯发展准备为主,其与普通学术教育的区别也日益模糊。20 世纪 90 年代,通识教育改革的浪潮席卷整个台湾地区高等教育领域,技职院校也在进行专业技术教育的同时普遍开展了通识教育。1997 年先后由辅英技术学院、云林科技大学与慈济技术学院举办了两次技职通识研讨会,开启了台湾地区技职通识教育元年。从此之后,通识教育在台湾地区的发展进入了一个崭新的阶段。开展通识教育,是在台湾地区经济社会发展的大背景下,技职院校寻求变化应对的必然选择。

首先,通识教育是培养适应经济社会发展的高素质人才的需要。这种专业技术导向的教育,具有一种代工、大量制造、复制产品的特质。产业界只发展到代工阶层,技术人才只有模仿与复制的能力,没有创造、研发的能力,在职场上只会反复操作、照本宣科,不能克服工作瓶颈,产业无法升级,个人生命的陶养、因应低潮的能力,也都相当薄弱。随着 20 世纪 90 年代科技革命对全球经济环境的深刻影响,台湾地区经济面临从劳动密集型向技术密集型的转变,传统技职教育只侧重"专业教育",欠缺"通

---

① 第七次台湾地区教育年鉴 [EB/OL]. [2018 - 9 - 1]. https://teric. naer. edu. tw/wSite/ct?ctNode=645&mp=teric_b&xItem=2054506&resCtNode=454&OWASP_CSRFTOKEN=RQN9 - 3296 - VG4O - LT2N - 9Y7A - EZH4 - 6UVS - ZRUP.

识教育"的不足逐渐显现。由于学校没有提供通识博雅的训练，学生就没有将知识内化为个人创意的能力，产业也就没有升级的希望。要应对当前产业面临的考验，必须正视过去技职教育的不足。①

同时，技职教育是直接服务于产业发展的，以经济发展为主轴的专业知识与技术培育，不可避免地偏向技术层面，导致人类知识应用朝向"物质化"与"商业化"，而缺乏"人文化"的关怀与丰美的礼义实践，使民众的一般人文素养普遍不足，精神生活贫乏。技职教育在经济发展、社会富裕、人们的需求升级的时代背景下更加凸显。技职教育以培育社会所需人才为主，在今日科技文明社会中，人才的理想素质应兼顾科技与人文素养，过度偏重专业知识技术培养，将会造成社会经济富裕但缺乏人文素养的局面。因此，除了传授专业知识与技术外，技职院校更应加强通识教育，发扬人性本质与人文精神，以提升民众生活品质，形成"富而好礼"的社会。

其次，通识教育是技职教育体系学生未来职业发展的需要。知识运用的目的虽在于解决自然与环境问题，但也会涉及人类价值判断问题，例如环境污染、通信隐私等问题。为适应未来社会科技进步加速、社会变化急遽的状况，学生必须具备适应变迁能力、终身学习能力；为适应产业结构调整、服务业占比大幅度上升的状况，需要学生提升沟通的技巧，以便未来在工作中能与人分工合作、互相学习；学生还必须培养创造思考、解决问题的能力，才能在工作岗位上自我管理、研究创新。一位专业技术人员在开始工作时，多半是操作机具设备，处理对象是"物"；但是随着职位升迁，处理对象则转为"人"，接触到的多是与组织运作及人际关系有关的工作，遇到超越技术的社会互动性问题。每一种专业都有服务社会的利他属性，要想在个人的专业领域中扮演好称职的角色，进而有杰出的表现，也需要对自我、他人、社会、文化、自然有相当的了解及关怀。换言之，作为一

---

① 方国权. 技职教育的双璧——专业教育与通识教育[J/OL]. 通识在线，2006，3 [2018 - 9 - 10]. http://www.chinesege.org.tw/geonline/html/page4/publish_pub.php? Pub_Sn=66&Sn=163.

个优秀专业人才的先决条件是要成为一个具备通识教养的博雅之才。①

在通识教育中知识和见识的增长，团队协作意识和能力的增强，将会为学生未来的职业发展和更好地适应社会提供支持。社会生活日益成为一个复杂的系统，行业之间、部门之间、部门内部需要互相了解认知、互相支持协作。以汽车生产为例，优秀的汽车固然需要优异的技术来生产好材料，零组件，装配，测试等，但要让汽车进入市场并被广泛接受，还需要艺术品位、研发、设计、色彩学、心理学、人类学、社会学、管理学、休闲运动学、广告行销、保险、法令……众多领域一起来成就。②

最后，通识教育是培养合格民众的必需。技职教育更需要加强职业道德教育，以养成守法修德的民众，将所学专业技术用以增进社会福祉。未来的社会愈形多元复杂，个人权益愈受重视，生活闲暇逐渐增加，学生在民众教育阶段所学尚不足以应付多变的社会，为培养学生树立尊重生命、关怀社会的思想，发展多元价值观，发挥个人潜能，追求自我实现，提高生活品质，成为现代民主社会的良好民众，技职教育仍应重视通识教育。通识教育是以"人"为核心的统合教育，旨在使价值与知识统合，感性与理性融合，人文与科学结合，个体与环境共生共荣，将此结果落实在个体身上，可以使个体实现精神充实与全面发展，并对人类社会产生有意义关怀。③

三、台湾地区技职通识教育的嬗变

（一）台湾地区通识教育的缘起

台湾地区通识教育的第一个源头是由教育事务主管部门所颁订的"各

---

① 张一蕃. 教育不是训练——通识是专业的先决条件 [J/OL]. 通识在线，2006，3 [2018-9-10]. http://www.chinesege.org.tw/geonline/html/page4/publish_pub.php?Pub_Sn=66&Sn=160.
② 林崇熙. 技职体系通识教育的新大道 [J/OL]. 通识在线，2016，65 [2018-9-10]. http://www.chinesege.org.tw/geonline/html/page4/publish_pub.php?Pub_Sn=138&Sn=2025.
③ 追求卓越的技职教育 [M/OL]. 2000：9. [2018-9-10]. http://ws.moe.edu.tw/001/Upload/3/RelFile/6315/6937/89.05%E6%8A%80%E8%81%B7%E6%95%99%E8%82%B2%E7%99%BD%E7%9A%AE%E6%9B%B8.pdf.

大学共同必修科目"转型而来，第二个源头则是由几个大学推动的"通才教育"逐渐发展而来的。①

台湾地区教育事务主管部门于1958年颁布"各大学共同必修科目"，规定必修的科目有语文、英文、中国通史、中国现代史、孙中山思想，另在地方法规、哲学概论、法学绪论、"国际"关系四门课中选修一门。该规定曾在1964年、1973年、1977年进行局部修订。到了1996年，实行近四十年的"各大学共同必修科目"成为历史，改由各大学"自主订定"。在随后的数年中，各大学大多对原有的共同科目进行通识化改造：语文与英文基本上维持不变，中国通史与孙中山思想则陆续归属于人文领域通识课程或改成地方法规通识课程。②有学者认为，虽然"共同必修科目"的合理性与适切性历来屡遭评议，但其作为台湾地区通识教育的滥觞是毫无疑义的。③

若干大学推动的"通才教育"的延伸。1950年代，东海大学以"发扬民族精神，沟通中西文化"为主题，开展"通才教育"。具体措施为在共同必修科课程中加入社会科学、自然科学以及西方历史文化等课程。东海大学的通识教育改革一直延续到20世纪70年代，后因经费等因素而终止。20世纪70年代初期，留美学者沈君山在台湾清华大学也开展了通识教育改革。20世纪80年代初，虞兆中出任台湾大学校长以后所推动的通才教育改革影响力较大。1983年，台湾大学"推进通才教育工作小组"在《开设十三门选修课程计划报告书》中指出："当前大学教育太早分科，学生缺少本门以外的知识与方法，目光局限一隅，不能把握历来重要思潮的演进，亦无法全面关照现代知识的发展。本计划旨在针对此弊，于现行大学教育的架构中，作适度的补救……用意并不在于灌输各学科庞杂琐碎的知识，而在于让学生通过这些课程了解：自身与自身（生理或心理的）、自身与社会环境、自身与自然世界，相互间种种关联，使学生生活于现代社

---

① 刘阿荣. 台湾地区通识教育之变迁：批判与反思 [J]. 通识教育季刊, 1999, 6 (2)：17—37.
② 林从一. 台湾通识教育发展历程 [J]. 长庚人文社会学报, 2014, 7 (2)：191—253.
③ 郭冠廷. 通识教育的理想和实践 [J]. 通识教育季刊, 1998, 5 (3)：21—28.

会而知何以自处。同时强调人类取得这些知识的方法，让学生日后知道其他学科如何入门，知道如何在本门工作上借助其他学科的方法，甚至知道如何批判各门知识适用范围的局限，以利于科际整合。"① 这十三门课程归属为五大类：文学与艺术、历史与比较文化、社会与哲学分析、数学与自然科学、应用科学。虽然该课程计划伴随虞兆中校长离任以及社会和校内阻力而搁置，十三门课程也只开设了四门，但这些努力仍被视为台湾地区大学院校通识教育史上非常关键的一步。这一时期，台湾地区个别大学的通识教育改革实践推动了通识教育理念的传播，为80年代中期通识教育的全面开展做了思想准备。

（二）台湾地区技职通识教育的初步探索：1984—2002 年

在台湾地区，政府主导了大学的发展方向，通识教育的初期发展更是仰赖政府的态度和作为。1983 年，在教育改革的呼声中，台湾地区教育事务主管部门成立"大学共同课科目规划研究专案小组"，检讨共同科目。1984 年 4 月 5 日，台湾地区教育事务主管部门根据该专案小组的建议，出台《大学通识教育选修科目实施要点》，通知各大学及独立学院开设通识教育选修科目，具体要求在"文学与艺术""历史与文化""社会与哲学""数学与逻辑""物理科学""生命科学""应用科学与技术"等七大学术范畴内开授各种选修科目，共 4—6 学分。② 各大学院校陆续建制通识教育专责单位，开设通识课程，通识教育理念也在各大学传播开来。这是台湾地区大学院校全面推动通识教育的开始，成为台湾地区大学通识教育走向制度化的里程碑。

1990 年，台湾地区教育事务主管部门共同科课程委员会决议将通识教育纳入共同必修科课程，即在语文、外文、历史、地方法规四领域外增设通识教育，规定在上述五领域共计 28 学分的共同必修科课程中，通识课程

---

① 转引自郭冠廷. 通识教育的理想和实践 [J]. 通识教育季刊, 1998, 5 (3): 21—28.
② 黄俊杰. 大学通识教育探索：中国台湾经验与启示 [M]. 广州：中山大学出版社, 2002: 55.

占 8 学分。1992 年 10 月 3 日，台湾地区教育事务主管部门公布《大学共同必修科目表实施要点》，整合了共同必修与通识选修，开启了"共通课程"的时代。①

1994 年 4 月 14 日，台湾通识教育学会正式成立，并召开第一次理监事联席会，公推李亦园院士担任创会理事长（黄俊杰教授为秘书长，王俊秀教授为副秘书长），开启了台湾通识教育运动的新纪元。筹备期间，《通识教育季刊》创刊号在 1994 年 3 月由台湾清华大学通识教育中心出刊，提前达成决议。②

台湾通识教育学会成立，标志着民间力量与教育事务主管部门协同推进通识教育运动时期的到来。通识教育学会通过创办刊物、召开年会、举办通识教育教师研习会、举办通识教育研讨会、开展通识教育评鉴或访视，宣扬了通识教育理念，培训了通识教师，成为台湾地区通识教育事实上的推动者，在台湾地区通识教育发展中发挥了重要作用。

通识教育学会属于非官方的学术团体，但却具有一般学术团体罕见的特性和视野。一般的学术团体，功能主要在于促进该门知识的研究与创新，其工作多为出版学报、举办学术研讨会、奖励优秀研究者、参与研究公共资源分配等。台湾通识教育学会除了上述任务之外，还主动承担台湾地区通识教育的推动工作。台湾地区通识教育的提倡，首先来自学界民间，其通识教育的发展，则兼具民间改革运动的性质。通识教育学会会视台湾地区通识教育的发展阶段与现实需要而主动提出一些改进的措施或讨论的议题。例如，学会一年一度的年会是和"通识教师研习会"合并举行的。鉴于台湾地区的大学教师在其成长中并未受过通识教育，教师研习因此成为台湾地区推动通识教育的关键因素。教师研习会的主题也反映了台

---

① 王俊秀. 回首"通识"来时日——在线博物馆开馆志 [J/OL]. 通识在线，2005，1 [2018-9-10]. http://www.chinesege.org.tw/geonline/html/page4/publish_pub.php?Pub_Sn=68&Sn=122.

② 王俊秀. 回首"通识"来时日——在线博物馆开馆志 [J/OL]. 通识在线，2005，1 [2018-9-10]. http://www.chinesege.org.tw/geonline/html/page4/publish_pub.php?Pub_Sn=68&Sn=122.

湾地区推动通识教育发展的阶段性任务，例如台湾通识教育学会前十五届通识教师研习会的主题分别是："人文与自然科学的交流"（第一届）、"人文与社会科学的思想与方法"（第二届）、"课程设计与教学经验的交流"（第三届）、"大学之理念"（第四届）、"大学通识教育里的情意教育"（第五届）、"大学理念与实践"（第六届）、"专业与通识的融合"（第七届）、"专业伦理与道德教育"（第八届）、"跨世纪大学通识教育的视野"（第九届）、"21世纪通识教育的未来——从普及到深化"（第十届）、"通识教育与基础教育的深化——理念、策略与方法"（第十一届）、"全球化时代的大学通识教育：问题与对策"（第十二届）、"大学通识教育中的'主体性'与'群体性'"（第十三届）、"大学通识教育中的民众教育与民主素养"（第十四届）、"多元文化激荡中的全人教育"（第十五届）。这些主题的设置，抓住了通识教育实践中存在的阶段性问题，对通识教育的开展起到凝聚共识、统一思想的作用。

创办刊物是通识教育学会的一项重要活动。通识教育学会先后创办了《通识教育季刊》《通识教育学刊》《通识在线》等刊物。《通识教育季刊》《通识教育学刊》是学术性刊物，为通识教育者提供了一个发表研究和实务成果的园地。2005年创办的《通识在线》是一份线上和线下同时发行的非学术性刊物。经过多年的耕耘，通识教育在台湾地区已经完成普及，处于由普及迈向深化的关键时刻，需要一个及时而有效的方法，交换讯息和经验，凝聚共识和力量，以解决问题，克服困难。《通识在线》的创刊，旨在建构一个网络平台，发挥深度报道、理念探索、意见交流的功能，为海峡两岸暨香港、澳门地区大学通识教育的深化，注入新的力量。①

举办学术研讨会是通识教育学会的另一项重要工作。学会成立之初即于1994年6月27日在台湾清华大学举行第一届通识教育研讨会；1995年3月20—21日在台湾大学思亮馆举行第一届第一次年会，并由台湾大学承

---

① 张一蕃. 为海峡两岸通识教育注入新力量［J/OL］. 通识在线，2005，1［2018-9-10］. http://www.chinesege.org.tw/geonline/html/page2/super_pages.php? ID=page201&Sn=3.

办"传统中国教育与现代大学通识教育学术研讨会";1995年4月14、15两日(周年庆)由"中央"大学承办第一届通识教育研讨会;1996年11月18—22日由香港中文大学举行"第一届华人地区大学通识教育学术研讨会";接着由高雄第一科技大学承办"第二届华人地区大学通识教育学术研讨会";2001年11月,上海师范大学接办"第三届华人地区大学通识教育学术研讨会",通识教育已经开始普及于海峡两岸暨香港、澳门地区的高等教育界。①

总之,台湾通识教育学会于1994年正式成立后即宣告了台湾地区高等教育通识教育时代的来临:通识元年。台湾通识教育学会对通识教育的推动作用和保障作用应该予以充分肯定。但是,这一阶段,各大学对通识教育理念并没有太多的认识,对通识教育的理解也相当混乱,通识教育"事实上只能是一面目模糊、教育宗旨目标不明且无法实施之物"。② 同时,各大学由于准备不足,仓促之间所开设的通识课程虽然多元多样,但是课程内容尚待大幅提升。大学教育的旧观念与旧做法多维持原样,教育事务主管部门对大学在课程、学制、教师员额等方面的限制也普遍存在,通识教育的进展并不明显。③

这一时期,技职院校开展通识教育取得共识。自1994年台北工专升格为台北技术学院之时起,升格为大学成为台湾地区各公私立专科学校的集体向上运动。而讲授共同科目的单位也改称通识教育中心,负责将专科时代的共同必修科目转型为通识教育课程,在体制上复制了综合大学。

技职院校开始对通识教育课程开设、课程体系建构、教学方式等进行探索,并得到教育事务主管部门的资助。1993年,台科会补助台湾工业技术学院(现为台湾科技大学)进行《技职院校的导师制与通识教育:台湾工业技术学院个案研究》专案研究计划,补助台北护理学院进行《护理学

---

① 王俊秀. 回首"通识"来时日——在线博物馆开馆志[J/OL]. 通识在线,2005,1[2018-9-10]. http://www.chinesege.org.tw/geonline/html/page4/publish_pub.php?Pub_Sn=68&Sn=122.
② 龚鹏程. 通识教育与人文精神[J]. 鹅湖月刊,1993,18(12):1—10.
③ 林从一. 台湾通识教育发展历程[J]. 长庚人文社会学报,2014,7(2):191—253.

院通识教育课程之探讨》专案研究计划，补助云林技术学院（现为云林科技大学）进行《技术学院实施通识教育研究》及《教师及学生对通识教育观点之探讨——以技术学院为例》专案研究计划。

此后，教育事务主管部门对技职院校通识教育的开展也有专案性的补助。如，教育事务主管部门于1998年度补助高雄技术学院（现为高雄科技大学）进行"'技引'通识模式教材编撰及教学方法之改进"，1999年度补助台北科技大学进行"台北科技大学通识教育课程之规划"、补助云林科技大学进行"科技大学技术学院通识教育之改进"、补助虎尾技术学院进行"社会学科通识课程之理念建构：契合社会现实的整合性教育规划——以虎尾技术学院为蓝本"、补助弘光技术学院"设置通识教育多媒体教学研究中心计划案"及补助大华技术学院规划"多元文化教学资源研究中心"。

同时，教育事务主管部门举办的会议中开始讨论技职院校通识教育的问题，并对科目表、学分都做出规定。1994年，台湾地区第七次教育会议召开，第五议题分区座谈会中针对技职教育提出"加强改进通识课程，促进人文与科技均衡发展"的子议题，指出现阶段有关措施包括：在技术学院必修科目表、共同科目表中明确规定四年制技术学院8学分、二年制技术学院2学分；明确通识课程涵盖范畴，包括能增加对其他领域认识的总论科目，能增加整合知识的思想科目，能陶铸共识的社会及史地类科目，能培养人文素质的文学、艺术科目。该会议指出，技术学院通识课程于1993学年度起实施。有关通识课程的研究改进，将比照"大学通识课程研究改进工作计划"办理。

虽然这次会议中提及技术学院通识课程于1993学年度起实施，但因该年度技职体系的技术学院仅有台湾工业技术学院一所，并且1995年5月26日大学共同必修科目取消后，事实上技术学院和科技大学的课程包括通识教育已成为各学校自主规划的事情，因而各学校"被迫"拥有课程规划自由，必须面对语文、英文、中国通史、孙中山思想等共同科目的定位和转型问题。虽然如此，通识教育还是突破结构性限制，迎来了课程自主、多元化发展的契机。

1995年,《台湾地区教育报告书——迈向二十一世纪的教育远景》出版,其中,针对技职教育的发展指出:"技职教育除强调专业技能之培养外,更应重视对青年学生精神层面之教化。由于社会变迁的影响,时下年轻学生较缺乏责任感与义务观念,其思想过分功利、缺乏耐性,疏忽生活礼仪,渐失勤俭美德,因此,除加强对技职教育学生的个别辅导、实施兴趣性向等个别测验使其明了职业性向外,并做好生活辅导,加强艺文休闲活动之举办。另加强推行专业艺术教育,培养艺术创作、管理、维修专业人才。此外,提升学生生涯规划之能力,并透过技职教育课程的修订,除致力于专业课程之统整以及增进学生电脑运用能力外,更应重视优良职业道德的养成,其他如沟通能力、批判思考能力及解决问题能力等,同时亦应透过各种正式课程及潜在课程加强培养,使学生在二十一世纪时能有全方位的大格局。"报告还明确指出,技职教育在专业技能的培育外,需要更多元的能力与见识,才能应对21世纪变迁的社会需要。

1997年9月11—13日,高雄第一科技大学、南台科技大学及实践大学受教育事务主管部门委托举办年度高等技职教育研讨会,在议题讨论第一分组"技术学院改名科技大学之使命与挑战"议题中设有"科技大学如何强化通识教育,培育兼具科技与人文素养之专业人才"的子议题。杨启航担任引言人,介绍了高雄第一科技大学推动通识教育发展的概况,提出"技术花蕊,通识花瓣:博雅的专业人"的理念,倡导全校教师都是通识教育教师,应该由专业人员把自己的领域扩大之后,再回归自己的专业来寻找哲学基础。

1997年10月17—19日,辅英技术学院、高雄第一科技大学及台湾通识教育学会举办"技职体系大专院校通识教育研习会"。同年12月19—20日,云林科技大学与慈济技术学院举办"技职院校通识教育实务研讨会"。这两次技职通识研讨会,开启了台湾地区技职通识教育元年。[①]

---

① 王俊秀.回首"通识"来时日——在线博物馆开馆志[J/OL].通识在线,2005,1[2018-9-10]. http://www.chinesege.org.tw/geonline/html/page4/publish_pub.php?Pub_Sn=68&Sn=122.

1998年12月21—22日，高雄第一科技大学受委托举办科技大学组年度高等技职教育研讨会。台湾科技大学刘清田校长担任"科技大学、技术学院与一般大学之区分、定位及分工"议题的引言人，他指出，技职院校毕业的学生刚进产业界时受到较大的欢迎，但三五年后在职务晋升机会上却比一般大学毕业生少，这是否代表着技职能力在进入产业界之后能够很快获得？这是一个值得深思的问题，也是技职教育必须审慎考虑其内涵的问题。

1998年12月28—29日，昆山技术学院受委托举办技术学院组年度高等技职教育研讨会。虎尾技术学院教务长在"技术学院附设专科部者，如何达成学院与专科教育的双重目标"议题讨论中，指出学院部主要的教育目标有研究学术、培育人才、提升文化、服务社会及促进地区发展，并强调通过教学与实习培育学生专业能力，通过社团活动培育组织领导能力及民主素养，通过专题研究培育创造及解决问题能力，广开通识教育课程以培养博雅的健全人格。

鉴于社会变迁的需要及技职体系通识教育未能真正推展的现实情况，台湾地区教育事务主管部门乃于1999年2月26日召开"研商技职院校通识教育课程之检讨与发展事宜会议"，邀请辅英科技大学张一蕃校长、高雄第一科技大学杨启航副校长、云林科技大学张文雄校长先后报告学校推展通识教育的理念和实践，并讨论如何协助各级技职院校加强通识教育，获得十项结论[①]：

1. 技职通识教育课程应有整体性规划，各类科目均应发挥通识教育功能，不应局限于语文、英文，非正式课程及潜在课程均应规划发挥通识教育的功能。

2. 正式课程亦应落实通识教育的功能，建议各校在发展专业科目时应将通识教育精神纳入。

3. 通识教育课程可通过潜在课程（例如校园文化、身教、境教、制

---

① 转引自吴靖国. 教育行政机关推动技职通识教育之概况分析[J]. 通识教育季刊，2000，7(1)：93—114.

教）途径规划。

4. 全人教育观的课程设计并不等于完人教育，跨世纪技职体系一贯课程之规划应将通识教育纳入规划。

5. 鼓励各校进行通识教育网络教学，并将通识课程上网，以供其他学校查询观摩。

6. 建议办理技职院校通识课程系列性研讨会，会议主题应以活动性课程为主，而非理论性，以落实行动和实践。

7. 建议考量成立语文及通识教育课程发展中心，以推动通识课程的教育实验及课程评鉴。唯考量现况，课程评鉴可安排于改革后进行。

8. 技职院校教师不可有轻视技职体系学生素质的成见，宜鼓励就读技职院校的学生，并加强高职基础科目教育。

9. 加强技职院校师资通识教育能力培训，教师参与研究通识课程教学，可列入升等考核参考。教学方法的改进应化为学生生活的实践，而不应仅止于口头施教。

10. 通识教育能否成功与校长支持与否密切相关，宜利用校长会议多加宣导。

这十条建议随后由教育事务主管部门正式发文，成为推动技职通识教育的正式文件。

2000年5月，教育事务主管部门发布《追求卓越的技职教育》，特别指出"重视通识教育的全人发展"，将"推动精致技职教育，奠定技职专业地位"及"建构教育品质指标，提升技职教育品质"列为当前技职教育政策之一，并提出"加强技职院校通识教育方案"，提出十项行动步骤[①]：

1. 修正技职院校课程，增加学校自定课程弹性，于必修科目中，增加一般科目课程比重，并要求校订科目中须增设一般科目。

---

① 追求卓越的技职教育[M/OL]. 2000：57. [2018-9-10]. http://ws.moe.edu.tw/001/Upload/3/RelFile/6315/6937/89.05%E6%8A%80%E8%81%B7%E6%95%99%E8%82%B2%E7%99%BD%E7%9A%AE%E6%9B%B8.pdf.

2. 修正相关法规，于各级技职院校须设共同科或通识教育中心。

3. 加强对学校实施通识教育的辅导及奖补助，以引导学校重视通识教育，并将通识教育办理成效作为教学评鉴及视导的要项，以督促学校重视通识教育。

4. 研拟充实普通教室视听设备及教育资源方案，鼓励技职院校成立一般科目或共同科目专用教室，支援改进教学方法和增进教学成效。

5. 办理技职院校通识教育教师在职进修，提升教学品质。

6. 奖励或补助教师及出版业，编写并出版适合技职教育学校使用的本土化通识教育教材。

7. 办理学校行政人员及专业科目教师的通识教育研习，增进其对通识教育的了解，以加强教育成效。

8. 订定奖助办法，鼓励学校及师生重视社团活动、社区服务等广义性通识教育活动。

9. 倡导多元入学方式，增加申请入学或推荐甄选比例，鼓励各校在招生时将通识教育成绩作为考量的项目，促进学生五育均衡发展。

10. 成立技专院校通识教育评鉴委员会，负责推动技专院校通识教育评鉴工作，并办理评鉴绩优学校的观摩研讨与经验分享。

这份行动方案，为加强技职通识教育制定了路线图。

总之，技职教育体系因长期受制于对"专业"（其实是专门）内涵的狭隘理解，忽视通识能力的涵养，对于通识教育的主张比一般大学起步较晚，其概念又被一般大学通识教育所导引，故一直都处在探索阶段。[①]

（三）台湾地区技职通识教育的改革深化：2002—2010 年

台湾地区各大学大多已进行通识教育，甚至技职体系的科技大学亦不例外，可谓十分普及。但许多大学的通识教育仍徒具形式，不仅教师分别

---

① 吴靖国. 教育行政机关推动技职通识教育之概况分析 [J]. 通识教育季刊，2000，7（1）：93—114.

不出和过去的共同科教学有何不同,学生也多视通识课程为"营养学分",校方也很难提出通识教育教学的全盘计划。因此,普及之后的深化,便成为台湾通识教育学会继续前进的主要课题。通识教育学会便适时通过主题的设计来引起各方的思考,将2002年第十届研习会主题确定为"21世纪通识教育的未来——从普及到深化"。

2005年,台湾通识教育学会创办了以"深度报道""理念探索""意见交流"等为主要内容的非学术性杂志《通识在线》(双月刊),同时出版纸质版和网络版,对于通识教育的理念塑造、方向引领及经验交流,发挥了推波助澜的作用。该刊副总编辑林孝信在第一期编辑报告中对刊物创办的缘起做了说明:"我们为什么要筹办这份非学术性的刊物呢?主要鉴于台湾的通识教育发展已经度过普及的阶段,到了深化的时期,需要有一个园地来交流讯息、理念以及意见。"[1] 黄俊杰教授也在《通识在线》发刊词《通识教育工作者对话平台》中认为:"通识教育在海峡两岸暨香港、澳门地区大学院校逐渐普及之后,我们深感'从普及迈向深化'是21世纪大学通识教育的新方向。所谓'深化'是指通识课程应具有基本性、主体性、多元性、整合性与贯通性,使授课内容可以对学生的生命之觉醒有直接或间接的帮助,并为学生奠定'终身学习'的基础。我们深深感到,只有这种'深化'的通识教育,才能使大学毕业的知识分子,因应21世纪的各种新挑战。"[2]

在这一阶段通识教育的发展中,台湾地区教育事务主管部门发挥了重要作用。通识教育虽行之有年,然因高等教育整体结构及制度问题,通识课程与专业课程缺乏统整性联结,课程内容缺乏批判性与学术承载度,不易启发学生学习兴趣,加上学校主事者对通识教育认知不足且投入资源有限,均影响通识教育发展。为了解决通识教育领域问题,引导通识教育改

---

[1] 林孝信. 第一期编辑报告 [J/OL]. 通识在线,2005,1 [2018-9-10]. http://www.chinesege.org.tw/geonline/html/page4/publish_pub.php? Pub_Sn=68&Sn=1753.
[2] 黄俊杰. 通识教育工作者对话平台 [J/OL]. 通识在线,2005,1 [2018-9-10]. http://www.chinesege.org.tw/geonline/html/page4/publish_pub.php? Pub_Sn=68&Sn=99.

革方向，教育事务主管部门于2002年成立"通识教育委员会"，目的是"分析了解通识教育难以落实及深化的真正原因，并据以研拟推动与改进通识教育之具体方案。对师资培养、教材编撰及教学方法之研发改良，宜宽列经费，积极办理……在现有的基础上，对各级学校的通识教育，作更深入而细致的改进，进而对全面性通识素养不足的问题，研拟长期性完整改进构想"。通识教育委员会的成立有利于改善教育部门通识教育政出多门的问题，也表明台湾地区通识教育的发展重心，由主要关注理念的建构及整体课程结构，转向重视通识教育的教学方面。

2000年开始，教育事务主管部门推动先导型及实验型的通识教育改善计划，为通识教育的发展进行探路、铺路的工作。与通识教育直接相关的第一个先导计划"人文社会科学教育先导型计划（2003—2006）"中，有关通识教育的部分有两项，一是台湾大学政治系江宜桦教授规划与执行的"个别型通识教育改进计划"，一是政治大学哲学系林从一教授规划及执行的"通识教育评鉴先导计划"。

"个别型通识教育改进计划"。具体来说，教育事务主管部门拟规划若干重要通识领域及核心课程名单，开放各校教师以个别型计划方式提出申请。若申请人所提课程设计确有创意并具体可行，则可以补助其相关费用，包括进行小班分组讨论所需的教学助理薪资以及制作特殊教材所需的经费等。该项计划跳过学校、院系所中心直接补助教师进行课程改进，让大学教师拥有适当的资源与空间进行教学发展与创新，随着后续不同计划的持续推动，培养与产生了为数不少的典范教师与典范课程；补助项目中包括带小组讨论的教学助理（TA），这进一步带动了各校TA制度的建立，同时也影响了各校教学发展中心的建立。

"通识教育评鉴先导计划"。为求改进及深化通识教育，教育事务主管部门于2003—2004年实施"大学通识教育评鉴先导计划"第一期，针对台湾中山大学、"中央"大学、成功大学、台湾交通大学、台湾清华大学、阳明大学、台湾大学等七校进行通识教育评鉴。2004—2005年又针对台湾地区九所师范类学校进行通识教育评鉴，是谓"大学通识教育评鉴先导计划"第二期。这两次评鉴的主要意义是深入而具体地界定通识教育实施时所面临的问题，并督促各校解决问题。"大学通识教育评鉴先导计划"第一期的评鉴报告列举了六点各校面临的共通问题，包括：通识教育与若干基础教育科目彼此之间定位不清；亟需强有力的通识教育主事者规划；若干怡情养性、培养才艺的操作性、实用性、常识性、休闲性课程的归属不明；特定价值立场可作为批判性讨论的主题，但不应作为通识课程的预设；对有关通识教育的组织与制度、课程规划、教学方式等问题缺乏思考；以通识名人讲座为名之学术、文化、宗教名流的演讲或对谈，常缺乏配套措施，不具有通识教育应有的学术承载度。

如果说一系列先导计划是为了发现通识教育实施中的问题，那么，"通识教育中程纲要计划"则是对台湾地区通识教育开展的整体擘画。

2006年，"通识教育中程纲要计划（2007—2010）"（简称"通识中纲计划"）发布。"通识中纲计划"认为，具备创新、跨领域、知识统整等特质的人才之养成，以及高等教育基础质量之提升，是当前科技人才培育亟待突破的两个关键。通识教育是全校性、跨学门的教育，大学若是能够建构一个高度系统性、整合性的课程制度，特别是一个以通识教育为核心的课程制度，必定能够有效联结各知识领域，成为科技人才养成的核心机制。目前，通识教育领域存在的突出问题是：在课程方面，非但通识课程出现零碎化、肤浅化现象，由于通识课程与专业课程之间缺乏统整性的紧密联结，还造成专业系所对通识教育的拒斥，"重专业、轻通识"的心态普遍存在；学生因为缺乏学习动机及学习方向感，而将通识教育视为"营养学分"的情况也相当严重。社会各界对通识教育的认识普遍不足，校内资源及各项公共资源的投入亦相对不足，致使校方强化通识教育的动机及行动力薄弱。① 针对存在的问题，"通识中纲计划"提出通识教育、大学教育、学生面向三个层面的目标。②

---

① 台湾地区教育事务主管部门. 通识教育中程纲要计划（2007—2010）成果报告：1.
② 转引自林从一. 台湾通识教育发展历程 [J]. 长庚人文社会学报，2014，7（2）：191—253.

1. 就通识教育本身而言：通过吸引优秀教师、培育师资、精炼课程内容、活化教法，提升通识课程的质量，以达成通识教育应达成的目标，逐渐消除"通识教育学分为营养学分"的观念及现象，并将"通识教育可以养成学生基础知识与核心能力"的理念落实到通识课程中。

2. 就大学教育而言：消除"通识课程是专业课程的补济、辅助、点缀"的观念，推行及落实"通识教育是大学教育的核心、专业教育的基础"的观念；推动全校课程的系统化，建构跨通识及专业课程的学习路径，解决课程零碎化及其衍生的高教问题。

3. 就学生的面向而言：通识教育的目标从"知识广博"的培养，转向"核心能力"的锻造。大学生的核心能力包括知识反思能力、知识整合能力、知识创新能力、多元思考能力、价值判断能力、行动抉择能力等。

"通识中纲计划"包括下列八项子计划：1. 以通识教育为核心之全校课程革新计划；2. 杰出通识教育教师奖遴选及奖励计划；3. "大学通识教育评鉴先导计划"第三期；4. 优质通识教育课程计划；5. 通识教育重要著作译著计划；6. 通识课程教师研习营计划；7. 通识课程教师工作坊计划；8. 通识教育发展会议。这些子计划以及其下的工作项目多数都对台湾地区通识教育的发展产生了重要影响，引导或至少非常实质地参与了"跨领域整合的教育趋势""以通识教育为轴线重新定位大学""从知识本位到学习本位的教育转向""从套装知识教授到核心能力培养的教学转向""教学成就重新成为重要学术成就"以及"社会参与式学习的发展"等六个大学教育发展大趋势。具体分析如下：

1. 以通识教育为核心之全校课程革新计划。该子计划开展的项目有：开设通识核心课程，开设行动导向/问题解决导向通识课程，开设跨通识及专业课程之整合型课程，建构全校课程地图并开设地图上应有而未有之通识课程，建置优异通识课程学生学习档案并数字化，推动优质核心通识课程数字化制作，以实现资源共享、经验交流。共有包括弘光科技大学、高雄应用科技大学、大华技术学院、亚东技术学院、台湾中国科技大学等在内的十三所院校获得补助,并取得丰硕的成果:在开设通识核心课程方面,各校规划完成"校"本位之通识课程新结构;在开设行动导向/问题解决导向通识课程方面,规划并开设六十八门课程;在开设跨通识及专业课程之整合型课程方面,规划并开设六十九个学程;在建构全校课程地图方面,各校将于2010年5月完成全校课程地图;在通识课程数字化方面,完成一百一十门通识课程的数字化;在学生学习档案数字化方面,完成五千五百五十个学习档案;在建置计划专属网站方面,计划架设专属数据库完整呈现其成果,并与学校网站入口相联结,供各界了解。

2. 杰出通识教育教师奖遴选及奖励计划。该子计划共有包括昆山科技大学彭坚汶在内的三名教师获奖。该子计划通过遴选杰出通识教育教师,鼓舞了通识教育教师士气,吸引优秀教师投入通识教育,并彰显了教育事务主管部门重视通识教育发展的决心与意志,也促使各大专院校重视通识教育,致力于提升通识教育教学质量。

3. "大学通识教育评鉴先导计划"第三期。2007年度,针对第一期评鉴计划的七所受评学校进行再评鉴,以检视评鉴报告中所提列的待改进事项,受评学校是否确实施行了积极有效的改进措施。除此之外,为凸显教育事务主管部门对通识教育的重视,特别将获得五年五百亿"发展'国际'一流大学及顶尖研究中心计划"补助的其他四所学校亦列为通识教育项目评鉴对象,依其为再评鉴学校或首度受评学校,区分为A类计划和B类计划。列入B类计划接受评鉴的四所大学中包括一所技职类大学——台湾科技大学。通过对七所研究型大学的再评鉴发现,经过第一期评鉴洗礼之后,几乎每所学校均依据评鉴报告或者进行通识教育制度改革,或者进行全校大规模通识课程结构革新。以台湾大学为例,其通识教育四年之间几有脱胎换骨的表现,说是通识教育因为评鉴得到校方的重视及资源的挹注,亦不为过。经过三次评鉴,通识教育的发展持续精进,作为岛内标杆大学的七所学校之通识教育应能达到某种成熟、稳定的阶段,并能够成为其他学校的学习对象。同时,将视各校是否针对评鉴报告所列待改进事项进行回复及提出具体改进措施、纳入年度计划、进行追踪管理与考核，作为经费分配之参据。①

4. 优质通识教育课程计划。该计划最具特色的地方是：开设行动导向/问题解决导向通识课程；优化基础通识课程；开设规划完善且深具创意之通识课程；由曾获教育事务主管部门通识教育课程绩优计划奖励之教师带领其他通识教师进行课程提升。该计划实施的显著意义包括以下三点：其一，成功引领台湾地区通识教育课程发展方向，多数学校无论是否获得本计划补助，都愿意参照本计划所标举的方向，挹注校内资源，鼓励本校教师为提升通识教育课程品质做努力。其二，获得计划补助或者经评定入选绩优计划的通识教师，更能凝聚对通识社群的热情，发挥力量为通识发声，成为种子教师，带领其他通识教师一起提升课程质量。第三点则是量上的贡献。为期四年的优质通识教育课程计划总申请计划数1869件，择优补助539门课程，受惠学生29324人，而台湾地区173所大专院校（含军警院校），有155所曾经申请过优质通识教育课程计划，比例高达90%，显见通识教师改进教学质量之意愿及动力大大提高，重视通识课程改进的学校亦大大增多。② 该计划执行的四年中，在获得优质通识教育课程计划补助的309个项目中，公私立科技大学为137个，占比44.34%；公私立技术学院为55个，占比17.80%，两者合计占比62.14%③，该项计划对技职院校通识教育发展的促进作用可见一斑。

5. 通识教育重要著作译著计划。具体的做法是翻译国外影响深远的通识教育理论著作，为通识教育的开展提供更多理论上的支持及实践上的引导，于2010年底出版了一套为数十本的《通识教育著作译著系列丛书》，并于系列丛书出版之后进行宣介，以引领通识教育的发展方向。这是台湾地区出版的第一套比较系统的通识教育译著，深具指标性意义。最终列入该计划的有十二本译著，分别是：《通识教育课程改革》（*Changing Gener-*

---

① 台湾地区教育事务主管部门. 通识教育中程纲要计划（2007—2010）成果报告：8—9.
② 林从一. 台湾通识教育发展历程[J]. 长庚人文社会学报，2014，7（2）：191—253.
③ 台湾地区教育事务主管部门. 通识教育中程纲要计划（2007—2010）成果报告：14.

al Education Curriculum：*New Directions for Higher Education*)、《通识教育课程评鉴》(*Assessing General Education Programs*)、《大学的理念》(*The Idea of a University*)、《培育人文：通识教育改革的经典辩护》(*Cultivating Humanity*：*A Classical Defense of Reform in Liberal Education*)、《社会科学的通识教育》(*General Education in the Social Sciences*：*Centennial Reflections on the College of the University of Chicago*)、《大学的功用》(*The Uses of the University*)、《通识教育的革新：哥伦比亚学院的经验》(*The Reforming of General Education*：*The Columbia College Experience in Its National Setting*)、《乌托邦的大学》(*The University of Utopia*)、《传统与创新：大学的通识教育与再整合》(*Tradition and Innovation*：*General Education and the Reintegration of the University*)、《课程秩序的绿洲：哥伦比亚学院的核心课程》(*An Oasis of Order*：*The Core Curriculum at Columbia College*)、《理解核心课程：哈佛大学核心课程革新》(*Getting at the Core*：*Curricular Reform at Harvard*)、《自由社会的通识教育》(*General Education in a Free Society*)。①

6. 通识课程教师研习营计划。该计划每年度分别于北、中、南三区，补助大专院校举办通识课程教师研习营，邀请学者专家讲述通识教育理念、优良制度、理想课程规划等议题，邀请岛内杰出通识教育教师奖获奖教师及优质通识教育课程计划执行绩优教师分享优质课程经营策略与经验，并听取第一线教师的心声与建言。该计划除了达到研习效果借以改善教学质量之外，亦期匡正通识教育理念，鼓舞第一线教师士气，强化使命感。

"通识中纲计划"的实施具有显著意义，所取得的重要成效主要包括：树立通识教育理论及实践典范；增强学生知识整合能力、问题解决能力以及行动抉择能力；强化课程的系统性及统整性；"全校课程地图"成为学习导航工具，并以"校"本位之通识课程新结构为其呼应；教育目标从

---

① 台湾地区教育事务主管部门. 通识教育中程纲要计划（2007—2010）成果报告：19.

"知识广博的培养"转向"核心能力的锻造";建立通识教育资源平台;增强专业系所的支持与优良教师的投入;增进学生对通识教育的尊重与参与;形塑全校型教育计划的典范;形成群策群力做好通识教育的气候;吸引数十亿元的教育改进投资。①

(四) 台湾地区技职通识教育的继续发展:2010 年至今

为了回应全民进大学时代,企业界对具备创新、跨领域、知识统整等特质的人才的需求,行动导向/问题解决导向的知识学习形式以及课程朝整合型课程发展的趋势,教育事务主管部门推出"核心能力养成中程个案计划(2011—2014)"(简称"核心能力计划")。"核心能力计划"的目标是培养现代民众的核心能力,特别是伦理素养、民主素养、科学素养、媒体素养、美学素养等五大素养。首先,伦理、民主、科学、媒体、美学等核心能力的培养,需要适当的生活环境与长时间的浸淫、熏陶。因此,该计划将协助学校规划校园的制度性环境,使得教师与学生能产生密切的、有意义的长期互动。其次,核心能力的培养须在真实处境中进行。未来的教育场域及主题已逐渐向外扩散,范围不再限制在校园内,议题也扩及社会与职场,事实上,未来的教育希望培养出同时具有全球视野及能在公共领域中积极参与各种事务的学生。

"核心能力计划"的执行策略及方法可以其子计划"素养陶塑计划"为代表说明。"素养陶塑计划"的目的是:完成以校为单位的教育环境营造,加强通识教育的全校性参与,提升大学课程之统整性及融贯性,强化学生之学习动机及方向性。课程制度面的着重点在于"通识年"与通识核心课程深化。所谓"通识年"是指除保留极少部分的专业基础课程外,全校大一课程不分系,皆为通识课程的课程制度。课程面聚焦通识核心课程与通识化的专业课程。学生学习面的重点在于强调"大一年"的重要性(大一课程、环境教育、潜在教育面更能体现"大一作为学术奠基、生涯

---

① 林从一. 台湾通识教育发展历程 [J]. 长庚人文社会学报,2014,7 (2):191—253.

探索阶段"的精神)。课程设计与实施持续推广行动导向/问题解决导向的学习。环境教育面以住宿学习为操作平台。学习及课程辅助面则以全校课程地图的深化为主。"素养陶塑计划"的这些规划皆以培养学生伦理素养、民主素养、科学素养、媒体素养、美学素养等核心能力为最终目标。

  在"核心能力计划"结束之后,为改善高教教学生态,教育事务主管部门即不再补助单一课程,转而着眼于全校性结构的改变,推出"大学学习生态系统创新计划",树立"共同演化"的观点,希望通过跨计划、跨校、校内跨部门与跨世代的协力合作,以及各项策略的推动,能发展出具有典范意义且具有推广价值的新型大学。

  教育事务主管部门在2010—2013年度的中程施政实施计划中推出通识教育相关计划,包括以通识教育为核心的全校课程革新计划:以校为单位,将通识教育与专业教育二者的关系重新定位,发展具有系统性、融贯性、统整性的跨通识及专业课程的全校课程新结构,增进学生及专业系所对通识教育功能及其重要性的认知,并强化学生的学习动机和方向性,提高全校参与度。由各校申请,审查通过补助十三所学校执行本项计划,发展下列项目,自2012年起作为典范学校进行推广:规划并开设通识核心课程;规划并开设行动导向/问题解决导向通识课程;规划并开设跨通识及专业课程之整合型课程;建构全校课程地图并开设地图上应有而未有之通识课程;推动优质核心通识课程数字化制作;建置优异通识课程学生学习档案并数字化。

  由于这些竞争型计划将技职院校与高教大学的课程放在同一平台评比,对于许多技职院校而言,囿于条件限制,连准入门槛都达不到,更遑论参与,许多有心于改善教学的技职院校通识教师顿失支助。所幸,教育事务主管部门于2015年推出"补助技专校院推动改革通识课程计划",补助三类课程,分别是由个别教师开设的单一通识课程;由三至五门通识课程共同组成的通识课群;由通识课程与专业课程组成的跨领域课群。此计划的主要目的是借由课程计划引发全校对通识教育的重视,所以以补助课群为主,单一课程为辅。①

为了给各大学提供更为充分的通识教育资源,并催化通识教育氛围以提高学校、教师、学生及社会大众对通识教育认识、了解与关注,2008年4月起,教育事务主管部门实施"通识教育资源平台建构与永续发展计划(2008—2012)",开始积极推动与建置一个整合各种通识教育资源的信息服务平台——"台湾通识网",以提供充分且实时的通识教育讯息与完整的服务,满足使用者专业性与多样性的需求。"台湾通识网"中的每门课程都包含课程大纲、讲义、影音课程、延伸阅读、教师简介等,亦可下载课程教材包,所有资源均免费使用,为自学者、教师、偏远地区教学资源不足者提供了实质帮助。②

跨领域整合的教育趋势、以通识教育为轴线重新定位大学、从知识本位到学习本位的教育转向、从套装知识教授到核心能力培养的教学转向、教学成就重新成为重要学术成就以及社会参与式学习的发展等六个大学教育发展的大趋势,不仅是"通识中纲计划"与"核心能力计划"所领导或参与的高教潮流,也是通识教育这十余年来的发展所引发或参与的高教潮流,也将是通识教育本身乃至大学未来发展的大趋势。③

---

① 刘柏宏. 技职通识课程专栏介绍 [J/OL]. 通识在线,2017,70 [2018-9-10]. http://www.chinesege.org.tw/geonline/html/publish/publish_pub.php?Pub_Sn=151&Sn=2229.
② 台湾通识网简介. [EB/OL]. [2018-9-10]. http://get.aca.ntu.edu.tw/getcdb/info/show?subj=％25u8a08％25u756b％25u8981％25u65e8.
③ 林从一. 台湾通识教育发展历程 [J]. 长庚人文社会学报,2014,7(2):191—253.

第三章
台湾地区技职通识教育理念和目标

一、台湾地区技职通识教育理念

教育理念是教育主体关于教育宗旨、教育目的、教育原则等的理性认识。教育理念对教育实践具有思想导向、规范和指导的作用。台湾地区大学的通识教育某种程度上是对欧美，特别是美国通识教育的移植和学习，在教育理念方面也结合了本土历史文化的思考和表达。每一种教育模式都具有文化的适应性，通识教育作为一种在美国具有悠久历史的教育模式，对于中国而言，是一种在异域文化当中发展起来的全新教育理念，不加变动而全部照搬到中国是很难成功的。[①]

通识教育是美国大学本科教育的重要特色，由于主体多元和办学自主，美国通识教育呈现出多样性的特征，也没有形成一致性的通识教育理念。早在20世纪80年代，曾担任美国学院与大学协会课程开发部门牵头人的加夫（Jerry G. Gaff）认为，历史上美国通识教育至少出现过四种理念：一为理想主义，源自纽曼的古典全人教育传统，唯重精神训练与情趣养成，拒斥教育的世俗化与实用性；二是进步主义，主要源于杜威的进步主义哲学传统，不排斥大学教育的功利性取向即谋生准备，但把通识教育作为学生专业化训练的必要补充，体现跨学科性，以为学生未来生活做更

[①] 理查德·莱文. 通识教育在中国教育发展中的角色[J]. 国家教育行政学院学报，2010 (7)：8—10+77.

好的准备；三是要素主义，由芝加哥大学赫钦斯所倡导，期待以人类历史中流传下来的西方经典名著作为大学教育的全部内容，以人类智慧的积淀和结晶陶冶情操和训练人的理性思维；四是实用主义或不妨称之为务实主义，源于克尔的多元化巨型大学理念，承认大学为一个多样性与复杂性社群，不同社群各有不同需求，应该在课程供给上鼓励教师开展指向通才的本科教学，给予不同需求的学生以自主与多样化选择。①

如前所述，将 general education 翻译为"通识教育"，正是我国港台地区学者基于对本民族历史文化环境的理解所做的传达。例如，吴大猷将通识教育培养"完整的人"的理想类比为"君子"人格的涵养，他说："所谓通识教育，乃和专才教育相对而言的。目前我们的教育，尤其大学各学系的课程策划要求，是属于'专才性'的。通识教育的要义或理想，是使一个人有国家文化历史的基本知识；有哲学、文学、艺术的修养；有科学和它的发展的基本知识，有对它的方法和精神的了解；有对社会政治问题的知识；有这样广博的基础，建立对事物客观分析的习惯和审辨事物的能力。这样的一个人，从他个人观点，可享受较丰美的人生，从社会观点，可对国家社会有较大的贡献。这样的思想自然很高，有点像孔子所指的'君子'的一个现代化形象。"②

台湾地区对通识教育内涵有着多样化的理解。有学者认为通识教育并不是要每一个人对各种学科都要有概括性的知识，生物理化各懂一些，那样只会变成"大杂烩"，这并不是通识教育的本义。通识教育主要有三个目的，期使学生：了解人之所以为人的道理和各种永恒的问题；认识所处时代的特性及其面临的困境；进一步对这时代中人所共同迫切关心的问题有所了解。③ 有学者强调通识教育的统合功能，认为广义的通识教育的统合功能应兼及六个互相关联的层面：感性与理性的统合、价值与知识的统

---

① Gaff J. G. General education today: a critical analysis ofcontroversies, practices, and reforms [M]. San Francisco: Jossey-Bass Publishers, 1983: 2—7.
② 转引自朱建民. 大学通识教育的回顾与前瞻 [J]. 通识教育季刊, 2002, 9 (2): 143—151.
③ 牟宗三. 通识教育的意义 [J]. 鹅湖月刊, 1985, 12 (1): 44—45.

合、理念与实用的统合、人文与科学的统合、个人与环境的统合、传统与现代的统合。① 有学者关注通识教育的品格涵养功能，认为通识教育主要是在大学的专业教育之中，帮助学生发展成为"全方位的知识分子"，不仅具有"专业知识"，还必须有"统整""融贯""通达"的通识理念，更须具备道德及行为实践上的人文艺术涵养、高尚品格。② 黄俊杰也认为，"通识教育是建立人的主体性，并使人与他所处的客体环境达到互为主体性之教育"，这种意义下的通识教育，其实就是"全人教育"，"通识教育"与"全人教育"不仅是当代中外教育工作者共同努力的目标，也是自古以来所有教育工作者的"永恒的乡愁"。③

有学者概括了台湾地区对通识教育不同层面的理解，认为通识教育至少包括以下六大意义：普通常识的教育，这是通识教育的浅显义；共同、共通知识的教育，这是通识教育的基础义；整体统观识见的教育，这是通识教育的总体认知义；人文素养的教育，这是通识教育的提升转化义；专业教育之外的所有教育，这是通识教育的次广义；全人教育，这是通识教育的最广义。④

对于通识教育，学界阐述申论甚多，但大体上是每个人各讲一套，人言人殊。就着这个名词，各人发表一套看法，望文生义，勾勒理想的通识教育蓝图，陈义均极高迥，但彼此可能相互枘凿，似同实异。对于这些差异，大家似乎尚乏辨析，只笼统地将它们归于赞成通识教育的阵营中，以致所谓通识教育，既是博雅教育，又是通才教育，既是人格教育，又是专业教育，既是人文教育的一种形式，又欲通人文与科技二者之邮……这种什么都是、什么美好目的都涵括的通识教育，事实上只能是一个面目模糊、教育目标宗旨不明，且无法实施之物。⑤ 总的来说，台湾地区技职院

---

① 杨国枢. 评叶启正《论通识教育的内涵及其可能面临的一些问题》[C]//大学通识教育研讨会论文集，台湾清华大学，1987：70—71.
② 刘兆汉，刘阿荣. 大学通识教育的基本理念与发展[J]. 通识教育季刊，2000，7（2、3）：1—4.
③ 黄俊杰. 大学通识教育的理念与实践[M]. 高雄：台湾通识教育学会，1999：47.
④ 陈立骧. 谈通识教育的完整意义[J]. 鹅湖月刊，2007，33（6）：41—42.
⑤ 龚鹏程. 通识教育与人文精神[J]. 鹅湖月刊，1993，18（12）：1—10.

校对通识教育理念有以下几个方面的理解：

（一）通识教育是全人教育或者践行全人理念的重要形式

无论各校如何理解全人教育，目前以全人教育作为通识教育宗旨的大学甚多。在1999年通识教育访评中，台湾地区58所高校有24所标举全人教育：台湾大学、台湾海洋大学、台湾交通大学、台湾东华大学、东吴大学、中原大学、逢甲大学、辅仁大学、长庚大学、元智大学、大叶大学、中华大学、义守大学、世新大学、屏东师范、高雄医学院、中国医药学院、台北医学院、艺术学院、体育学院、台湾艺术学院、南华大学、台湾体育学院、台北市立体育学院。在2001年通识教育访视中，台湾地区11所科技大学有7所标举全人教育：台北科技大学、高雄第一科技大学、屏东科技大学、南台科技大学、朝阳科技大学、"建国"科技大学、树德科技大学；19所技术学院有8所标举全人教育：台北护理学院、宜兰技术学院、虎尾技术学院、澎湖技术学院、景文技术学院、明新技术学院、大华技术学院、中台医护技术学院。①

2000年，台湾地区教育事务主管部门发布《追求卓越的技职教育》，对通识教育内涵做出经典概括："通识教育是以'人'为核心的统合教育，使价值与知识统合，感性与理性融合，人文与科学结合，个体与环境共生共荣，将此结果落实在个体身上，使个体获得精神充实与全人发展，并对人类社会产生有意义的关怀。"②强调以人为核心，统合知识与价值、身体和心灵、人文与科学、个人与社会，以实现"全人发展"，将通识教育和全人教育内在地关联起来。

台湾地区教育事务主管部门《重编语文词典（修订本）》对"通识教育"一词的解释："一种求博求通并强调个人全面发展的全人教育。使学

---

① 朱建民．大学通识教育的回顾与前瞻［J］．通识教育季刊，2002，9（2）：143—151．
② 追求卓越的技职教育［M/OL］．2000：57．［2018-9-10］．http://ws.moe.edu.tw/001/Upload/3/RelFile/6315/6937/89.05%E6%8A%80%E8%81%B7%E6%95%99%E8%82%B2%E7%99%BD%E7%9A%AE%E6%9B%B8.pdf．

生学习不同领域之基础概念，而能以不同的知识观点解释人类的生活处境，包括自我发展、人文社会、自然世界等面向，并透过这些不同的知识取径，掌握人类所面临的重要议题。"① 该解释更是直接把通识教育和全人教育等同起来。

2014年，台湾地区教育事务主管部门编印《技术及职业教育简介》，在技职教育展望中提出要"普及并深耕全人教育"。"为培养学生具备人文素养、社会关怀与全球视野等能力，鼓励技专院校整合通识课程与专业课程，开设跨系科、跨领域的课程及学程，并提供通识教育与专业系所的交流对话，让教师深化通识课程理念和设计、教学策略。借由生活化的教学设计提升学生学习兴趣，提供多元化通识课程；另鼓励学校开设具有人文关怀的劳作教育与服务学习课程，让学生'从做中学'、'身体力行'以实践、学习'全人教育'。"② 无疑，通识课程被当作落实"全人教育"理念的重要形式。

在台湾地区七十四所公立和私立技职院校中，多数院校秉持通识教育的"全人教育"理念。例如，台北科技大学表示："本校为推展通识教育，达成全人教育之目标，设置通识教育中心。"云林科技大学表示："通识教育乃以培育具备人文与科学素养之技职体系学生，使之能逐步迈入博雅与全人发展为宗旨。"屏东科技大学明确表示："本校通识教育的目标，在于使学生能在专业训练之外，提供科技、人文、社会的均衡发展，进而达成全人教育的理想。""建国"科技大学表示："建立以人为主体性的教育，强调全人教育。"高雄餐旅大学表示："本校通识教育以人为中心，以学习者为起点，以全人教育为基石。"澎湖科技大学表示要"贯彻'全人教育'之理想"。宏光科技大学表示要"秉持全人教育的理念"。东南科技大学、

---

① 重编语文词典（修订本）[M/OL]. [2021-9-10]. https://dict.revised.moe.edu.tw/dictView.jsp?ID=55487&q=1&word=%E9%80%9A%E8%AF%86%E6%95%99%E8%82%B2.

② 2014技职教育手册[EB/OL]. [2018-9-10]. https://ws.moe.edu.tw/001/Upload/5/RelFile/7801/38356/2014_%E6%8A%80%E8%81%B7%E6%95%99%E8%82%B2%E6%89%8B%E5%86%8A-TW.pdf.

育达科技大学、长庚科技大学、树德科技大学等大学也明确地把"全人教育"写入本校的通识教育理念中。

一些技职院校的通识教育理念虽然没有明确提及"全人教育"的概念，但是也内蕴了"全人教育"的价值追求。例如高雄科技大学提出，通识教育就是使自己内在的各种禀赋、潜能、情操、需求及意志，获得高度的开发与实现，并进而体认启蒙及开发后的自我如何与他人、社会、自然及超自然相关联，从而使大学生能相当程度地获得健康的自我概念、清晰的价值系统、理性的科学精神、多元化的适应力、新颖的创造能力、敏锐的分析能力、高超的欣赏能力、通达的伦理观念、睿智的道德情操、开阔的全球视野。① 该校通识教育的理念传达了追求个人与自我、个人与他人、个人与社会、个人与宇宙和谐统一的价值理想，实质上就是全人教育的价值理念。又如，辅英科技大学提出，本校通识教育的目标乃期望从发展身心平衡的健康个人出发，培育学生成为广博、通达、敬业、乐群的人才，借由"人我——优雅气质""群己——关怀情操""天人——宏观见识"之本校通识教育架构，以聚焦业界需求的职场软实力为导向，培育学生的人文素养与科学实践能力，使其成为优秀的职场专业人才，进而借由专业的能力去服务他人与社会，以追求自我卓越。这样的教育目标，体现的依然是"全人教育"的理念。

全人教育思潮体现了人们对现代西方文明的质疑以及对科学技术解决当前社会各种问题的怀疑态度，试图以一种不同的眼光来看待世界，更加注重人的精神生活、灵性和潜能开发，追求意义与反思的结果。全人教育批判了工业革命以后建立起来的、基于技术世界观的、适应现代工业社会的那种教育，并试图在新的哲学基础和基本假设之上建立起自己的一套教育理论，且在一定限度内应用于实践。全人教育的基本主张以及它的主要哲学基础是"整体论"，它强调存在的终极性、联系和内在意义，体现了重非理性、人类经验、精神性的传统之翼，同时又吸收了当时自然科学中

---

① 高雄科技大学通识教育中心［EB/OL］.［2018-9-10］. http://gec.kuas.edu.tw/files/11-1012-5.php.

的生态学和系统论，激烈地批判西方教育理论和实践中的分裂、疏离、过于强调竞争、标准化、"物质主义"等倾向，试图医治现代文明把思想与身体、智能与情感、理性与直觉、科学与艺术、个人与社会、人类与自然割裂开来的弊病。①

我国台湾、香港地区较早地引入了全人教育概念，对全人教育也有较多的研究，研究范围较广，不仅涉及理念探讨，还包括教学方法、课程设置、管理运作等方面，许多大学也将全人教育的相关理念纳入本校的办学实践当中。尽管全人教育概念在港台地区相当盛行，研究成果也堪称丰富，但港台地区教育界对全人教育并未形成统一的定义。

台湾地区首倡"全人教育"理念的是中原大学，它将"全人教育"的内涵表述为"尊重自然与人性的尊严，寻求天人物我间的和谐，以智慧慎用科技和人文的专业知识，造福人类"，并强调专业与通识的平衡、人格与学养的平衡、个人与群体的平衡、身心灵的平衡。②"寻求天人物我间的和谐"，也就是"把人放在人与超自然（神或上帝）、人与他人、人与自我、人与物质的信念网络中去求取这四种关系获得平衡发展，因而使人能得到圆融、幸福、美满"。也因此，"全人教育系指将神学、社会科学、科技、生物科学完全整合的一种教育主张"。③黄俊杰教授从古代儒家观点来论述，提出儒家倡导的全人教育有三个面向：受教者的身心一如（身心统一，圆融无碍）、成己成物不二（个人与社会的连续性）、天人合一（人与自然或超自然达到和谐圆融的境界）。④

1996年，在台湾中原大学举行的"全人教育学术研讨会"上，台湾"中研院"院士李亦园对全人教育的概念进行了比较全面、明确的阐释，

---

① 张东海.全人教育思潮与高等教育实践研究[D].上海：华东师范大学，2007：30—31.
② 张光正，吕鸿德.中原大学教育理念形成、共识与扩散——科技与人文融合之观点[J].中原学报，1998，26（4）：1—8.
③ 陈杏枝，游家政.全人教育作为通识教育的理念：台湾14所公私立综合大学的通识教育理念和课程规划之研究[J].通识教育学刊，2014，14：23—43.
④ 黄俊杰.大学通识教育探索：中国台湾经验与启示[M].广州：中山大学出版社，2002：3—10.

他认为全人教育应具有三个方面的特征：

一是贯通性。每一个人都知道自己在自己国家的历史及整个人类历史发展中的定位，也能了解自己跟全体之间的相互关系。这种贯通，不仅是纵的时间的贯通，更是横的关系的贯通。也就是人跟人、人跟物、人跟自然、人跟超自然之间的关系都能厘清，相互贯通。这是全人教育最重要的出发点。

二是整合性。近代以来，人类的知识越来越精深，但是深度固然重要，也应该在专精之外，追求对知识的整合，不能只见树木，不见森林。我们不仅要知道人单独存在的意义，更要知道人跟其他人之间的联系，人必须了解全人类存在的意义，才能算具有整合性的知识，只有这样才不会成为一个机械的、枯燥的、狭隘的人。

三是多元多样性。因为人的现象与实存本来就是多元多样的，但是现在的教育，往往希望速成，把人简化为单一的个体，只具备一种简单的工具理性。对于各种多元多样性而产生的不同，不懂得包容与尊重。

全人教育便是由这三个基本特点发展出来的教育。①

台湾地区学术界对这一理念的基本理解可以做如下概括：从全人教育的性质来看，全人教育是一种理想的教育，是一种"内化式"的教育，体现着教育的贯通性、整合性和多元多样性。从全人教育的目的来看，全人教育是关注人之为人的教育，关注人的生活、道德、情感、理智的和谐发展；旨在追求人的身心合一，人与外物的和谐以及人与自然的统一。从全人教育的内容来看，全人教育即德、智、体、群、美"五育"均衡发展的教育，涵盖人的生活的各个领域，涉及的范围宽广、全面。从全人教育的实践方式来看，知、情、意、行成为落实全人理念的立脚点，全人教育可以通过教育过程的各个方面来实现，但在台湾地区，学校实践全人理念的最常见、最有效的方式是非专业性、非功利性的通识教育。②

---

① 林治平. 全人教育学术研讨会论文集 [C]//财团法人基督教宇宙光传播中心出版社，1996：序言.
② 谭敏. 台湾地区全人教育理念评析 [J]. 复旦教育论坛，2008 (4)：24—27.

我们应该如何把握全人教育与通识教育的关系呢？从根本上来说，全人教育与高校通识教育在内涵上相通。首先，二者在目的上一致。全人教育的首要目的是培养"全人"，即追求在智能、情感、身体、社会、审美与精神方面的完整发展，具有面向人的全面发展的内涵。其次，二者在性质上相似，通识教育所指的是一种非专业、非功利的教育，而全人教育反对的也是把人作为"工具"来培养的那种功利化教育，认为受教育过程是一种获得经验、感受生活的过程而非获得某种技能的过程。第三，二者在内容上相似，都赞同以广博的知识体系来塑造人，其教育内容的设计都包含了自然科学、人文学科和社会科学的知识。① 中华民族文化传统中的"天人合一""内圣外王""仁民爱物"等内容正是全人教育的体现。② 在这种文化背景下，以中原大学为代表的台湾地区高校提出"全人教育"口号，以"全人教育"来代替"通识教育"，某种意义上是认为，"全人教育"更好地反映了通识教育的目的、宗旨和本质。"通识教育是以身为人的教育出发，是成就人或全人必须要有的知识、能力或素养。"③ 通识教育与全人教育的关系：历来教育有"适应性"和"不变性"两项功能。"适应性"功能在于训练人们的谋生技能，属于教育的最原始的目的；"不变性"功能在于培养人性中维护人际和谐和社会秩序的技能，乃教育的进一步功能。通识教育既肩负着适应性功能，但也不排除不变性的要求。全人教育则是不变性要求的极致。这"不变性"从扩大意义上来说，指人与人、人与社会及人类、人与自然界及超自然界的整体和谐之关照。全人教育中展现着生命伦理的光芒及人性不变的原则，通识教育以迈向全人教育为目标。④

---

① 张东海. 全人教育思潮与高等教育实践研究 [D]. 上海：华东师范大学，2007：136.
② 赖明德. 全人教育的探讨和落实 [J]. 河北科技大学学报（社会科学版），2002（2）：6—8.
③ 邱天助. 通识教育不应沦为专业教育的侍臣 [J/OL]. 通识在线，2016，62 [2018-9-10]. http://www.chinesege.org.tw/geonline/html/page4/publish_pub.php? Pub_Sn=132&Sn=1939.
④ 曹秀明. 全人的技职教育理念之意义与内涵研究 [J]. 通识教育季刊，2001，8（4）：91—100.

技职教育曾经为战后台湾地区经济社会的发展提供了重要的人力支持，帮助它创造了"亚洲四小龙"的经济奇迹。但是过度偏重专业知识技术培养，导致民众一般人文素养普遍不足，精神生活贫乏。为适应未来社会的复杂多变，技职体系学生除了学习专业技术外，更应具有应变、沟通、创思及解题的能力，并培养良好的职业道德与工作态度。因此，技职教育的人力培养，除了专业知识与技术传授外，更应加强通识教育，发扬人性本质与人文精神，以提升民众生活品质。台湾学者黄俊杰教授指出，教育的高度工具化以及教育内容的空洞化，大部分是实用性知识，缺少引导学生进行价值判断或道德判断的内容，导致台湾地区的教育无法完成教育之所以为教育的目的。① 在这样的社会背景下，全人教育的思潮在台湾地区兴起，并被很多技职院校在设定通识教育理念时所接纳。

如果把通识教育等同于全人教育，通识教育的领域将空前扩大，甚至扩大到专业科目之外所有的科目，仍不足以达成通识教育的目标。通识课程必须更加扩大范围而包含显在课程和潜在课程两大类：显在课程分为正式课程和非正式课程（如新生训练、社团活动、专题演讲等）两类，潜在课程包括学校建筑、校园景观、师生关系、行政运作四类。这是最广义的通识课程，几乎涵盖了所有的校内活动，有时甚至包含校外活动，而专业课程亦得溶渗通识教育的精神。如此一来，通识教育其实已广义到成为教育的同义词，专才教育之外的所有教育目标一股脑儿都成了通识教育的责任。我们会把一般教育问题也当成通识教育的问题，而让通识教育承担太多不可能达成的任务。大学教育并非教育的终点，大学的课堂也不是教育的唯一场所，不应把所有的教育目标都放在通识教育身上。如此，专业科目的教师不仅要传授专业知识，亦应考虑如何正确培养学生的专业伦理和严谨的治学态度。②

---

① 黄俊杰．大学通识教育探索：中国台湾经验与启示［M］．广州：中山大学出版社，2002：12—20．
② 转引自朱建民．大学通识教育的回顾与前瞻［J］．通识教育季刊，2002，9（2）：143—151．

（二）技职通识教育：打造真正的"务实致用"人才

第三期通识教育评鉴如此刻画通识教育核心精神：在专业分工、切割深入的科学趋势主导之下，我们的学生过早分流进入专注、窄化的学科领域，训练窄化的个体实不利于社会整体的和谐发展。通识教育强调"通达贯穿之知识"，立基于人文、社会科学、自然科学与生命科学等基础知识，着重演绎能力、批判能力之养成，意在使学生得以秉持人文关怀，贯穿理解庞杂的知识及社会。这样的通识教育应是大学教育的基础与核心。学生在进入专业领域专习一技之长之前，能够获得人文涵养和基础知识，才能在专业领域中触类旁通、前瞻创新，在社会中成为理想人才。[①]"通识教育应是大学教育的基础与核心"，这是台湾地区多数大学的共识，特别是综合性大学。那么，技职通识教育是否要复制综合性大学呢？"技职院校与综合大学无论在办学理念、组织编制、教师领域专长、校园学术氛围、学生背景知识和学习特质各方面都有着极大的差异。纵使以人为本的通识教育理念具有高度的包容性，但在实施策略上理应有所不同。"[②] 技职院校和综合性大学在通识教育理念上存在一致性，但二者在人才的养成方面有着不同的定位，技职院校致力于培养"务实致用"人才。

无论是技职院校还是综合性大学，以下这些教育哲学是一致的："通识教育是一种全人教育，其教学理念应该是以'博雅的自由教育'为基础，目的是建构人的主体性。"[③] 大学教育的职责，在知识的研究、发展及传承上负起人类文化的责任；技职教育则在职业技术的运用、研究、发展创新上负起社会建设的责任。但是对学生而言，品德教育、知识教育、专

[①] 林从一．台湾通识教育发展历程[J]．长庚人文社会学报，2014，7（2）：191—253．王俊秀．回首"通识"来时日——在线博物馆开馆志[J/OL]．通识在线，2005，1[2018-9-10]．http://www.chinesege.org.tw/geonline/html/page4/publish_pub.php?Pub_Sn=68&Sn=122.

[②] 《通识在线》编辑部．深度论坛：技职通识是否要复制综合大学？[J/OL]．通识在线，2016，65[2018-9-10]．http://www.chinesege.org.tw/geonline/html/page4/publish_pub.php?Pub_Sn=138&Sn=2023.

[③] 张瑞雄，陈冈翔．走出一条技职通识教育的路[J/OL]．通识在线，2016，65[2018-9-10]．http://www.chinesege.org.tw/genline/html/page4/publish_pub.php?Pub_Sn=138&Sn=2022.

业教育三者都是必要的。① 从通识教育的理念推崇而论，技职院校与综合性大学的通识教育，有着"理一分殊"的样貌，既有共同的理念、理想，又有实践上的多元特性。在大学教育里，无论是技职院校还是综合性大学，除了对学生进行专业训练外，更期待学生在身心灵各方面有所整合，所以都以"整全性""全人教育"为教育目标与理念。在实践层面，通识教育与科技、专业的融合发展是必然趋势。今日"技术教育"不只是手工艺技法的训练，也不只是知识的训练，乃是人才的培养教育；"技术教育"不仅包括对技术的训练，也包括对技术本质的认知及审美精神的培育。② 而综合性大学为适应"科技"与"人文"断裂的状态，注重开授贯通"科学、技术与社会"（STS）等领域的课程，用以引导学生对现代科技发展中的人文问题进行深入分析，使专业教育与通识教育融合，从而培育21世纪具有批判思考与原创能力的新知识分子。③ 全人的技职教育是指在全人教育理念下的技职教育，是从人、社会、自然、超自然等四个层面谈"全人"与技职之间的关系。技职工作者应有的理念内涵为专业与人文并重、技术与哲学兼顾、职业与伦理并提。④

技职通识教育事实上就是以技职教育的特质——专业教育——为核心，让个体经由自然、社会、人文、科技、宗教等不同层面的学习而逐渐获得通识能力的过程，这个过程涵盖了传统技职教育所强调的专门化以及社会变迁下所融入的通识化，专业发展涵盖了专门化与通识化，专门化是专业发展的核心，通识化是专门化的开展。⑤ 为适应时代的需求，技职教

---

① 曹秀明. 全人的技职教育理念之意义与内涵研究 [J]. 通识教育季刊，2001，8（4）：91—100.
② 杨秀宫. 浅谈"技职通识"的复制形象与革新愿景 [J/OL]. 通识在线，2016，65 [2018-9-10]. http://www.chinesege.org.tw/geonline/html/page4/publish_pub.php? Pub_Sn=138&Sn=2025.
③ 黄俊杰. 21世纪的大学专业教育与通识教育：互动与融合 [J]. 顺德职业技术学院学报，2007（1）：1—5.
④ 曹秀明. 全人的技职教育理念之意义与内涵研究 [J]. 通识教育季刊，2001，8（4）：91—100.
⑤ 吴靖国. 教育行政机关推动技职通识教育之概况分析 [J]. 通识教育季刊，2000，7（1）：93—114.

育逐渐由专门化走向专业化,这一转变并非将技职教育的专门化排除,而是促使个体在技术及职业的学习中指向生活世界,也就是指向通识教育的最终目标。于是,专业的内涵由过去的独特性、控制性、排他性,融入了自主性、服务性、开展性,构成专业不断发展、不断创新的技职教育系统,这正是技职通识教育的主要目标。①

站在技职教育的观点上,应致力于技职教育的专业化,再从专业特性的角度来论证技职教育也能达成通识或博雅教育的目标,消解此二元的对立。技职教育具有通识性。技职一词,可以代表专业、技艺、技术、工作等等。以技艺为例,一项作品的完成,除了实用的目的外,难道没有美学或艺术的成分吗？一位技艺者在制作一个作品时,更受到此一行业文化传统的熏陶,这与博雅教育注重文化传承有何差异？就技术之职业而言,如水电工、水泥工,比较倾向特定的技能,"训练"的成分大于教育的成分,但即使是这些特定的技术,也需要当事者在面对可能的突发状况时能够具备油然而生的理智灵活力,同时在训练的过程中更需要当事人有毅力。所以,技职教育不能只是狭隘地视为工作的训练,而应在技术、技艺或专业的培养中发挥智慧。若技职教育能朝专业的路途迈进,启发受教者从技职本身服务于社会的功用出发,建构具体的专业伦理观,使其愿意奉行理念并奉献热忱,再推而广之,一样可以实现传统通识或博雅教育的理想。②

(三) 技职通识教育理念体现校本特色

台湾地区技职院校的通识教育理念多依据本校的教育宗旨、教育目标进行阐发,具有本土化色彩。台湾科技大学提出,本校共同教育本于"精诚"校训之诠注——"精于做事,诚以待人",以培养"器识先于技能,

---

① 吴靖国. 教育行政机关推动技职通识教育之概况分析 [J]. 通识教育季刊, 2000, 7 (1): 93—114.
② 简成熙. 技职教育与通识教育二元对立的消解——从技职教育的专业特性来审视 [J]. 通识教育季刊, 1998, 5 (2): 37—50.

技能进于智慧"的现代科技人才为目标,引导学生既明"学理"也明"常理",既能"成才"也能"成人"。高雄餐旅大学提出,其教育理念旨在实践本校"精、诚、勤、朴"校训,培育具有职业道德、文化素养与终身学习能力的高级技术、经营及服务人才,以服务社会,造福人群。澎湖科技大学提出,依据"新、实、谦、爱"的校训内涵设计通识课程与教学策略,同时融合澎湖地方自然景观与文化资源,规划具有海洋文化内涵的通识课程,引导学生拓展全球视野的同时,也能具备在地关怀的胸襟,落实地方特色教学。台湾中国科技大学提出,在校训"公、诚、廉、勇"的基础上,秉持"人本"与"服务"的立校理念。宏光科技大学提出,秉持全人教育的理念,参酌创校意旨暨大学教育施教理念,厘定本校通识教育理念架构。长庚科技大学提出,以"以人为本,实事求是"为办学理念,秉持"勤劳朴实"校训,以健康照护为发展核心,培养学生务实致用的能力,均衡发展五育,陶冶健全人格。树德科技大学提出,以"全人教育"之理念为基础,秉持"学术、知性、快乐、希望"之校训精神,启迪学生心智能力的发展,采用多元智能之学理,以培养依仁游艺、术德兼修的智识分子为理念。这些学校的通识教育理念突显了中国传统文化中注重道德修养、德才兼备、以德为先的人才培养理念,同时也突显了技职院校人才培养务实致用的特色。此外,像澎湖科技大学还强调把特殊的地域特色融入人才培养的理念中。我国台湾地区的科技大学强调"德以辅才、学以致用"的办学理念,倡导"德"的社会力、"学"的学习力、"用"的务实能力。社会力要求学生们掌握共同职能,表现为人际互动、沟通表达、团队合作、持续学习创新、问题解决、职业道德与工作纪律等;学习力要求学生们掌握专业职能,表现为就业竞争力、社会生存力、岗位适应力与创业竞争力等;务实能力要求学生们掌握务实致用职能,表现为优质证照考取、校外业界实习与实务专题评比等。[1]

---

[1] 于长福,庹莉.财经类应用技术型大学:内涵、价值与建设路径——基于我国台湾地区高等技职教育人才培养的视角[J].黑龙江高教研究,2015(7):36—40.

台湾地区部分技职院校的通识教育理念和目标

技职院校	通识教育理念和目标
高雄科技大学	通识教育就是使自己内在的各种禀赋、潜能、情操、需求及意志获得高度的开发与实现,并进而体认启蒙及开发后的自我如何与他人、社会、自然及超自然相关联,从而使大学生能相当程度地获得健康的自我概念、清晰的价值系统、理性的科学精神、多元化的适应能力、新颖的创造能力、敏锐的分析能力、高超的欣赏能力、通达的伦理观念、睿智的道德情操、开阔的全球视野。 通识教育的发展目标:训练学生资料搜集、归纳与分析能力,强化知识学习效能;提升学生批判性思考能力,建立清晰的价值系统;增进学生问题解决能力,适应现今多元善变的社会;培养学生自我反省与主动学习能力,奠定终身学习的信念;启发学生创造力,孕育不落窠臼、勇于突破的心灵;深化学生伦理道德观念,培养尊重他人、关怀社会的情操;开拓学生的学习领域,奠定宏观的全球视野;根植学生人文艺术素养,提升美学鉴赏能力。①
屏东科技大学	本校通识教育的目标,在于使学生能在专业训练之后,实现科技、人文、社会的均衡发展,进而达成全人教育的理想。换言之,即以专门职业为基础,以专业发展为导向,以自然、社会、科技、人文、宗教为开展的向度,依学生个体条件,促其认知、技能、态度的整体持续发展,进而实践于生活世界。②
朝阳科技大学	教育目标:培养兼具人文素养、社会关怀、宏观视野及自我发展能力的全方位人才。核心能力:中外语文沟通与表达能力、多元文化涵养与赏析能力、人文关怀与互助合作能力、终身学习与独立思考能力、全球化思维能力、科技应用与问题解决能力、身心健康管理能力。③
台湾"建国"科技大学	建立以人为主体的教育,强调全人教育,期使本校学子皆能知识与品德兼顾,人文与科技并重,理想与实践融合,传统与现代统整,达到天人物我和谐的境界。④

---

① 高雄科技大学通识教育中心 [EB/OL]. [2018-09-10]. http://gec.kuas.edu.tw/files/11-1012-5.php.

② 屏东科技大学通识教育中心 [EB/OL]. [2018-09-10]. http://hs.npust.edu.tw/files/11-1164-6404.php?Lang=zh-tw.

③ 朝阳科技大学通识教育中心 [EB/OL]. [2018-09-10]. http://ge.cyut.edu.tw/p/412-1023-924.php?Lang=zh-tw.

④ 台湾"建国"科技大学通识教育中心 [EB/OL]. [2018-09-10]. http://gc.ctu.edu.tw/about.

续表

技职院校	通识教育理念和目标
台湾科技大学	本校共同教育本于"精诚"校训之诠注——"精于做事，诚以待人"，以培养"器识先于技能，技能进于智慧"的现代科技人才为目标，使学生具有通识视野、健康身心及外语基础。本校共同教育以"社会责任能力""全球竞争能力""沟通表达能力""解决问题能力""终身学习能力""多元关怀能力""艺术创造能力"为核心能力；本校通识教育秉承共同教育宗旨，引导学生既明"学理"也明"常理"，既能"成才"也能"成人"，为专业学习提供一般素养与处世思维。①
台北科技大学	本校为推展通识教育，达成全人教育之目标，设置通识教育中心。 教学目标：重建学生在人文、社会与自然学科方面的学识，奠定学习专业学科潜力；锻炼学生语文表达、思辨与亲近艺文生活之能力；培养学生健全完美的人格及优质的人文素养；培养学生社会科学知识，奠定社会适应及服务、领导能力；培育具备人文、社会与自然关怀的科技专业人才。②
云林科技大学	通识教育乃以培育具备人文与科学素养之技职体系学生，使之能逐步迈入博雅与全人发展阶段为宗旨。本校通识教育中心之通识课程，目的在于培养学生的表达沟通、思维抉择与实践力行的能力，提升学生的人文素养，以陶铸其崇高的人格，实现全人教育，成就圆满生命。③
高雄餐旅大学	本校通识教育以人为中心，以学习者为起点，以全人教育为基石，涵养文化内涵，启迪全球视野。结合专业课程与通识课程，以收横向整合之效；蕴育基础能力，提升博雅素养。 通识教育主要目标：促进对文化内涵的了解，并能够统整应用于餐旅志业；培养成熟人际关系，具备表达、沟通、批判、思考及解决问题的能力；孕育职业伦理道德，孕育服务利他的人生观；涵养人文关怀，养成适应当代社会需要与具有全球视野的特质；强化终身学习、生涯发展，适应全球环境变迁及开阔的视野。④

---

① 台湾科技大学共同教育委员会 [EB/OL]. [2018-09-10]. https://cge.ntust.edu.tw/files/11-1009-2.php?Lang=zh-tw.
② 台北科技大学通识教育中心 [EB/OL]. [2018-09-10]. https://gec.ntut.edu.tw//files/11-1017-9302.php.
③ 云林科技大学通识教育中心 [EB/OL]. [2018-09-10]. http://www.uhx.yuntech.edu.tw/computer/default.aspx.
④ 高雄餐旅大学通识教育中心 [EB/OL]. [2018-09-10]. https://ge.nkuht.edu.tw/intro/super_pages.php?ID=intro1.

续表

技职院校	通识教育理念和目标
澎湖科技大学	本校通识教育的理念与目标包含三大主轴：一、依据"新、实、谦、爱"的校训内涵设计通识课程与教学策略，借以提升学生的人文素养，使学生在接受技能专业化教育的同时，辅以通识教育之内涵，以期造就专业与人文兼容发展的人才，贯彻"全人教育"理想。二、实施互补均衡模式的课程规划，设计并提供内涵丰富且多元选修的通识课程，培养学生具备广博的自我学习能力、独立思考能力及解决问题能力，奠定"终身学习"之基础。三、融合澎湖地方自然景观与文化资源，规划具有海洋文化内涵的通识课程，引导学生拓展全球视野的同时，也能具备在地关怀的胸襟，落实地方特色教学。①
台湾中国科技大学	在校训"公、诚、廉、勇"的基础上，秉持"人本"与"服务"的立校理念，以"强化学生基本能力""拓展学生博雅素养""奠定学生职涯发展衔接能力""培育学生终身学习与关怀社会的实践能力"为目标。使学生成为专业人才的同时，也能具备独立思考判断、发现问题找出解决方案的能力，进而涵融博雅的素养。 通识教育的核心能力：语文运用能力、逻辑推理能力、文化欣赏能力、科技运用能力、社会参与能力、职涯发展能力。②
弘光科技大学	秉持全人教育的理念，参酌创校意旨暨大学教育施教理念，厘定本校通识教育理念架构。 通识教育目标：增进学生语文理解与表达能力，以增进沟通、协调的技巧；培养学生独立思考及解决问题的能力，为规划未来生涯发展做准备；以史学涵养与民主法治训练，为学生奠定参与社会实践的基础；通过艺术教育，启发学生追寻生命的价值与意义。③
台南科技大学	培育人文素养与科技专业并重的人才，使之成为有见识有气度的现代优质人才，并且关怀自然生态与社会环境，进而立足台湾、放眼天下。④

---

① 澎湖科技大学通识教育中心 [EB/OL]. [2018-09-10]. http://203.68.252.181/contents/menu/menu_view.asp?menuID=367#.
② 台湾中国科技大学通识教育中心 [EB/OL]. [2018-09-10]. http://www.cute.edu.tw/~gec/introd/index.html.
③ 弘光科技大学通识学院 [EB/OL]. [2018-09-10]. http://gec.hk.edu.tw/intro/super_pages.php?ID=intro03.
④ 台南科技大学通识教育中心 [EB/OL]. [2018-09-10]. https://genedu.stust.edu.tw/tc/node/aboutus.

续表

技职院校	通识教育理念和目标
昆山科技大学	本校通识教育的总目标：培养学生成为自由民主社会中健全的人格，并且有追求幸福人生的能力。具体开发的指标：其一是全球化的意识，其二是社会与道德的反省，其三是丰富文化的涵养，其四是逻辑与批判的思考能力，其五是沟通的能力，其六是组织的技能，其七是综合理性推论的能力，其八是数理分析的能力，其九则是终身学习与组织的能力。①
东南科技大学	本校通识教育规划的具体目标是使学生能于专业领域的学习外，更进一步接受人文艺术的熏陶，培养民主风范，遵守法制，并及早进行生涯规划，以提升学生适应现代生活的能力；同时更期许学生能吸收多元化知识及培养独立思考能力，以达成全人教育的目标，即品学兼优、温文尔雅，从教室延伸至校园，扩展至小区。 通识教育的教育目标：培养学生具有独立自主的思维、团队合作与运用科技的能力；通过各种通识教育课程，使学生在友善的校园环境中，以其生涯规划为导向，培育新的创意，并建立杰出的能力与素养；培育学生专业与通识整合的能力，并使其具有全球观，养成终身学习的生活习惯。②
育达科技大学	本校自创校以来，以办理一所具有全人教育特色的商业大学为目标。 通识教育目标：品德修养（个人素养与就业力培育）；社会关怀［深化生命（态）关怀与生活科技应用］；全球视野（在地文化与全球政经趋势解析）。核心能力：沟通表达能力、问题解决能力、社会实践能力、科技应用能力、生命乐活能力、交流移动能力。③
长庚科技大学	本校以"以人为本，实事求是"为办学理念，秉持"勤劳朴实"校训，以健康照护为发展核心，培养学生务实致用的能力，均衡发展五育，陶冶健全人格。推动全人教育，将专业教育、通识教育及生活教育相互联结，形成全方位的全人教育。 通识教育之宗旨为培养学生具备"通文达理"的能力，从正式课程、辅导课程及潜在课程三个方面，号召全校一同推动，促使学生具备通文达理及终身学习的能力，实现全人教育的目标。同时，教育在正式课程规划上，注重养成学生的基本能力与专业基础能力，从基干教育提供养分，以扩大专业学习成效。④

① 昆山科技大学通识教育中心 [EB/OL]. [2018-09-10]. https://web.ksu.edu.tw/DT-GC000/page/47283.

② 东南科技大学通识教育中心 [EB/OL]. [2018-09-10]. http://ge.tnu.edu.tw/zh_tw/idea/concept.

③ 育达科技大学通识教育中心 [EB/OL]. [2018-09-10]. http://www.ge.ydu.edu.tw/zh_tw/about/History.

④ 长庚科技大学通识教育中心 [EB/OL]. [2018-09-10]. http://ge.cgust.edu.tw/ezfiles/12/1012/img/248/202185241.png.

续表

技职院校	通识教育理念和目标
树德科技大学	本校通识教育以"全人教育"理念为基础，秉持"学术、知性、快乐、希望"的校训精神，启迪学生心智能力的发展，采用多元智能之学理，以培养依仁游艺、术德兼修的智识分子为理念，施行精实且具有整合性的课程教学，希望借由各类通识课程、讲座及活动，培养具有人文与科学素养、跨领域整合思维、创造性思考与解决问题能力，且知行合一具有实践力的新世纪人才。 通识教育目标：培养基础的人文与科学素养、发展独立思考的能力、涵养多元阔达的审美情操、建立整体宏观的识见、形成生命的价值取向、强化知行合一的实践力。①
辅英科技大学	本校通识教育理念源自本校"专业、关怀、宏观、气质"教育理念。本校通识教育目标乃期望从发展身心平衡的健康个人出发，培育学生成为具备"广博、通达、敬业、乐群"健康特质的科技与管理人才，借由"人我——优雅气质""群己——关怀情操""天人——宏观见识"之本校通识教育架构，聚焦业界需求的职场软实力，培育学生人文素养与科学实践能力，使之成为优秀的职场专业人才，进而借助专业的能力去服务他人与社会，追求自我卓越。②
健行科技大学	通识教育应以专业教育为核心，从知识面、人格面与文化面，为各系学生提供未来发展职涯及面对生活时所应具备的通识素养。通识教育对于科技大学的学生而言，并非一种漫无目标的补充教育，而应是在专业教育的养成过程中，使其体认要追求技能的专精，绝不能脱离"人"的核心价值，亦即引导学生将人文与社会关怀融入专业发展的整全教育。 通识教育目标：培养学生在专业发展的过程中与生活世界互动所应具备之不同面向的基础能力，亦即培养学生面对未来职场及个人生活所应具备之独立思考及沟通的能力、科技与人文应互为体用的认知、提升生活质量的文化素养、处世的价值观与道德判断力、关怀社会与自然环境的实践力。③

---

① 树德科技大学通识教育学院 [EB/OL]. [2018-09-10]. http://www.zzd.stu.edu.tw/intro/super_pages.php? ID=intro1.
② 辅英科技大学共同教育中心 [EB/OL]. [2018-09-10]. http://egec.fy.edu.tw/files/11-1005-741.php? Lang=zh-tw.
③ 健行科技大学通识教育中心 [EB/OL]. [2018-09-10]. http://aps2.uch.edu.tw/acade_search/GE/v2/intro.htm#i1.

二、台湾地区技职通识教育目标

教育目标是指所培养的人才应达到的标准,是培养人的方向和规格。通识教育目标就是在通识教育理念的指引下,开展通识教育要达到的标准,包括知识、技能、价值观等维度。美国大学和学院协会对通识教育可以达成的基本学习成果进行了系统的概括:掌握人类文化与自然世界的知识(覆盖科学、数学、社会科学、人文学科、历史、语言与艺术所有领域的学习)、学会智慧性和实践性技能(探究与分析、批判性与创造性思维、书写与口语表达、定量素养、信息素养、团队合作与问题解决)、建立个人与社会责任(地方与全球性知识与参与能力、跨文化知识与能力、道德推理与行为、终身学习的基础与技艺)、掌握在真实情境中综合应用知识的能力(由通识到专业学习而形成的综合与高级素养)。①

台湾地区大学的通识教育目标经历了从重知识到重核心能力再到重核心素养的转变。2007年的"通识中纲计划"将通识教育的目标,从易流于零碎化、肤浅化的"知识广博""知识均衡"的培养,转向"基础知识"的精实、"核心能力"的锻造。这些核心能力包括:基础知识的习得、领域知识的跨越、批判性多元思考、突破性创新思维、团队合作、主动积极、责任感、沟通协调、价值判断能力、行动抉择能力、问题分析及解决能力等。新世纪的大学教育,应以锻造学生核心能力为要务;锻造学生核心能力,应以通识教育为核心机制。②

2011年的"核心能力养成中程个案计划"作为通识教育方案,倡导培养伦理、民主、媒体、科学与美学五项素养,建构社会参与式学习和以学

---

① Association of American Colleges and Universities. Essentiallearning outcomes [EB/OL]. [2021-09-19]. https://www.aacu.org/trending-topics/what-is-liberal-education.
② 林从一. 台湾通识教育发展方向 [J/OL]. 通识在线,2014,54 [2018-9-10]. http://www.chinesege.org.tw/geonline/html/page4/publish_pub.php?Pub_Sn=17&Sn=43.

生为中心的学习成效评估机制，为通识教育目标的制定提供了重要参考。2015年，为了提升技专院校学生的竞争力，台湾地区教育事务主管部门推出"通识课程革新计划"，其中针对教学内涵的改革，罗列了学生应具备的六大核心素养：交流移动、逻辑思辨、沟通表达、问题解决、鉴赏美感、探索创造（后修正为创新思维）。六大核心素养的提法也为许多高校制定通识教育目标时所吸纳。

台湾地区技职通识教育重视培育核心素养。"核心素养代表了一系列知识、技能和态度的集合，它们是可迁移的、多功能的，这些素养是每个人发展自我、融入社会及胜任工作所必需的。"[①] 国际课程改革的发展趋势与特点显示，当前世界各国注重促进学科融合，发展学生的综合能力，以学生的核心素养模型来推动和促进课程改革的发展成为重要方式。[②]

台湾地区技职通识教育将建立在人的生活基础之上的核心素养归纳为下列能力：语文阅读、理解与表达应用能力；协调、沟通与团队合作；人文艺术涵养与社会关怀；欣赏、尊重多元文化与全球视野；民主素养与社会责任；独立思考与创新能力；资讯科技能力。通识教育最核心的理念，在于培育一个具有能力和素养的人才。[③]

台湾地区技职院校在通识教育实践中，结合自身办学定位，提出了各自的通识教育目标（参见上表），集中反映了它们对通识教育理念的思考。统观各技职院校的通识教育目标，大致可以分为以下几个大的方面。

其一，沟通表达与终身学习能力。

随着信息互联网技术的飞速发展以及台湾地区产业结构的更新换代，技职院校的学生面临重大挑战。过去掌握一门技能就能应对工作中问题的时代一去不复返了，代之而起的是要转变学习观念，培养学习能力，确立

---

① 裴新宁，刘新阳. 为21世纪重建教育——欧盟"核心素养"框架的确立[J]. 全球教育展望，2013（12）：89—102.
② 辛涛，姜宇，王烨辉. 基于学生核心素养的课程体系建构[J]. 北京师范大学学报（社会科学版），2014（1）：5—11.
③ 吴清山，王令宜. 公立大学通识教育课程架构内涵分析与改进之研究[J]. 课程与教学季刊，2017，20（1）：1—24.

终身学习的理念。学习不再是被动接受知识的过程,而是要具备听、说、读、写这样的基本沟通表达能力,学会思考和辨别,能够发现问题并主动地解决问题。

台湾地区多数技职院校规定了学生学习方面的教育目标。台湾科技大学提出学生要具备"沟通表达能力""终身学习能力"等核心能力。朝阳科技大学提出学生要具备"中外语文沟通与表达能力""终身学习能力"等核心能力。高雄科技大学提出的通识教育发展目标包括"训练学生资料搜集、归纳与分析能力,强化知识学习效能";"培养学生自我反省与主动学习能力,奠定终身学习的信念"等。高雄餐旅大学提出通识教育的主要目标包括"培养成熟人际关系,具备表达、沟通、批判、思考及解决问题的能力";"强化终身学习、生涯发展,适应环境的变迁及开阔的视野"等。昆山科技大学提出的通识教育具体目标包括"逻辑与批判的思考能力""沟通的能力""终身学习与组织的能力"等。

其二,创新、创造与问题解决能力。

技职院校区别于一般高校的重要方面在于普遍存在的实务实践导向和学生的实务实践取向。通识教育/全人教育的理念与技职教育的培养目标在学会做事方面高度一致。学会做事一方面要求教学要与实践相连接,与企业相对接,增加学生实践的机会,同时应对未来多变的职业环境;学生还需要在不断学习的基础上形成解决问题的能力,进而形成创新意识和创新能力,这样才能真正适应未来的职业环境。

台湾地区多数技职院校制定了学会做事方面的目标。台湾科技大学明确提出"解决问题能力""艺术创造能力"等核心能力培养目标。高雄科技大学提出"增进学生问题解决能力,适应多元善变之现今社会""启发学生创造力,孕育不落窠臼、勇于突破的心灵"等教育目标。朝阳科技大学提出培养"科技应用与问题解决能力"的教育目标。树德科技大学强调"强化知行合一的实践力"。

其三,社会责任与社会关怀能力。

技职类院校缺乏人文类、艺术类等关注学生心灵成长和精神充实的课程是普遍存在的事实，这可能会导致民众精神生活贫乏。技职院校对此的回应是开设相应的课程，以使学生达到文理融通、具备感受和鉴赏生活之美的能力。人的社会性生存需要处理好人与社会、人与自然的关系，形成对社会、自然的正确价值观念和责任意识。技职院校对此的应对措施是，设定了职业伦理、社会价值认同等目标，不仅要培养健全的人，还要培养合格的人才。

台湾地区技职院校通识教育设定的目标多数与此相关。高雄科技大学提出的通识教育发展目标包括：提升学生批判性思考能力，建立清晰的价值系统；深化学生伦理道德观念，培养尊重他人、关怀社会的情操；培养学生人文艺术素养，提升美学鉴赏能力。台湾科技大学提出"社会责任能力""多元关怀能力"等核心能力培养目标。台北科技大学提出的通识教育目标包括：重建学生在人文、社会与自然学科方面的学识，奠定学习专业学科基础；锻炼学生语文表达、思辨与亲近艺文生活的能力；培养学生健全完美的人格及优质的人文素养；培养学生社会科学知识，奠定社会适应及服务、领导能力；培育具备人文、社会与自然关怀的科技专业人才。朝阳科技大学提出的核心能力培养目标包括：多元文化涵养与赏析能力、人文关怀与互助合作能力、身心健康管理能力等。健行科技大学提出的通识教育目标包括：科技与人文应互为体用的认知，提升生活质量的文化素养，处世的价值观与道德判断力，关怀社会与自然环境的实践力等。

其四，欣赏、尊重多元文化与全球视野。

全球化是我们这个时代的典型特征，也是技职院校在人才培养方面需要回应的重要外部因素。全球化时代的人才，首先需要具有交流移动的能力，即具有使用多种语言进行沟通和交流的能力；其次，需要有理解、包容多元文化，适应多元化生存的能力；最后，需要具有自主性的理解和判断能力。

高雄科技大学提出"开拓学生的学习领域，奠定宏观的全球视野"的教育目标。朝阳科技大学提出使学生具备"中外语文沟通与表达能力""全球化思维能力"的教育目标。台湾科技大学提出"使学生具有通识视野、健康身心及外语基础"的教育目标,同时提出培养学生"全球竞争能力""多元关怀能力"等核心能力的培养要求。育达科技大学提出培养学生"全球视野"的通识教育目标。

其五,专业和通识整合能力。

台湾地区高校普遍开展通识教育,它们对通识教育在促进学生全面发展方面的重要意义是普遍认同的,但在专业教育与通识教育的关系上一直存在争论,这种争论也体现在技职院校通识教育理念的设定上。通识教育向专业教育渗透的趋势是普遍接受的,但也有差异。

通识教育应该成为专业教育的核心或基础。例如,高雄科技大学提出,通识教育就是使自己内在的各种禀赋、潜能、情操、需求及意志,获得高度的开发与实现,并进而体认启蒙及开发后的自我如何与他人、社会、自然及超自然相关联。

通识教育与专业教育相向而行,协同发展。高雄餐旅大学提出,结合专业课程与通识课程,以收横向整合之效;孕育基础能力,提升博雅素养。育达科技大学提出,通识教育内容的规划注重品格道德的熏陶、生命教育的关怀、人文修养的孕育、服务学习与公共意识的发扬、历史宏观视野的拓展与多元文化的尊重、多元智能与基础核心能力的培养,以及通识教育与专业教育的平衡发展。长庚科技大学将专业教育、通识教育及生活教育相互联结,形成全方位的全人教育。

专业教育是核心,通识教育是重要补充。屏东科技大学提出,以专门职业为基础,以专业发展为导向,以自然、社会、科技、人文、宗教为开展的向度,依学生个体之条件,促其认知、技能、态度的整体持续发展,进而实践于生活世界。澎湖科技大学提出,使学生在接受技能专业化教育的同时,辅以通识教育之内涵,以期造就专业与人文兼容发展之人才。健行科技大学提出,通识教育应以专业教育为核心,从知识面、人格面与文化面,提供各系学生未来在发展职涯及面对生活时所应具备的通识素养。通识教育对于科技大学的学生而言,并非一种漫无目标的补充教育,而应是在专业教育的养成过程中,使其体认要追求技能的专精,绝不能脱离

"人"的核心价值,亦即导引学生将人文与社会关怀融入专业发展的整全教育。

台湾地区技职院校的通识教育呈现出两个显著的特点:一是与专业教育目标互相融渗。只有将通识教育的理念熔铸于专业教育中,从学生未来面对职场和现实生活的需求出发来规划和开展通识教育,才能更好地发挥通识教育在人才培养中的作用。二是以实用性能力目标为主。通识教育目标里"能力"或"素养"的争议,主要导致"素养"的"能力化""去文化化"问题。这些问题使得通识教育的目标被零碎化,迫使通识教育工作者不断地追逐特定的、迎合社会需求的核心能力,而这些能力实则并非通识教育真正应该达成的对象。通识教育要达成的应该是自由、广博、心灵解放的目的,而这些目的只有在学习者与文化的真实相遇中才能达成。①

---

① 方永泉. 能力乎? 素养乎? ——通识教育目标再思 [J/OL]. 通识在线,2012,42 [2018-9-10]. http://www.chinesege.org.tw/geonline/html/page4/publish_pub.php? Pub_Sn=19&Sn=1386.

第四章
台湾地区技职通识教育实践

通识教育的理念和目标最终都要通过课程来体现，某种意义上，通识教育就是指成体系的通识课程。台湾地区技职院校的通识教育课程在实践中形成了不同于综合大学的特点和模式，对技职人才的培养发挥着重要作用。

一、技职通识教育课程设计理论

（一）通识教育课程设计的一般理论

台湾地区的通识教育移植自美国，自然一并移植了其通识教育课程设计理论，又从中国传统文化中找到相应的理论资源进行理解和阐发并有所创新。同时，这些教育理论各有其局限性，引发了台湾地区教育界关于教育理论的持续讨论。通识教育课程设计的理论主要包括精义论、均衡论、进步论、多元文化论。[①]

1. 精义论。精义论者主张以经典研读作为通识教育课程的主要内容，因为他们深信人类文明虽与时俱进，但在变迁中有其永恒不变的核心价值，此种核心价值尤其保存在经典作品之中。

精义论相当于西方的永恒主义教育哲学。精义论的潜在问题有三个：其一，易流于"文化唯我论"，以精义论为基础所设计的通识教育课程难

---

① 参见黄俊杰．大学通识教育的理念与实践［M］．高雄：台湾通识教育学会，1999：136—171.

免特定文化价值的偏见，而易堕入"欧洲文化中心论"或"中国文化中心论"的窠臼，因为，任何文化或价值体系都受到特定时空因素的影响，因而具有强烈的时空性。其二，具有强烈的"前现代"意涵，如男性中心主义、人类中心主义等思想倾向，而欠缺女性主义、环境主义等思考层面，因此易沦为旧秩序的捍卫者。其三，将经典当作价值的核心，一切次级价值均可由此核心推衍出来，但忽略了经典作品中的作者之心是难以窥知的。

2. 均衡论。均衡论者主张知识是一个整体，必须统观兼顾。为避免21世纪学术过于分化所导致的"隧道效应"，必须以通识教育课程来为学生提供均衡的视野。

均衡论相当于西方的要素主义教育哲学。均衡论的主要问题包括：其一，均衡论在各种学门之间力求平衡，要求学生平均选修，以获得较为完整的知识图像，但这种做法忽略了贯通各学门的共同性、普遍性课题，违背了通识教育的精神。其二，均衡论的课程安排是出于行政主体的而不是学生立场的考虑。

3. 进步论。进步论者强调，教育内容必须与学生未来的生活相结合，并对21世纪人类文明的发展有所贡献。因此，通识教育应有前瞻眼光，而非沉醉在以经典为基础的念旧情怀中。

进步论相当于西方的进步主义教育哲学。进步论存在的问题主要包括：其一，进步论者主张通识教育课程应有前瞻性，面向未来，不应本于念旧情怀而诵读古代经典作品，忽略了过去、现在、未来是一个永不断裂的连续体，"瞻前不顾后"的课程设计，忽视了创新的基础正在于继承深厚的文化。其二，进步论者认为未来的人类社会是一种高度都市化、资讯化的社会，教育的目的就是让学生对未来的生活有所准备。事实上，学生适应未来生活的能力，取决定他是否具有完整的人格。这是另一种形态的工具主义，是对通识教育的窄化。

4. 多元文化论。多元文化论的主张起于对社会多样性的认知与肯定，使用这个名词或侧重族群意义下的多元文化，或侧重社会意义下的多元文化，或侧重经济意义下的多元文化，或更广泛地指称地理意义下的各种文化传统，如中国文化、欧洲文化、日本文化等等。多元文化论者认为，文化不只是指一种心灵习惯，或知识与道德活动，而是指人类社会的整个生活方式。多元文化论在通识教育课程设计上必须贯彻"多元主体并立"的新精神。所谓"多元主体并立"之主体，可以指思想体系（如佛教、儒家、道家等）作为主体、族群作为主体，或社会阶级作为主体。多元文化论不预设（也不刻意排除）以经典研读作为实践方式，与精义论有相通之处。

多元文化论也面临诸多挑战。其一，多元文化论的课程设计理论，在受教育者个人层次中必将引发各种文化/价值冲突，而难以达成全人教育的理想。其二，多元文化论强调各种意义下的文化/价值系统平等对待，并以同等分量呈现在课程结构上，极易流为"部落主义"，只是非主流文化或边缘文化解构主流文化的一种手段而已。在提倡多元文化论之前，应该先让学生浸润于自己的文化传统之中，行有余力之后再吸收其他文化。

通识教育的各种课程设计理论，在实践中日益走向融合。各高等院校往往杂取各理论的优长，又有所侧重。有学者提出，精义论、均衡论及进步论是在说明通识教育的内容，如果以实施的方法而论，则有另三种理论可以和上述三种内容形成一个矩阵，它们是整合论、部门论及融入论。其中整合论较宜结合均衡论，让各种资源搭配应用；部门论则将通识教育视为一个系来运作，比如设立通识教育学院；融入论则强调将通识教育融入专业教育中。①

（二）技职通识模式不能复制综合大学

以"技术花蕊，通识花瓣"为理念培育"博雅的专业人"，建构技职通识典范模式。首先，"技术花蕊，通识花瓣"的主要理念在于同心圆的发展模式，意即由老师本身的专长出发，一方面向外"联结"其他学科，

---

① 王俊秀.技职通识教育的典范建构：合作学习与通识护照个案[J].通识教育季刊，1998，5(2)：105—116.

另一方面"发掘"相关的哲学及历史内涵。本理念的意义有三：其一，借此让每一位专业教师皆成为通识教师，增加教师的"通识度"，良性循环方可开展；其二，借此可展开组织学习，嘉惠师生，扩大视野，产生"通识使技术变艺术"的效果；其三，借此"科际整合"效应，课程之间有1+1>2的互动，使课程精致化，具有小而美的复合效果。其次，"通识使技术变艺术"则在于凸显远离"隧道效应"，使技术得以人性化、社会化，也能拥有如同艺术般创意及美。另外，技职教育以"进步论"为主轴，并不意味着与其他两种理论（精义论及均衡论）"不相往来"。事实上，进步论亦可与二者结合延伸成为"精义进步论"或"均衡进步论"，一方面使中西古典精义亦可以和现实生活互补，另一方面化"大均衡"为"小均衡"。①

技职院校学生具有不同于综合性大学的特点。在台湾地区教育体制下，技职学生具有如下几个特点：实务实践导向为主；关注社会产业联结性；重视职业道德涵养；自信心不足；基本能力（听说读写）不足。②

首先，围绕解决实际问题，完善技职生知识结构。无论是技职体系还是高教体系，普遍接受全人教育的通识教育理念。秉持全人教育理念，就应该在学习本专业的知识和技能外，开设尽可能覆盖人类所有知识领域的通识课程，以帮助学生形成支撑其发展的知识系统。但事实上，受到自身师资储备、学生知识结构及务实致用人才培养目标的影响，技职院校在开设通识课程时应该采取更贴近专业教育的策略。技职体系学生所具备的各种专业领域技能，意在解决所关注的实践（应用、实用）问题，同时须引用多元素养与能力作为支持系统，来提升技能水平及解决更高阶的问题。以汽车生产为例，优秀的汽车固然需要优异的制造技术来生产好材料、零组件及装配、测试等，但要让汽车进入市场被广泛接受而存活与发展，还需要艺术品位、研发、设计、色彩学、心理学、人类学、社会学、管理

---

① 王俊秀. 技职通识教育的典范建构：合作学习与通识护照个案[J]. 通识教育季刊, 1998, 5(2)：105—116.
② 何昕家. 从技职教育脉络与技职学生特质，浅谈技职通识课程[J/OL]. 通识在线, 2016, 65[2018-9-10]. http://www.chinesege.org.tw/geonline/html/page4/publish_pub.php?Pub_Sn=138&Sn=2026.

学、休闲运动学、赛事、广告营销、保险、维修服务、法令等众多领域一起来成就。许多工学院不教或无法教的必要支持系统领域，就需要通识教育来成就。技职体系通识教育应该围绕学生所学专业，提供成就支持系统的通识教育。

其次，着眼未来发展，培养团队合作素养和能力。当今产业运作亟须团队合作，不管是公司组成或产品生产，都需要众多领域分工合作。技职学生从进入技职院校，就一直被框在单一专业领域中。因此，通识教育提供的"沟通""会通"与"跨域机会"，有助于技职学生未来发展所亟须的团队合作素养与能力。所谓"沟通"在于让技职生知道如何与众多不同思考模式者（直观式思考者如艺术家、逻辑式思考者如工程师、原则式思考者如哲学家、经营式思考者如企业家等）相处与共事。所谓"会通"在于让技职生有能力面对解决复杂问题时所需同时考量的人文、社会、美学、科技、产业等面向的议题。所谓"跨域机会"则是让技职生有机会跳脱单一专业的框限，探索自己生命的无限可能性。这般提供"沟通""会通"与"跨域机会"可以称作技职体系通识教育的"发展模型"。

其三，重视创新能力培养。技职生将来直接投入产业运作，就需要知晓产业提升的动力机制。产业的提升离不开背后深厚的文化根基。台湾地区产业高度仰赖对外贸易，也安于全球分工体系下的代工角色，从而习惯进口外国高阶机具来代工生产。受文化共构的影响，台湾地区的大学也习惯无意识地移植欧美日本等国家大学课程、教材、教法等"物"的层面的知识技能，却全然忽略了这些国家有着深厚的文化作为产业的基础。因此，技职体系若要对提升台湾产业有所贡献，就要通过通识教育培养学生多元辩证的价值理念、社会运作所需的网络联结及生命成长所需的美感品位，只有如此才能以新的境界格局提升台湾产业。这可以称作技职体系通识教育的"提升模型"。①

---

① 林崇熙.技职体系通识教育的新大道[J/OL].通识在线，2016，65[2018-9-10]. http://www.chinesege.org.tw/geonline/html/publish/publish_pub.php? Pub_Sn=138&Sn=2024.

最后，采取正确的通识课程教学策略。角色扮演和模拟、分组讨论可以让学生借此提升自信心以及了解跨科际、跨领域合作方式；鼓励采取行动、实例探究、问题导向学习、实地考察和户外学习则让学生与真实社会和产业联结；辩论、自我反思、分析性阅读和写作可以提升学生的基本能力；塑造好习惯可以深化对职业道德涵养的重视。① 理想中的高等技职教育体系通识教育的课程目标与课程规划，应该和一般大学相同，是"完整的人"的教育，但对匆匆改制的科技大学而言，转化不易。理想中的技职院校应如一般大学，将通识教育核心课程转化为"学群"的设计，并以选修课形式呈现，但是在私立技职院校，实有软硬件设施、师资结构、会计制度、学分与课程结构等困难。整体通识教育课程设计，要做到理想中的"共同必修通识化、通识课程选修化"，对以非人文学系为主的科技大学而言，并非易事。②

要推动大学通识教育，并非一定要采取某一种当红的课程类型。每个大学因其历史背景、规模大小、学校性质以及教育资源等各方面的差异，可以规划一种最适合自己学校的课程类型。重要的是让学生有充分的时间修习主修课程以外的课程，以培养开阔的视野与多样的兴趣。③

二、技职通识教育课程模式

通识教育课程模式也称通识教育模式，是高校在通识教育实践中形成的关于通识课程内容和形式的相对稳定的模式。台湾地区通识教育源于美

---

① 何昕家.从技职教育脉络与技职学生特质，浅谈技职通识课程[J/OL].通识在线，2016，65 [2018-9-10]. http://www.chinesege.org.tw/geonline/html/page4/publish_pub.php? Pub_Sn=138&Sn=2026.
② 陈能治.技职体系通识教育历史课程实施的理想与现实——南台科技大学个案探讨[J].通识教育季刊，2001，8(3)：99—129.
③ 陈舜芬.核心课程与分类课程选修的比较——从哈佛大学通识课程改革谈起[J].通识教育季刊，2008，创刊号：51—65.

国，美国高校的通识教育模式对台湾地区不管是综合性大学还是技职院校都产生了深远的影响。但是，在主体多元与办学自主的环境中，美国大学通识教育无论在内容还是形式上都极为复杂多样。普林斯顿大学在其一份有关通识教育的报告中，大致上区分了四种模式：一为开放模式，如布朗大学以及许多私立文理学院如阿默斯特学院，学生在主修一门专业所需要的十门左右课程之外，可以自由选修学校所有其他课程；二为核心课程模式，如哥伦比亚大学和麻省理工学院等，大多通识教育课程为固定的必修项目；三为分布选修模式，这是美国高校通识教育最为普遍的模式，包括众多私立大学如哈佛、耶鲁和大多州立综合性大学，通识课程被划分为几大领域，覆盖人文学科、社会科学、自然科学乃至工程技术等所有领域，要求学生必须在各领域中选修数门或有一定学分要求的课程；四是核心与分布选修结合模式，如卡耐基-梅隆大学便采取部分必修和部分按领域选修的课程设计方案。[1] 如今，无论采用哪种模式，在整体设计中强化课程体系内在结构以及它与主修专业间的有机联系，已经成为美国通识教育的主流趋势。[2]

在通识教育实践中，台湾地区高校基于对通识教育理念的不同理解、本校办学理念和师资情况、教育事务主管部门的政策导向等因素，对通识教育课程进行了不同的总体规划和设计，形成了不同的通识教育课程模式。部分高校在自身实践中对原有的课程设计也有所调整，形成了多样化的通识课程呈现形式。2004年，台湾大学共同教育委员会在黄俊杰教授主持下开展了"台湾大学共同与通识教育改革研究计划"，广泛收集中国大陆和台湾地区及国外著名大学共同与通识教育的实施经验，将台湾地区各大学通识教育的实施模式分为四种：共同与通识课程均衡选修模式；通识均衡选修模式；核心课程模式；大一大二分院不分系模式。并指出，第四

---

[1] Princeton University. Report of the task force on general education [R/OL]. (2016-10-14). https://strategicplan.princeton.edu/sites/strategicplan/files/task-force-report-on-general-education.pdf.

[2] 阎光才. 关于本科通识教育的林林总总 [J]. 中国高教研究，2021 (12)：12—17+56.

种模式尚不成熟,台湾地区各大学院校现行的通识教育,都可归入前三种模式。①

黄俊杰对台湾地区高校通识教育的三种实施模式进行了详细的考察:其一,共同与通识课程均衡选修模式。这种模式受到教育事务主管部门于1958年颁订的各大学"共同必修科目"规定,及1984年公布的《大学通识教育选修科目施行要点》的影响,各校的通识教育大致上维持"广义"的内涵,亦即包含了共同科目及通识课程。这种模式在做法上,多半将共同科目定为校订必修,作为基础课程或核心课程,而以通识课程作为选修,其中再分数个领域,供学生交叉选修。由于这种模式包含共同科目,因此,体育、军训及服务课程,也都纳入通识教育之中。这种模式在通识教育开展早期采用比较普遍,在实践中往往多有调整。采用这种模式的有台湾大学、台湾中山大学、中原大学等。其二,通识均衡选修模式。这种模式是将"共同科目通识化"之后,调整原有共同科目的内容或属性。例如,将语文与英文课程作为语文领域,历史课程转入历史文化领域,地方法规课程纳入社会科学领域。有的学校将转入通识课程的共同科目列为通识必选课,以维持原来的共同科目地位,有的则完全开放选修。共同科目通识化之后,再将课程规划为三或六个领域,采取不同学科领域交叉选修的方式安排学生选修。采用这种模式的主要有阳明大学、辅仁大学等。其三,核心课程模式。这种模式较具典型意义的是美国哈佛大学在1978年开始推动的核心课程。从2005年开始,哈佛大学将课程规划为七大领域(共十一个分项领域),每个领域中开设相关的数门不同主题的课程。学生从中选修自己有兴趣的课程,即完成对该领域课程的学习。实施这种模式的高校包括淡江大学、改革后的台湾清华大学等。②

梁家祺分析了台湾地区四十三所公私立综合大学的通识课程规划,把

---

① 参见台湾大学共同与通识教育改革之研究计划报告书[EB/OL].[2018-9-10]. https://cge.ntu.edu.tw/001/Upload/1022/relfile/0/60774/dce26a69-f95b-42e2-85d4-fbb12992f55b.pdf.
② 黄俊杰.台湾大学院校通识教育现况:对于评鉴报告的初步观察[J].高教发展与评估,2006(4):7—18+53.

通识课程规划的模式分为三类：分类选修、核心通识＋分类选修、核心通识。分类选修是指在不同的规划领域下（大多数学校都根据知识分类方式分成三至四个领域，少部分学校参考哈佛大学的分类方式），安排数十门课，让学生分类均衡选修。核心通识是指学校配合办学理念规划核心领域，并在核心领域下精心规划跨学科的数门课（通常为三至五门）。核心通识＋分类选修则是指学生必须以一般通识学分数的一半修习核心课程，另一半学分则以分类选修方式获得。其研究结果显示，四十三所大学中有三十二所属于分类选修模式，十所为核心通识＋分类选修模式，只有一所是核心通识模式。①

大陆学者卢春龙将台湾地区大学实施的通识教育模式简分为三种：共同必修＋分类选修模式（以东吴大学、实践大学为例）、分类选修模式（以东海大学为例）、核心课程模式（以台湾清华大学为例）②，与黄俊杰的划分方法大致相同。以上对通识教育模式的划分，主要的研究样本并没有明确涉及技职类院校。大陆学者马早明提出，台湾地区高等技职院校通识教育主要有三种类型，即核心课程模式、共同与通识课程均衡选修模式、通识均衡选修模式③，为我们研究技职院校通识教育模式提供了借鉴，但是该文较为简约，并没有对划分标准进行阐述。

对台湾地区技职通识课程模式进行分类，首先要厘清通识课程和专业课程的区别。通识课程通常由来自不同专业系所的教师开设，只有符合一定的标准才能成为通识课程；否则，面对不同知识背景的学生，内容浅化、要求宽松的特征使得通识课程成为一些学生眼中获得"营养学分"的途径。台湾大学提出的通识课程参考指标代表了一定的共识：基本性，即课程应涉及人类文明中最根本、最重要、最不可或缺的质素；多元性，即课程内容应以拓宽学生视野，消除性别、族群、阶级及文化偏见为目标，

---

① 梁家祺.台湾公私立大学通识教育课程规划现况分析［J］.通识教育与跨域研究，2009（7）：79—91.
② 卢春龙.台湾通识教育的运行模式与理念［J］.中国政法大学学报，2018（1）：92—102＋208.
③ 马早明.通识教育 台湾科技人才培养的新趋向［N］.中国教育报，2012-9-28（7）.

养成尊重与肯认多元差异的胸怀；整合性，即课程内容应整合不同领域之知识，以启发学生的心智，并赋予各领域知识新的诠释与内涵，以培养对知识的洞见与创意；贯通性，即课程内容应贯通知识领域的特定主题，具有启发引导的作用，并与专业知识达成互动及融合的教育效果。①

也有学者认为，通识课程的范围既然涵盖人文、社会、自然、文明与经典等几乎所有院系的领域，通识课程与专业课程必须有所区隔，区隔的原则不应该是内容深浅、要求宽严、重视程度甚至教学方法，而只能是课程旨趣的不同。通识教育的目的是教导大学生成为人而不是成就一个专家。"成为一个人的意思不是成为自己一个人，而是成为一个在社会群体中的人，成为一个在自然生态中的人，成为一个在人类精神与历史中的人。因此，通识课程要提供的知识是人与社会群体的关系，是人与自然生态的关系，是人与文明与历史的关系。"②

对台湾地区技职通识课程模式进行分类，我们必须厘清分类选修和核心课程两个概念的基本内涵。分类选修（distribution requirement）（也有翻译成"分类必修"或"均衡选修"的），是指学生选课不能只限于某一个专业领域，而必须从几类知识领域中选修几门课，其目标在于拓宽学生在知识上的"广度"，以与主修的"深度"相颉颃。一般是把知识分为人文学科、社会科学和自然科学三大类，当然可以分得更细。不论分成几类，每类中提供给学生修习的课程主要来自各学系本已开设的课程，通常是一些导论课或入门课，修完规定的学分即可。分类选修的显著优势是让学生在主修范畴之外，自由选修其他范畴的课程，强调不同类知识的均衡发展，并且也能兼顾学生自由选择的兴趣。此外，这种模式不需大费周章地去开设特别课程，只需制定一些选课规则即可实施。而分类选修的缺点则是容易导致学生习得零碎知识。学生不见得很清楚自己的学习方向，有

---

① 台湾大学共同教育中心.理念与目标［EB/OL］.［2018-09-10］. https://cge.ntu.edu.tw/cp_n_56966.html.
② 郑志成.对于通识教育与专业化的一些思考［J/OL］.通识在线，2018，79［2019-9-10］. http://www.chinesege.org.tw/geonline/html/publish/publish_pub.php?Pub_Sn=168&Sn=2500.

时也可能是为了轻松过关而选课，修了一堆课，却并未建立知识体系。再者，分类选修的课程数目众多，学生选课可能无所适从。①

所谓"核心课程"，是指"就修课规定而言，属'低度选修'或强调为'必修'之课程，且非传统之共同科目；就旨趣而言，着重学术典范意义，课程内容代表或反映一知识领域之核心价值，为当代各类学术入门基础，可创造不同学术领域间对话、沟通与融合之可能性，进而培养学生知识批判能力、知识统整能力及知识创新能力"。② 这个定义在修课规定方面规定了"低度选修"或"必修"，这就意味着核心课程必定地位重要、数目较少，同时不是传统的语文类、历史类、法律类等共同科目课程，这种规定类似于美国芝加哥大学的规定；该定义还对核心课程内容的基础性、跨领域整合性做了规定。

黄俊杰则认为，"核心课程与通识课程皆为达成通识教育的理想而设计，但在教学方法上取径不同。通识课程注重广博文雅知识的获得与涵养，而核心课程则是选出学门中具有代表性的思考为重点，做充分深入的探究，做科际整合式的教学，并在研究讨论中习得判断与解决问题的观点与策略。经由核心课程的设计与实施，希望使学生学习到追求知识的方法，知道如何使用知识，培养价值判断"。③ 该说强调核心课程在教学方法上的特色，即问题导向、自主探究、科际整合、价值判断。梁家祺认为，判断通识核心课程应依据的三个指标是：1. 根据学校教育理念精心设计与规划；2. 课程规划着眼于跨学科统整；3. 提供有限的课程供学生选择。④

核心课程以学校的规划为主导，认为课程应培育大学生具备一些最基本的共同知识和能力。核心课程的优点是确保学生经过学习和训练可

---

① 陈杏枝，游家政. 核心课程？还是分类选修？：某私立综合大学通识教育课程架构改革之研究[J]. 教育研究集刊，2015，61（1）：69—100.
② 台湾地区教育事务主管部门. 通识教育中程纲要计划（2007—2010）成果报告：3.
③ 黄俊杰. 台湾大学院校通识教育现况：对于评鉴报告的初步观察[J]. 高教发展与评估，2006（4）：7—18+53.
④ 梁家祺. 台湾公私立大学通识教育课程规划现况分析[J]. 通识教育与跨域研究，2009（7）：79—91.

达到某种统一标准。此外，学生通过共同必修课的学习，才能获得共同的知识和经验，日后才有共同的记忆。而这种共同的知识和经验，有助于消弭学生间的背景差异，促进彼此沟通，也可为学生日后参与公共事务做准备。

李曼丽分析了美国大学通识教育的实践模式，概括了核心课程和分布必修模式下的通识课程的异同。指出，核心课程与分布必修在课程设置上既有相似之处（它们都把学生必须修习的课程分成若干个领域，在各个领域下面又有很多课程），又有所区别。核心课程打破了传统的按学科设课的模式，强调课程的设置要有利于培养学生有关方面的能力，重点不在于让学生掌握某一学科的系统知识；而分布必修中的通识教育课程通常是按学科设课，目的在于让学生掌握某一学科的较为系统的入门性知识。核心课程的跨学科性内容分量较大，重视加强有关道德、文化、艺术方面的内容。[①] 核心课程由学校依照其办学理念来主动规划，强调融合不同领域或跨学科的统整课程。

综上所述，在台湾地区教育事务主管部门开设通识核心课程的引导和支持下，核心课程和一般通识课程的区别越来越小，都强调内容的跨域整合性以及学生中心和学生素养能力的提升等。台湾地区绝大部分大学的通识课程规划是混合模式，是各校衡量自身有利条件所能规划出的最佳模式。[②] 我们可以依据各技职院校的通识教育理念及其自我定位，借鉴其他学者的看法，将技职院校的通识教育模式概括为三种：均衡选修模式、核心课程模式、核心课程和均衡选修混合模式。

（一）均衡选修模式

该模式对通识教育持广义理解，即通识教育包含共同科目及通识课程。这种模式是将"共同科目通识化"之后，调整原有共同科目的内容

---

① 李曼丽. 美国大学通识教育实践研究 [J]. 高等工程教育研究，2000（1）：46—50.
② 陈杏枝，游家政. 核心课程？还是分类选修?：某私立综合大学通识教育课程架构改革之研究 [J]. 教育研究集刊，2015，61（1）：69—100.

或属性,如将语文与英文课程转入语文领域、历史课程转入历史文化领域、地方法规课程转入社会科学领域等。有的学校会把转入通识课程的共同科目列为通识必选课,有的则完全开放选修。之后再将课程规划为几个领域,采取不同学科领域交叉选修的方式安排学生选修。通识均衡选修模式以台湾科技大学、屏东科技大学、"建国"科技大学为代表。

1. 台湾科技大学

台湾科技大学的前身是台湾工业技术学院,成立于1974年,为台湾地区第一所技术职业教育高等学府,1997年改为现名。台湾科技大学的共同教育即广义的通识教育,本于"精诚"校训之诠注——"精于做事,诚以待人",以培养"器识先于技能,技能进于智慧"的现代科技人才为目标,使学生具有通识视野、健康身心及外语基础。台湾科技大学的共同教育以"社会责任能力""全球竞争能力""沟通表达能力""解决问题能力""终身学习能力""多元关怀能力""艺术创造能力"为核心能力。狭义的通识教育秉承共同教育宗旨,引导学生既明"学理"也明"常理",既能"成才"也能"成人",为专业学习提供一般素养与处世思维。

台湾科技大学的共同教育,分为"社会实践""语文""英文""通识""体育"五领域。该校的共同教育课程不同于台湾地区高校传统的共同必修科目,而是做了通识化的改造。

(1)"社会实践""语文""英文""体育"领域(19学分)

包括语文领域(6学分):表达与文学阅读(一、二)、表达与经典阅读(一、二)、创意与文学阅读(一、二)、创意与经典阅读(一、二)中任选两门;目标是指导学生认识中国语文之优美及传统文化之渊博,并加强训练其书面及口头的表达能力。

英文领域(12学分):英文字汇与阅读(一、二)(4学分)、英语口语训练(一、二)(4学分)、英文高阶课程(4学分);目标是训练学生阅读及写作能力，重点放在语法、句型及基本英文写作技巧方面。

实践课程（1学分）：为新增加的领域，目的在于"培养学生负责与合作态度，并将专业知识融入生活实践，进而学习社会参与"。

体育领域（0学分）：认识各种运动的基本动作及正确的自我运动方法，以培养运动习惯，达到休闲娱乐活动的目的。

（2）通识领域（15学分）

通识领域可划分为"人文素养""当代文明""美感与人生探索""社会与历史文化""群己与制度发展""自然与生命科学"六个向度。学生需要在至少四个向度中各修习一门课程。这一要求比2015年的要求有所放松，2015年的要求是在六个向度中至少各修习一门课程。这样的调整给学生选课以更大的自由度，同时兼顾了学生学习的广度。

在通识课程的设计上，台湾科技大学坚持如下原则：首先，注重"科际衔接"，打造学科贯通的课程。通识课程六个向度中有四个向度都标注为"科际衔接"向度，分别是"美感与人生探索""社会与历史文化""群己与制度发展""自然与生命科学"。"人文素养"向度中的"性别、科技、全球化""哲学与人生"，"美感与人生探索"向度中的"英美文学名著与电影赏析""艺术创作与心灵探索"等都体现了这种设计理念。其次，注重课程广度与深度的结合。该校在兼顾"应具备的学能基础"和"既有的学科分类"的考虑下，将"分类均衡必选"分为四个向度："美感与人生探索""社会与历史文化""群己与制度发展""自然与生命科学"，要求学生每一向度至少修习一门课程。同时，参考美国理工科院校重视人文教育的做法，在理工科学生同样居大多数但通识学分终究有限的情况下，特别设置"人文素养"向度，其用意也在于使学生在"分类均衡必选"求"广"度后，继续于人文方面加选一门课，以求"深"度。其三，体现与时代、专业结合的理念。"当代文明"向度的设计旨在配合科技大学"注重应用研究""结合产业发展"的特性，鼓励各学院提供多元化的"产业趋势论坛"或"产业环境前瞻"，引导学生掌握当代文明产业的走向，借以整合所修习的专业知识，迎接未来发展。

台湾科技大学通识课程各向度的学习目标：

人文素养（A向度）：在分类均衡必选的基础上，就思考方法、多元价值、意义分析、视听效应等关键主题继续探讨，以深化人文识见，进行人文实践。当代文明（B向度）：通过各学院的产业研究资源，引导学生掌握当代文明产业的趋势，借以整合专业，前瞻未来。美感与人生探索（C向度）：通过文学与艺术培养学生的想象、创造能力，提升美感涵养。培养学生对自我生命的深度感知，建立自我认同，形成合宜的人生态度。社会与历史文化（D向度）：引导学生认识社会科学的基本方法，反思社会与文化的重要议题。通过历史与传统，引导学生体认自身在文明脉络中的主体性，培养价值思辨能力。群己与制度发展（E向度）：增进学生对社会制度发展的理解，培养学生参与公众事务所需的知识与态度。协助学生发展和谐的群己关系，履行社会责任，实现社会正义。自然与生命科学（F向度）：引导学生了解生命与物质世界的关系，认识自然科学及其应用价值。引导学生省思科学发展与社会文化之间的相互影响，启发科学与人文的对话思考。①

2018年台湾科技大学共同必修科目表（四年制）②

领域类别	科目	学分数
社会实践	社会实践	1学分
语文	在下列课程中任选两门： 表达与文学阅读（一） 表达与文学阅读（二） 表达与经典阅读（一） 表达与经典阅读（二） 创意与文学阅读（一） 创意与文学阅读（二） 创意与经典阅读（一） 创意与经典阅读（二）	6学分

---

① 台湾科技大学共同教育委员会[EB/OL].[2018-09-10]. https://cla.ntust.edu.tw/files/11-1101-5562.php? Lang=zh-tw.

② 台湾科技大学2018年共同必修科目表[EB/OL].[2019-09-10]. https://cge.ntust.edu.tw/files/11-1009-2.php? Lang=zh-tw.

续表

领域类别		科目		学分数
英文		毕业门槛会考	0	12学分
		英文字汇与阅读（一）	2	
		英文字汇与阅读（二）	2	
		英语口语训练（一）	2	
		英语口语训练（二）	2	
		英文高阶课程	4	
通识		人文素养（A向度）	A～F各向度应至少选择四向度各修习一门课程	15学分
		当代文明（B向度）		
	科际衔接	美感与人生探索（C向度）		
		社会与历史文化（D向度）		
		群己与制度发展（E向度）		
		自然与生命科学（F向度）		
体育		体育（必修）		0学分
总计				34学分

2. 屏东科技大学①

屏东科技大学向来配合地区建设及经济发展需要，依循产业发展方向，培养理论与实务并重的高级科技及管理人才，且兼及人文与社会科学人才之养成。该校自建校以来就以"仁实"作为校训，并以培养专业化、全球化、全人化的人才为教育目标。

该校通识教育的目标，在于使学生能在专业训练之后，实现科技、人文、社会的均衡发展，进而达成全人教育的理想。换言之，即以专门职业为基础，以专业发展为导向，以自然、社会、科技、人文、宗教为开展的向度，依学生个体之条件，促其认知、技能、态度的整体持续发展，进而实践于生活世界。

该校对通识教育理念目标进行细化，提出通识教育的八项核心能力及相

---

① 参见屏东科技大学通识教育中心［EB/OL］．［2018－09－10］．http://hs.npust.edu.tw/files/11-1164-6404.php? Lang=zh-tw.

应的能力指标与核心素养，并与通识课程直接关联。全人化旨在通过课程的教学以及无形的陶冶与温馨的关怀，健全五育发展，使学生不仅是具有工作能力的专业人，而且是兼具社会责任的社会人以及具有人文素养的文化人。全人化的教育目标对应的核心能力包括：社会生活能力，美学鉴赏能力，人文关怀与社会适应能力，领导创新与沟通合作能力，伦理与理性思辨能力。全球化旨在教育学生立足地球村应有的素养，以及研究政经全球化发展的能力，以增进对世界的认识，进而参与全球竞争。全球化的教育目标对应的核心能力包括：语文应用能力，文化修养与科学知识能力，在地与全球思考能力。

屏东科技大学的通识教育包括基础课程和通识课程及通识讲座。

基础课程（16学分）包括：中文能力（4学分）、英文能力（6学分）、民众教育（2学分）、体育（4学分）、生活服务教育（0学分）。基础课程旨在传授给学生追求知识的方法，培养学生理性思考、价值判断和运用知识的基本能力，培养学生具备沟通的能力，成为关心社会并理解现代社会权利义务的优秀青年。

通识课程（12学分）包括四大类：人文学科、社会科学、自然与生命科学、数理与应用科学等。其中，"人文学科"包括历史与文化、文学与艺术、哲学与宗教、道德判断与推理等方面的五十二门选修课，如"文化遗产与文化生活""台湾地区史"等。"社会科学"包括法律与政治、经济与管理、社会分析与心理等方面的七十四门课，如"行政学概论""人权的理论与实际"等。"自然与生命科学"包括自然科学、生命科学、生物技术、环境科学等方面的四十四门课，如"生物多样性概论""环境卫生概论"等。"数理与应用科学"包括数理与推理、资讯科技、应用科学等方面的三十三门课，如"防务科技概论""现代科技概论"等。"自然与生命科学""数理与应用科学"两方面的课程更为学术与专业，基本上离不开对数学与逻辑能力的培养，多由各专业学院的教师开设。通识课程旨在为非专业性、非职业性和普通性的通识课程供给统合的知识，以改变学门分立、知识零碎的弊害，引导学生在各个学域获得统整的学习经验，得以省思人与环境、人与社会及人与自己的和谐并运用于生活中。此外，所有的学生均需修习通识教育讲座（1学分）。

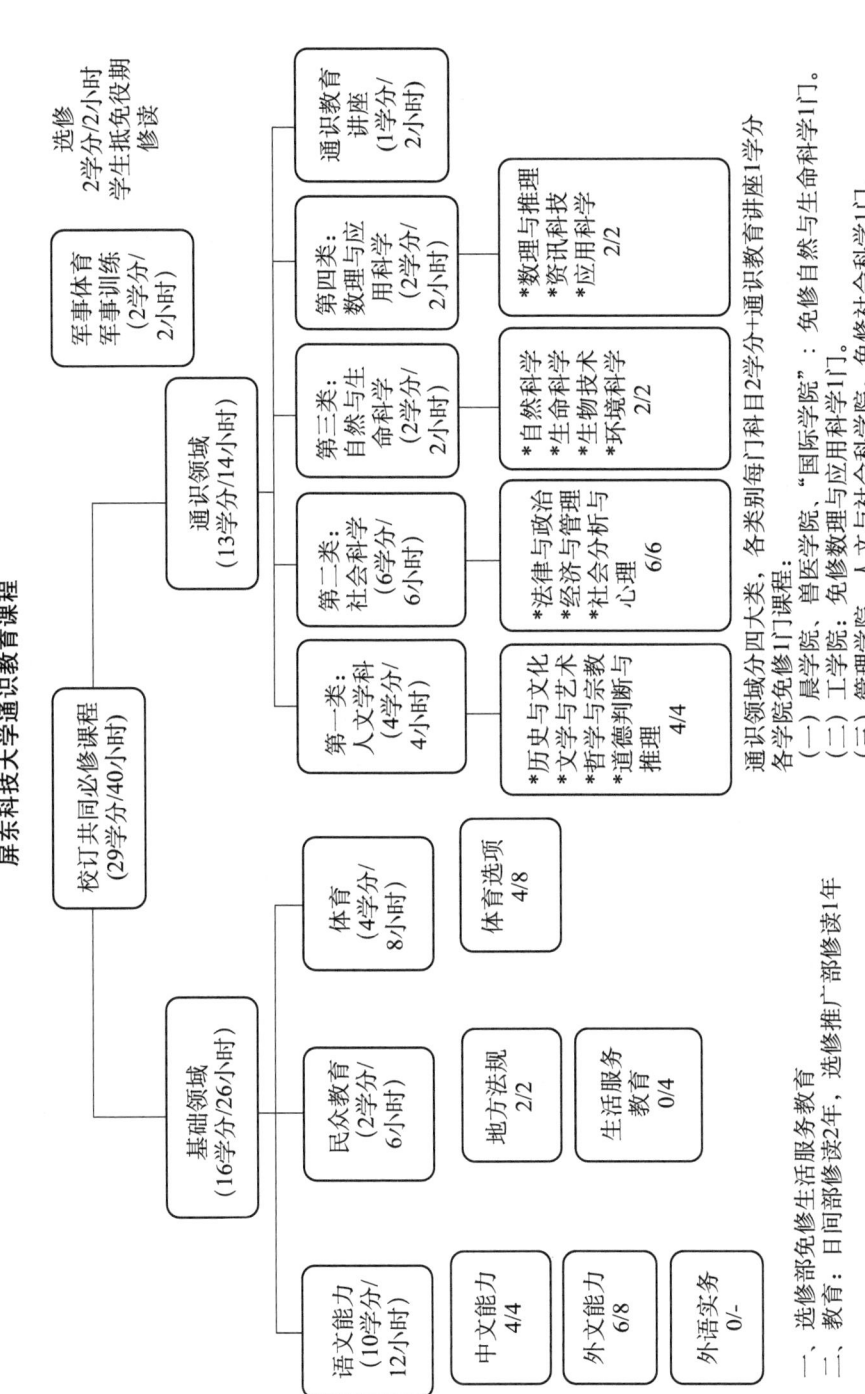

3. "建国"科技大学[①]

建立以人为主体的教育,强调全人教育,期使本校学子皆能知识与品德兼顾,人文与科技并重,理想与实践融合,传统与现代统整,达到天人物我和谐之境界。

依据本校之教育理念,整合本校各学院的学习领域,开设通识课程,造就术德兼修、手脑并用,具备理论、实践与研发创新能力,为产业界所乐用之人才,进而促其成为善良社会之栋梁。

基础通识——语文、英文是人际社会必需的语文工具,借由课程的培养与训练,增强听、说、读、写能力,协助学生达成优质沟通,以增强自信与处事能力。历史与人生、人文地理则将"时间型知识""空间型知识"串联并立,同时培养乡土关怀及全球视野,学生经过一连串搜集、分析、应用、转化的学习过程,能具备统整能力。艺术入门旨在充实学生的人文与艺术修养,协助学生提升美感、建构心灵,从而具备独特健康的人格特质,借以提升自我的"生活满意度"。法学绪论课程充分讨论现代生活各项真实案例,为学生提供近代民主法治社会所必需的法政认知与素养。微积分、物理、化学为工程科学之基础,因本校尚未开设相关科系,故沿袭过去相关教师编制在通识中心(共同科)的历史背景,由通识教育中心统筹排课事宜。

博雅通识——包含四大学群:文学与思想、历史文化与地理、艺术与现代生活及社会科学、自然与生命科学,着眼于全人、多元的目标,教学上趋向开阔视野、性向选择和专业会通的功能,顾及知识的深度与广度,借以达到天人物我和谐之境界。

生活通识——注重创意与实践,将知识概念落实到生活领域,培养学生具有良好的生活技能。除讲课外,更注重高水平及正确生活的演练,提升学生自己解决问题的能力,追求更好的生活质量与营造快乐的人生,也成为本校通识教育的一大特色。

[①] "建国"科技大学通识教育中心 [EB/OL]. [2018-09-10]. http://gc.ctu.edu.tw/about.

(二) 核心课程模式

这种模式比较典型的是美国哈佛大学在 1978 年开始推动的核心课程计划。由于社会、政治、文化以及知识形态的不断变化，学生的兴趣与能力需求不断更新，哈佛大学核心课程的课程领域、课程目标、教学方式等也历经调整，其中 2005 年的修正影响较大。该模式把哈佛大学的核心课程分为七大领域，每个领域中开设相关的数门不同主题的课程，学生在不同领域中选修自己感兴趣的课程，即完成对该领域的学习。台湾科技类大学不同程度地模仿了这种通识教育核心课程的模式。核心课程模式与均衡选修模式的区别主要表现为：1. 课程目标设定是否把握了学生现代性生存的核心问题及对相应能力素养形成的期待。2. 课程是否能够融合不同领域的学术内容，做科际整合式教学。3. 教学方法是否突出了学生的主体地位，指导学生进行探究性学习，"在研究讨论中习得判断与解决问题的观点与策略"。核心课程模式以台北科技大学为代表。

台北科技大学始建于 1912 年，是台湾地区工业教育的肇始，1997 年升格为科技大学。台北科技大学的通识教育有着明确的教学目标[①]：重建学生在人文、社会与自然学科方面的学识，奠定学习专业学科基础；锻炼学生语文表达、思辨与亲近艺文生活的能力；培养学生健全完美的人格及优质的人文素养；培养学生掌握社会科学知识，奠定社会适应及服务、领导能力；培育具备人文、社会与自然关怀的科技专业人才。

台北科技大学的通识教育也是广义的通识教育，包括语文表达与阅读、大学入门（或大学入门与工程伦理）、服务学习、劳作教育、博雅通识几个领域。

（1）共同必修课程（13 学分）

语文表达与阅读（12 学分），包括：语文（4 学分）、英语阅读与听讲练习多元英文（8 学分）。

[①] 台北科技大学通识教育中心 [EB/OL]. [2018－09－10]. https://gec.ntut.edu.tw//files/11－1017－9302.php.

大学入门（或大学入门与工程伦理）（1学分），分别适用于不同的学院：大学入门适用于人文学院、管理学院、设计学院（建筑系除外），大学入门与工程伦理适用于工程学院、电子学院、机电学院、设计学院建筑系。

服务学习（0学分）。劳作教育（0学分）。

（2）博雅核心课程（18学分）

按照人文学科、社会科学、自然科学三个领域共设置六个向度，分别为"历史与文化""美学与艺术""民主与法治""社会与哲学""自然与科学""创新与创业"。学生按照所在学院不同，在规定的五个向度中至少每个向度选修一门课程，共计10学分；另外在上述六个向度中任选四门，可以是选修课程，也可以是核心课程。

台北科技大学通识课程架构（2017年度）①

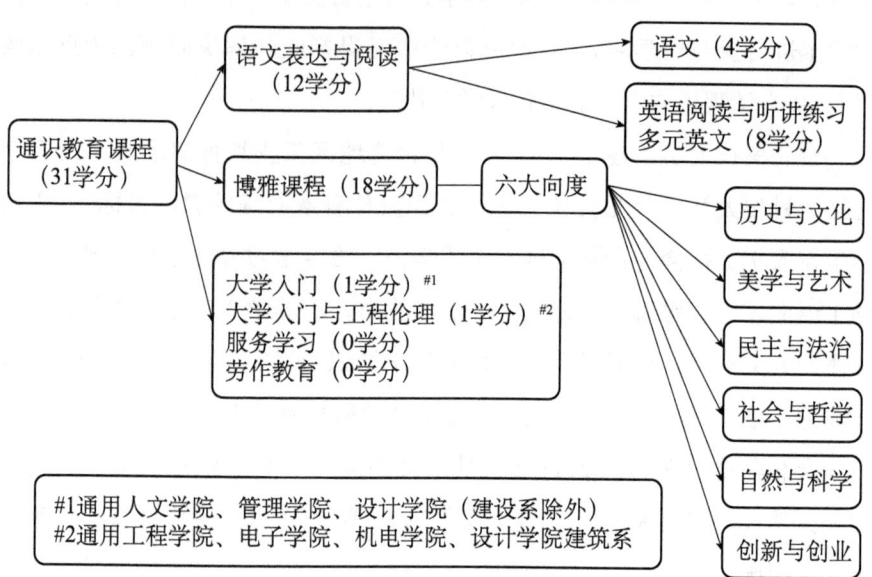

台北科技大学的通识教育具有明显的特色：

1. 鼓励与强制学生阅读，以提升语文能力与拓展知识广度。每学期所有要修习语文课程的学生，都必须在假期研读两本指定的通识阅读课外读

---

① 台北科技大学通识课程架构图 [EB/OL]. [2018-09-10]. https://gec.ntut.edu.tw//files/11-1017-9486.php.

物，准备参加开学后的会考。会考内容以这两本指定的课外读物为范围，试题以改错、填空、重组等非选择题为主。会考成绩计入该学期语文成绩，占总成绩10％。成绩优异者，将于全校周会颁奖鼓励。除了会考之外，每个学生还要提交读书心得报告一篇。在两本指定课外读物之中择一撰写，字数六百字到一千字，一律用六百字有格稿纸亲手书写。读书心得报告的成绩，计入习作成绩。各班读书心得报告将择优参加写作竞赛，获奖佳作将推荐在本校校讯刊登。假期中，学校图书馆阅览室将会有这两本课外读物，每本三十册，提供馆内阅读。

2. 举办通识系列活动，构建教室外的通识学习环境，营造艺文气息，提升学生人文内涵。

通识教育中心以专题系列演讲、人文艺术、社会责任、自然竞赛、通识影展五个主题为主要活动内容；借由各主题活动让学生有更多机会参与通识教育以提升人文涵养，进一步达成通识教育促进学生强化多方思维、积极参与公共事务的全人教育目标。

专题系列演讲是强化通识活动主题深度与广度的最佳方式。为鼓励本校学生勇于挑战不同的生活，追求梦想，邀请名人到校演讲，激励学生学习名人勇敢追求生命意义的精神，进而坚持打造自己的道路，规划未来等。为鼓励学生与生活周遭联结，形成在地生命的观点，展现民众应有的道德和勇气，通识教育中心特别举办"关心在地，我要发声——通讯记者"通识活动比赛，请学生担任通讯记者，发掘、探讨与你我息息相关的公共议题，例如改造老旧小区、抢救环境生态、关心弱势族群，或者是校园周边交通安全、校园公共卫生等等。

3. 努力打造整合性的大学入门（或大学入门与工程伦理）课程。

大学入门课程是针对大一新生开设的全校性课程，用以协助学生：认识高等教育的理念、目的与价值；有效掌握正确的学习态度与方法；涵养正视困境并妥适因应的能力，借以实现自我认识、自我掌握和自我经营，从而建构宏观视野。在一学期的学习中，主要以主旨演讲的形式，和初入大学的学生讨论如下主题：课程导论暨大学教育理念及价值、校史馆及图书馆数据库指引介绍、生涯规划与时间管理、校友典范的学习与传承、情绪管理与压力处理、阅读力与思辨能力、民众教育与理性思辨、全球视野与语言力、绿建筑与永续校园、工程伦理等。

（三）核心课程和均衡选修混合模式

这种模式兼具核心课程和均衡选修的特征，以高雄科技大学为代表。

高雄科技大学以培育理论与实务并重的博雅专业人为教育目标，自成立以来各方面表现皆深获各界肯定。2010年，该校提出"迈向创业型大学"的策略目标，以期培育学生具备创新的特质，及拥有热忱、投入与分享的创业家精神。高雄科技大学的共同教育即广义的通识教育，该校共同教育课程以人文、社会关怀及培养学生健全身心为基础，培育学生发展多元、务实致用之知能，成为德术兼备的产业发展人才，并以本校发展愿景"亲产优质""创新创业"及"海洋科技"三大特色为主轴进行规划。

该校共同教育课程分为三大类别：一、校共同必修课程：包含大学语文、实务应用文、实用英文、体育、服务教育。二、核心通识：依本校重点特色分成"海洋科技与文明发展""生命探索与在地关怀"以及"创意创新与数字知能"三大领域。三、博雅通识：分成"美感与人文素养""科技与环境永续""社会与知识经济""历史与多元思维"以及"全球与未来趋势"五大课群。

该校大学部四年制学生毕业时应修毕之共同教育课程及学分数如下：一、校共同必修课程：包含大学语文（2学分）、实务应用文（2学分）、实用英文四学期（8学分）、体育四学期（0学分）、服务教育两学期（0学分），共计12学分。二、核心通识：三大领域各需必修2学分，共计6学分。三、博雅通识：五大课群各需必修2学分，共计10学分。

该校为增进大学教育内涵，提升学生精神涵养，培育学生综合判断力与批判思考力，使其成为"博雅的专业人"，并达到全人教育之目标，特依据学则规定，订定《通识教育实施要点》，以为通识教育实施之依据。

该校通识教育课程分为三大类：（一）核心通识，包括：1. 校通识，包括科技与社会、沟通与表达、创意与创新、校园服务教育、大一体育，2. 院通识；（二）博雅通识，包括人文与史哲课群、社会与"国际"课群、科技与创新课群、健康与安保课群。（三）辅成通识。

通识教育课程学分数：（一）核心通识：1. 校通识，包括科技与社会、沟通与表达及创意与创新各2学分，校园服务教育（两学期）、大一体育（两学期）各0学分，共计6学分。2. 院通识：6学分。（二）博雅通识：8学分。（三）辅成通识：2学分。以上合计22学分。

（四）关于通识教育课程模式的思考

其一，技职院校的通识教育尚处于探索阶段，课程模式还不太稳固。台湾地区技职高等教育从20世纪90年代大规模开展至今不过二十多年的时间，技职通识教育与此相似。早期技职通识教育模仿、复制综合性高校的做法，把原来的共同教育课程直接转换为通识课程，但是，随着共同学科的通识化，共同课程与通识课程均衡选修模式趋于消失。通识教育的开展是从把人类的知识分成若干领域，开设相应的选修课开始的。由于对通识教育理念缺乏深刻理解，出现了大量碎片化、肤浅化的通识课程，被学生戏称为营养学分。技职类院校多以理工类、管理类等专业为主，人文类、社会科学类师资储备的先天不足，也是阻碍技职院校通识教育发展的关键因素。为了提高课程质量，教育管理部门通过一系列的计划安排，投放教育资源，就课程标准、培养目标等进行引导，对通识课程的建设发挥了重要作用。面对少子化带来的技职院校生存危机以及经济低迷带来的更加追求实用技能的就业压力，技职通识教育也在不断调整变化，在通识课程的总体设计方面，不同院校在通识教育理念和培养专业技能人才方面会进行更多的尝试。

其二，技职通识课程中语文类基础课程占据相当比例，影响到通识教育目标的实现。各高校，包括技职院校和综合性院校都将通识课程视同大学共同必修课，学分数30约占毕业最低学分数128的25%左右，学分修完就算达到通识学习的要求。这30学分有一大部分是通过语文、英文或外语等基础课程获得的,很少有人认为它们是通识课程。专业课程和选修课程约占毕业最低学分数的75%,许多校系师生常常忽视通识教育,连选修课都要求学生修习专业科目。① 由于台湾地区实行技职教育和普通教育相分离的双轨制,技职生缺乏高中阶段进行的语文读写、表达能力训练,需要强化基础能力的训练。同时,全球化时代,技职学生面临竞争的压力,需要强化外语能力,以增强交流移动能力。个人发展也需要良好的语言表达能力。这些方面的外在压力都强化了对语文类课程的需求。要改革通识教育必须面对两个问题,其一是让共同必修的基础课程发挥通识教育功能,让现有通识教育更加有效;其二是由共同必修的通识教育(共同通识)向专业课程的通识教育(专业通识)延伸,让通识教育成为专业教育的核心,使学生的通识持续发展,整合为毕业时的专业核心素养。②

通识教育的目标究竟应该专注于"能力"还是"素养"一直存在争议,主要的问题仍在于素养的"能力化"、素养的"去文化化"。这些问题不仅使得通识教育的目标被零碎化,迫使通识教育工作者不断追逐特定的、迎合社会需求的核心能力,而且这些特定的能力实则并非通识教育真正应该达成的目标。通识教育全人发展目的只有在学习者与文化真实的相遇中才能达成。③ 所以,发挥通识教育课程在传承文明、凝聚人心、培养合格人才方面的重要作用,需要在课程设置方面进行更多的探索。

其三,核心课程建设情况是决定技职通识课程模式的重要因素。台湾地区教育事务主管部门通过的"通识教育中程纲要计划(2007—2010)",将"通识核心课程"界定为"低度选修"或强调为"必修"的基础及跨域整合类课程,并对高校符合要求的课程建设给予资金资助,对通识教育的

---

① 黄政杰. 以专业通识串联共同通识 [J/OL]. 通识在线, 2016, 62 [2018-9-10]. http://www.chinesege.org.tw/geonline/html/page4/publish_pub.php?Pub_Sn=132&Sn=1938.
② 黄政杰. 以专业通识串联共同通识 [J/OL]. 通识在线, 2016, 62 [2018-9-10]. http://www.chinesege.org.tw/geonline/html/page4/publish_pub.php?Pub_Sn=132&Sn=1938.
③ 方永泉. 能力乎?素养乎?——通识教育目标再思 [J/OL]. 通识在线, 2012, 42 [2018-9-10]. http://www.chinesege.org.tw/geonline/html/page4/publish_pub.php?Pub_Sn=19&Sn=1386.

发展发挥了导向作用。但是，2005—2007年哈佛大学的通识教育核心课程改革对台湾地区技职通识教育产生了重要影响。哈佛大学的通识教育一直独领风骚，为世界许多高校效仿的榜样，也为台湾地区高校所效仿。哈佛大学的本次改革，将原来的核心课程模式转变为分类必修模式，折射出核心课程模式面临的巨大困境，反映出一个基本事实：原来哈佛施行有年的核心课程，其理念、架构与具体实施情况，已无法满足剧变时代的真实需要。一方面，在高度分化与专业化的时代，我们自觉需要统整知识与基本核心能力的训练，以应付社会日益艰辛的挑战；但另一方面，我们对于哪些知识、学科或课程具有这样的统整能力，却有着不同的意见。当我们宣称某些东西是"核心"（如核心能力、核心知识或核心课程）时，"其基本条件是什么""到底什么知识或课程可以称得上是核心"，甚至"是谁的核心"，这些都是极其尖锐难解的问题。[①] 今日核心课程有一个重大困境，那就是大多核心课程设计仍受限于"学科中心主义"，也就是仍以学科知识为本位，来构思核心课程，而在不同学科中要找出"统一的思考方法"是不可能的。如果我们所要求的共同核心不再是共同的知识或核心的基础学科，而是面对21世纪剧变社会所应具备的生命态度与生活素养，"态度与素养的养成"将成为今日通识教育最重要的教育目标，那么核心课程的内涵将会有极大的变化。而课程怎样展演开来、如何促使学生产生深刻的体验，进而造成生命、态度与素养的更新变化，才是根本关怀。[②] 通识教育的实施与发展应强化反思面向、情景学习、回到学生本身。强化反思面向反对传统的单向度的灌输式教学，认为如果不能将授课内容与学生的个体经验连接起来，就不能发挥教育的效果。反思的工具包括阅读、写作、静思等，通过适当的操作可以起到促进批判性思考的作用。情景学习是品格教育的重要手段。将抽象的理论原则与鲜活的实例结合起来，与自我的成

---

① 邹川雄. 剧变时代下通识核心课程的总体省思 [J/OL]. 通识在线，2014，50 [2018-9-10]. http://www.chinesege.org.tw/geonline/html/page4/publish_pub.php? Pub_Sn=9&Sn=1615.
② 邹川雄. 剧变时代下通识核心课程的总体省思 [J/OL]. 通识在线，2014，50 [2018-9-10]. http://www.chinesege.org.tw/geonline/html/page4/publish_pub.php? Pub_Sn=9&Sn=1615.

长结合起来,才能发挥作用。身教、做中学、生活教育、典范教育等是主要途径。立德树人的教育过程要有讲清理论问题的自信,又要注意通过情景设置陶铸学生品格。回到学生本身即坚持以学生为中心,要关注学生自身的知识与成长需求,以此作为教学活动开展的基础和前提。①

(五)个案研究:朝阳科技大学的"哲学概论"课程②

通识教育核心课程的授课状况究竟怎么样呢?它是如何体现通识教育的教育理念的?教育事务主管部门于2015年推出"补助技专校院推动改革通识课程计划",补助三类课程,分别是 A 类,由个别教师开设的单一通识课程;B 类,由三至五门通识课程共同组成的通识课群;C 类,由通识课程与专业课程所组成的跨领域课群。此计划的主要目的是借由课程计划引起全校对通识教育的重视,所以以补助课群为主,单一课程为辅。朝阳科技大学刘振维老师的"哲学概论"与另外两位老师的"心灵经典导读""人生哲学"课程作为"生活中的哲学涵养"课群共同申报并获批纳入该通识教育革新计划。我们以刘振维老师的"哲学概论"课为例,深入了解通识教育核心课程,以期窥斑见豹。

第一,课程设计体现通识教育理念。

课程设计理念或背景:本课程基于"我们要生活于何种环境"的疑问而产生。因此,在课程中主要以生活中几项重要的人生问题作为课程引导核心。其中包括:哲学的内涵、人在生活中的思辨能力、人与人之间的沟通表达能力以及人生美感体验能力。

课程目标:本课程旨在使学生理解"哲学"的内涵、"哲学"的探索,思索真理、追寻典范,期望能达到以下目标:1. 认识哲学基本问题;2. 认识哲学思索;3. 培养哲学思考与判断;4. 关怀自我与人间世界;5. 理解

---

① 林从一. 台湾通识教育发展方向 [J/OL]. 通识在线, 2014, 54 [2018-9-10]. http://www.chinesege.org.tw/geonline/html/page4/publish_pub.php? Pub_Sn=17&Sn=43.
② 参见刘振维. 生活中的哲学涵养期末报告 [EB/OL]. [2018-10-20]. https://ge.cyut.edu.tw/p/412-1023-924.php? Lang=zh-tw.

人生、科技的意义及面对问题的解决方法。

课程设计逻辑：本课程为配合朝阳科技大学校订学生核心能力（艺文涵养与沟通能力、终身学习与独立思考能力、社会关怀与互助合作能力及科技应用与问题解决能力），介绍了一些哲学基本概念，引导学生于日常生活中自我反思。课程涉及哲学的意义、内涵、表述、用途，理解认知的困境、形上的意义、伦理的要求，思索人生的限制及其可能的超越。本课程打破以哲学家为主体的方式，而以问题作为阐述核心，通过中西哲学理论并陈，正反意见并列，刺激学生对自我人生的思索。本课程除了平时由授课教师以讲演方式授课以外，还邀请校外学者莅临班级演讲，要求学生必须撰写反思札记，并必须选一哲学议题上台发言。助理将考核学生组别学习出席次数，以及各位学生参与讨论程度、上课发言次数，酌加记录，作为平时成绩。学期末举办一次学生成果发表会，借此交流，培养学生面对多样价值的尊重态度。

课程拟达成的核心素养：逻辑思辨、沟通表达、鉴赏美感。

第二，教学内容及教学活动安排体现并落实教学目标。

"哲学概论"课程内容及教学成果

周次	课程内容	指定阅读/教学活动安排
第1周	课程说明	讲授课程内涵
第2周	哲学的意义	帕斯卡《思想录》、芝诺悖论（亚里士多德《物理学》）、罗素悖论/撰写反思札记
第3周	哲学的内涵	知识三条件、桶中之脑、形上学的意义、伦理学、价值哲学/撰写反思札记
第4周	哲学的表述与用途	语言、得意忘言、哲学烤不出面包、无用之用、怀疑一切、知识即美德/撰写反思札记
第5周	哲学的思辨	思辨的意义、世界的本原、白天鹅悖论、上帝能够被证明出来吗、奥坎剃刀、世界的意义在世界之外/撰写反思札记
第6周	认知的困境	皮浪主义、人是万物的尺度、心灵是白板、存在即是被感知、休谟难题、桌子的本来面目、鸭兔图/撰写反思札记

续表

周次	课程内容	指定阅读/教学活动安排
第7周	唯心与唯物	给我一个灵魂、人的意识能否独立存在、形神之辩、灵魂的回忆、花园里的奇迹、世界竟然存在/撰写反思札记
第8周	人与自然	宇宙大还是人的思维大、渔夫与金鱼、技术的座驾、机械与机心、吾与点也/撰写反思札记
第9周	期中报告	学生小组报告/撰写反思札记
第10周	校外学者至校演讲，演讲者：佛光大学文化资产与创意学系副教授施维礼	讲题：文化反思/撰写反思札记
第11周	生死议题	"未知生，焉知死"、鼓盆而歌、佛教的"六道轮回"、迈向死亡的存有/撰写反思札记
第12周	人生的内涵与意义	逝者如斯、匆匆的过客、苦海无边、潘多拉的盒子、社会的动物及责任、偶然与认知、心灵的锻炼/撰写反思札记
第13周	人生的超越	普罗米修斯的故事、禁果、精神的鸦片、上帝死了、主体性与现代性/撰写反思札记
第14周	幸福与快乐	十字路口的赫拉克勒斯、叔本华的钟摆、为仁由己与孔颜乐处、伊壁鸠鲁的快乐、斯芬克斯之谜/撰写反思札记
第15周	存在与自由	杨朱泣歧、存在先于本质、他人就是地狱、自由的枷锁、弗洛伊德的冰山、自由与自在/撰写反思札记
第16周	校外学者至校演讲，演讲者：华梵大学哲学系副教授伍至学	讲题：哲学的反省/撰写反思札记
第17周	期末报告	学生小组报告/撰写反思札记
第18周	期末学生发表会	选三份优秀报告分享他班同学

在教学内容的安排上，突出特点就是按照哲学领域中的典型问题而不是哲学家或者学科知识结构进行安排，体现了通识教育统整知识与生活、

着眼思辨能力与问题解决的理念追求。哲学是人们把握世界的一种方式。现代人面对的生存问题，或许能够从前人的哲学思考中获得某种启迪。提炼古今人生中面临的一些共同问题，选择典型的案例或者故事来呈现，就成了"哲学概论"这门课程的典型特征。课程选取了"哲学的意义""哲学的内涵""哲学的表述与用途""哲学的思辨""认知的困境""唯心与唯物"等具有抽象与纯粹性特征的议题，也选取了"人与自然""生死议题""人生的内涵与意义""人生的超越""幸福与快乐""存在与自由"等与人生有密切关联的议题，启发学生思考，形成相应的价值判断和处理问题的能力。与此相关的是授课内容贯通中外古今，有利于学生在不同观点的冲突、融合中形成自己的认识和判断。

在教学活动安排上，本课程紧扣提高思辨能力和沟通表达能力的通识教育目标，进行了合理的安排。其一，每次课都让学生结合授课内容撰写反思札记，约三百字，锻炼了学生的思辨能力和文字表达能力。该课程的主要授课方式是讲授，通过讲演和课件呈现丰富的授课内容。但是如果只是聆听，还不足以达到培养思辨能力的目的。通过要求学生撰写反思札记，可以在课程议题与学生生活经验之间建立连接；通过理论思考，可以深化对问题的理解和思考，并培养自己表达思想的能力。其二，以小组讨论和在课堂上发表观点的形式激发思考，培养学生的沟通表达能力。课程要求每个学生都要在课堂上发表自己对某个议题的观点，客观上刺激学生调动潜能，去思考和完成相应任务。其三，设置论题，指导学生完成课程报告，形成思考和表达的成果。"哲学概论"2016年第一学期共设定了二十五个议题，要求学生或个人或小组选择一个议题，期中完成五百字的报告，期末完成一千字以上的报告。这些议题包括：1. 世界真的能被认知吗？2. 我们的宇宙真实吗？3. 知识应该要证明才算知识吗？4. 我们总是可以合理说明自己的信仰吗？5. 追求真理是否可能不具利害关系？6. 世界的本原是心灵还是物质？7. 思维能否正确认识存在？8. 世界是静止的还是运动的？9. 上帝存在吗？10. 宿命论是否成立？我们有自由意志吗？11. 人真的自由吗？12. 人能摆脱成见吗？3. 抗议就代表正义吗？14. 何谓公平？15. 追求平等是否危及正义，也伤害自由？16. 我们是否能不受政治影响而仅仅遵循道义行事？17. 少工作是否能活得更好？18. 人的欲望是否无穷？我们是否总是知道欲望所指？19. 什么是人性？20. 幸福是一定要追求的吗？21. 最好的道德体系是什么样的？22. 艺术家是其作品的主宰吗？23. 为什么要试着了解自己？24. 为什么要追求美？美是什么？25. 为何要做一个"诚与信"的人？教师通过议题的设定，能够很好地发挥对学生的引导作用。这些议题本身与学生的实际生活密切相关，具有讨论和思考的意义和价值。

第三，制作数字化学习档案，强化教学过程和通识教育目标的关联性。

根据台湾地区教育事务主管部门通过的"通识教育中程纲要计划（2007—2010）"，各高等院校开展了"以通识教育为核心的全校课程革新计划"，该计划除了支持通识核心课程建设外，还开展了优异通识课程学生学习档案数字化工作。所谓优异通识课程学生学习档案，是指学习成绩优异学生的通识课程作业、试卷、学期报告及口头报告等档案。该计划希望通过将表现优异的通识课程学生的学习资料制作成学生学习档案，数字化建档置于网站，并加以报道推广，以呈现学生的优良学习历程及成果，树立学习典范，达到"传播优良读书风气"的目的。

各技职院校网站展示的优异通识课程学生学习档案一般分为不同的等级，如第一名、第二名、第三名等；学习档案在结构上一般包括自我简介、学习计划（选课理由、学习目标等）、学习历程、学习心得、成果展示、自我反思等几部分。学习档案是展示通识教育成果的窗口，不仅对学生学习通识课程具有示范作用，而且对制作档案的学生而言，也是一个系统整理学习资料、强化学习效果的过程。其一，通过整理授课内容，形成较为系统的知识体系。通识课程指定的教材往往较多，教学内容散见在不同的地方，通过阅读、整理、制作，将会完善学习者的知识体系。其二，思考和沟通表达贯穿整个教学过程，通过撰写、整理学习心得，论题发言以及对课程的教学反思，学生养成了思考和表达的习惯，有利于通识教育目标的实现。

三、非正式课程

为了达到通识教育的目的,技职院校除了开设正式课程外,还开设了大量的非正式课程或潜在课程。所谓潜在课程,是指学校通过教育环境(包括物质的、文化的和社会关系结构的)有意或无意地传递给学生的非公开性教育经验(包括学术的与非学术的,较偏重于情意方面的非学术性内容)。[①] 这些非正式课程或潜在课程大多体现跨领域学习、行动导向/问题解决导向等通识理念,以社会实践、劳作教育、服务学习、通识讲座、读书活动等形式开展,营造通识教育的氛围,达到环境育人的目的。

(一)劳作教育

劳作教育是台湾地区高等院校通识教育体系中颇具特色的领域,几十年劳作教育实践积累的丰富经验、建立的完善制度,使其成为通识教育开展的重要方式与途径。

劳作教育的思想和实践起源于19世纪末20世纪初的欧洲,其代表人物是被尊为劳作学校运动始祖的德国著名教育家乔治·凯兴斯泰纳。1901年,凯兴斯泰纳出版《公民教育》一书,力倡公民教育和劳作教学。1905年,正式提出"劳作学校"概念,此后这一概念逐渐得到认可,欧洲各国随之兴起了"劳作学校运动"。1912年,出版《劳作学校的概念》,简明扼要地阐述劳作学校的教育原理和方法;同年出版《公民教育的概念》和《性格的定义及性格教育》,构建起劳作学校的理论体系。

凯兴斯泰纳的劳作学校理论,就是"公民教育职业化""职业教育公民化"的教育理论。他认为教育的目的就是以"理想"的国家为最高目

---

① 靳玉乐. 潜在课程简论[J]. 课程·教材·教法, 1993 (6): 48—51.

标,造就对国家有用的公民;设置劳作学校,培养学生的职业技能和公民道德则是其实现途径。在劳作学校教学的组织实施方面,凯兴斯泰纳认为要设置独立的手工劳作课和实习工厂,实施团体劳作,在活动中陶冶儿童的性格,认为只有在团体劳作中,才能养成献身、自制、责任感、正义、勤奋、细心等基本的道德品质;理想国家所要求的新型公民,只有在活动中才能养成坚强的意志力、正确的判断力、敏锐的感觉力、心情的亢奋力等性格特征,劳作学校即"性格陶冶的学校"。[1] 凯兴斯泰纳的劳作学校理论和实践对如何协调职业教育和普通教育的关系进行了探索,尤其是对劳动在学生性格养成、公民道德形成过程中的重要价值进行了阐释,在欧美教育革新运动中独树一帜,影响深远,欧美国家在教育改革中纷纷相互学习和借鉴,并在很长一段时间广泛流行。

20世纪初期,美国教育家杜威提出的"教育即生活""做中学"思想也为劳作教育的开展提供了思想支撑。杜威认为,"教育即生活"首先意味着教育要关注儿童当下的生活,因为真正的教育是通过对儿童潜能的有效刺激发挥效用的,而这种刺激是儿童当下生活中各种要求引起的。"教育即生活"另一重要意义是重视主体间的社会交往。在杜威看来,社会交往本身就是一种教育过程,它对个人具有重要教化功能,个人在一定社会环境中生活的过程同时也是一个接受教化的过程。"社会环境能通过个体的种种活动,塑造个人行为的、智力的和情感的倾向。"[2] 个人在社会交往过程中所必需的行为、性格和态度等方面的发展是无法通过单纯的"静听"实现的。真正的教育存在于共同的社会活动中,"人参与某种共同活动到什么程度,社会环境就有多少真正的教育效果"。[3] 杜威对生活经验的重视、对社会交往在个人行为、情感方面的重要作用的肯定,对劳作教育的实践产生了重要影响。

---

[1] 李锐. 凯兴斯泰纳"劳作学校"理论探讨 [J]. 安徽师大学报(哲学社会科学版), 1992 (3): 311—317.
[2] 杜威. 民主主义与教育 [M]. 王承绪, 译. 北京: 人民教育出版社, 1990: 18.
[3] 杜威. 民主主义与教育 [M]. 王承绪, 译. 北京: 人民教育出版社, 1990: 24.

台湾地区高等院校开展劳作教育始于东海大学。1955年创立的东海大学是台湾地区最早倡导并成功实施劳作教育的大学。台湾地区最先提出劳作教育概念的是东海大学的芳卫廉博士,他认为东海大学不应只培养动脑不动手的"士大夫",而应培养手脑并用的人才。东海大学在考察国外高校劳作教育制度的基础上,决定对美国高校的劳作教育加以改进,创立劳作这一特殊教育模式。第一任校长曾约农教授曾表示,劳作与课程在教育制度中有相辅相成的效果,做人与治学在教育精神上双翼并重。设立劳作教育制度的目的是培养学生的健全人格、良好品德与正确价值观念,以期日后贡献社会,服务人群。具体来说,劳作教育的任务包括:使学生在接受大学教育期间能逐渐培养其自律、负责、合作、关怀等待人处事态度;帮助经济有需要的学生,得以借工读助学金顺利完成学业;经由专业服务学习、自组服务学习团队,引导学生关怀社会,尊重差异,适应社会发展。① 历经半个多世纪的勤勉淬炼和薪火相传,东海大学劳作教育模式已成为台湾地区高等教育领域的典范。在台湾164所高等院校中,已有超过70所高校仿学东海大学设立劳作教育制度。②

20世纪末是台湾地区私立技术学院和科技大学办学的繁荣期。朝阳科技大学创立于1994年,该校是台湾地区第一所私立科技大学。自创校之初,朝阳科技大学就重视学生的生活和伦理教育,借鉴东海大学劳作教育完备的制度和优良的传统,大力推行劳作教育并实施劳作教育课程。我们以朝阳科技大学为例,了解技职院校劳作教育的开展状况。

第一,劳作教育旨在塑造健全人格及正确价值观念。

台湾地区教育事务主管部门于2010年制定了《鼓励技专校院开设劳作教育及服务学习课程实施要点》,明确了台湾地区高校开设劳作教育与服务学习课程的目的——"借由开设劳作教育及服务学习课程,培养学生具

---

① 东海大学劳作教育处.东海大学劳作教育制度介绍[EB/OL].[2021-07-24]. http://labor.thu.edu.tw/.
② 罗筱霖.高校人格素质教育的重要途径——台湾东海大学劳作教育制度及其启示[J].开封大学学报,2013(4):72—75.

备良好的工作态度与服务热忱,以形塑学生健全人格及正确价值观念"。

朝阳科技大学首任校长曾腾光认为,劳作教育是对学生开展学校重视的生活教育和伦理教育的重要形式。劳作教育通过让学生参与清洁维护生活和学习环境的工作,培养学生刻苦耐劳的工作态度及服务奉献的精神,建立"身体力行,手脑并用,爱校惜福"的校园文化,同时,培养学生自己动手、吃苦耐劳的习惯,也是对技职教育特色的凸显。① 经过多次修订的《朝阳科技大学劳作教育实施办法》规定,设置劳作教育课程的初衷是"使学生爱惜环境,学习手脑并用与身体力行,体验服务学习理念,培养正确价值观念,期以劳作务实之精神,日后为产业界奉献,服务社会人群",规定劳作教育作为教育制度中的重要一环,其目的在于使学生在受本校教育期间,培育日常生活的良好习惯,尤以为自身生活之环境提供当尽之义务,并尽其所能为团体服务为重。②

第二,劳作教育建立专门的组织结构和完善的管理制度。

朝阳科技大学成立服务学习指导委员会,负责统筹规划与推动全校劳作教育改革,指导其工作的改进。学校在学生事务处下设服务学习组,具体负责组织、实施、管理、评价学生劳作教育。

台湾地区高等教育施行细则第二十四条提出"大专院校课程由各院校依其发展特色及产业需求自主规划",为使各校开设劳作教育与服务学习课程有所依循,台湾地区教育事务主管部门制定了相关法规,如《大专校院服务学习方案》《鼓励技专校院开设劳作教育及服务学习课程实施要点》。为保障劳作教育有效有序开展,台湾地区高等院校已建立起比较完善的制度体系。2010 年 7 月 7 日,台湾地区教育事务主管部门通过《鼓励技专校院开设劳作教育及服务学习课程实施要点》,对技专院校开设劳动教育和服务学习课程进行了顶层制度设计。该实施要点规定,实施劳动教育和服务学习课程的目

---

① 曾腾光. 实施劳作教育制度的教育功能——以台湾朝阳科技大学之经验为例 [C]//2008 海峡两岸应用性技术与职业高等教育学术研讨会, 2008.

② 朝阳科技大学学务处服务学习组简介 [EB/OL]. [2021 - 07 - 24]. https://stafof. cyut. edu. tw/p/412 - 1003 - 834. php? Lang=zh-tw.

标为落实"生活即教育"理念，培养学生养成随手服务及勤劳敬业的良好习性；鼓励学生参与各类服务学习，培养其服务人群与贡献社会的精神。相关课程可采用必修或者选修方式，有专门的机构制定具体的规章制度等。

朝阳科技大学《劳作教育实施办法》是关于劳作教育的纲领性文件，总体规划了劳作教育的组织实施机构、推行方式及考评，并对课程性质、奖惩等做了原则规定。劳作教育相关的规章制度还包括《基本劳作教育实施要点》《团体劳作教育实施要点》《学生工读助学金作业要点》《服务学习课程实施办法》《学生兼任助理学习与劳动权益保障要点》《服务学习指导委员会设置要点》等。朝阳科技大学每学年均制定详细的、合理的、具有可操作性的学年度劳作教育计划和目标，指导师生开展劳作教育。学校在学生资讯管理系统中开发了劳作教育考勤模块，对学生劳作教育出勤进行信息化管理。学校在经费方面给予支持，每年编列除行政业务费外的劳作教育经费，包括劳作教育倡导费、劳作器具费、劳作项目计划费，以及工读奖助学金、实习组长勤工俭学费等。[①]

第三，劳作教育的具体实施方式。

朝阳科技大学《劳作教育实施办法》明确规定："劳作教育为必修 0 学分，成绩以 60 分（含）以上为及格；劳作教育不得免修，成绩不及格者应重修，劳作教育成绩及格方准毕业。"朝阳科技大学劳作教育分为基本劳作教育和团体劳作教育，四年制技职教育（简称"四技"）新生修习基本劳作教育，选择早、中、晚一个时间段进行劳作，每天至少劳作半小时，每学期在三个不同地点劳作；二年制技职教育（简称"二技"）新生则修习团体劳作教育，由班导师指导、小组长带领，每周至少参加两个小时的校园团体劳动。

1. 基本劳作教育。朝阳科技大学规定，除进修部、境外生以外，所有四年制一年级学生均须接受基本劳作教育。时间为期一年，周一至周五每人每日服务三十分钟，每日分三个时段选择实施：早（7:30—8:00）、午

---

① 梁燕.台湾地区高等院校开展劳作教育的现状和启示——以东海大学和朝阳科技大学为例[J].世界教育信息，2019（12）：42—46+53.

(12:20—12:50)、晚（17:30—18:00）。其劳作时段与区域由本组负责分配。基本劳作教育的内容主要包括负责校内各大楼内部及周围场所的环境卫生，清扫教室及厕所，清扫其他公共场所，以及其他本组指定的各种服务性工作。基本劳作教育由高年级学生担任小组长，带领大一新生参与宿舍周围场所、教室及校园环境的清洁维护，并通过每梯次轮调的方式使其熟悉校园各个角落，以增强对学校的认同感。

2. 团体劳作教育。所有二技新生、转学生、外籍生须参加团体劳作教育，各班导师（班主任）担任指导教师，带领学生参与该班承包区域的校园草坪维护，并参与社会服务、协助弱势群体服务，通过团体互动及导师参与，维护校园、居住校区环境，增进师生和同班同学的情谊，关爱呵护社会民众，培养学生的分工合作与团队精神。①

劳作教育的监督人都是学生，从学生中找出有服务意识、责任心强的学生进行培养担任劳作教育小组长、栋长、大队长，对劳作教育进行监督管理。据校方表示，这种劳作教育一方面培养学生的服务意识及领导能力，另一方面培养学生进入职场后能弯得下腰的能力。因此，虽然朝阳科技大学在实施劳作教育的过程中遇到很多阻力，但自创校以来坚持实施劳作教育，已经成为台湾地区相关学校效仿的对象。据相关负责老师表示，虽然请保洁公司的费用会远远低于目前学生团队管理的补助费用，但是学校愿意培养学生的服务意识及领导能力。目前劳作教育效果显著，学校终年保持非常干净的样貌。学生在进入工作岗位后适应程度都比较高，很少出现眼高手低的情况。②

3. 考核及奖惩规定。

基本劳作教育成绩注重日常出缺勤与实践考评，日常出缺勤由本组任课老师指定小组长协助执行，做成记录。实践考评按责任感、守时性、工作效率、是否爱惜公物、合作程度、主动性等表现由小组长分别评定，平

---

① 王梅珍. 台湾职业教育考察 [J]. 浙江纺织服装职业技术学院学报，2004 (2): 65—67.
② 王胤炇. 台湾朝阳科技大学人才培养特色观察 [J]. 文教资料，2019 (5): 130—131＋160.

时送导师了解据以辅导学生，并作为期末成绩的核算根据。评分表格由本组统一印发使用并汇整，修习成绩不及格者应重修，重修方式经服务学习指导委员会核准后实施。凡学生因故不能出席基本劳作教育者，须依规定向本组办理请假手续。

基本劳作教育奖励方式如下：（一）劳作教育贡献奖：由应届毕业生提出申请，经审核后遴选优秀学生数名，于毕业典礼颁发奖牌一帧。（二）劳作教育优质奖：基本劳作教育学生劳作教育成绩为各班前三名者，获颁中英文奖状一帧；各班第一名者并获颁金戒指一只或优质奖品一份。（三）劳作教育全勤奖：基本劳作教育学生劳作教育全学年全勤者获颁中英文奖状一帧。（四）基本劳作教育生经遴选为优秀小组员者，由学生事务处服务学习组颁发荣誉奖状一纸，以资鼓励。基本劳作教育学生学期全勤且按时劳作者，予以记小功二次。

根据本校的经验，在实施劳作教育的方法和步骤上，大致可分为实施前（前置作业）、实施初期（实施第一年的第一学期）和实施后期（实施第一年的第二学期开始以后）三个阶段，详细的工作情形如下。

实施前的前置作业，包括取得实施劳作教育的法源依据，在董事会议及校务会议中形成决议列入记录；成立劳作教育筹备小组，规划劳作教育的工作单位、工作进度、人员编制、教育内容和经费预算，收集劳作教育有关资料；成立管理劳作教育制度的劳作教育组；拟订实施劳作教育相关办法（订定劳作教育章程；订定劳作教育指导委员会设置要点；将基本劳作教育成绩考核办法列入"学则"中；在招生简章中公开宣示"本校实施劳作教育制度"；规划劳作区域，并做好纸上学生编组作业；与教职员密切沟通推动工作的观念，共同努力促使达成劳作教育制度订立的目标）；编订预算采购劳作清扫工具，以及支付小组长的工读费；甄选并训练高年级优秀学生担任小组长，以带领学生做好劳作。

实施初期阶段的重点工作包括：在新生入学讲习中，说明实施劳作教育的意义、规定以及请学生配合的事项；让每一位学生了解工作内容、品质要求和地点所在；请小组长切实做好督导和点名工作；随时疏导学生的埋怨和不满；经常请师长和小组长讨论劳作教育的改进事宜；鼓励系主任及导师一起参与劳作教育工作。

实施后期阶段的重点工作包括：广泛听取小组长和学生的意见，并经常在各种集会中感谢学生的服务与奉献；要求维持劳作的品质；公开表扬劳作表现优秀的学生；请各班导师继续参与和支持劳作教育工作；定期召开劳作教育指导委员会议。

除了上述劳作教育的实施方式和步骤外，用什么办法去化解阻力，让同学"心悦诚服"地参与劳作，也是一件不可忽视的事。我们经常会运用一些有利于推动劳作的口号，为参与劳作的学生打气鼓励，以减少劳作制度推行时的阻力。这些从学生立场思考的有用口号包括："劳作教育使我们在干净整洁的环境中学习和成长""服务一年，享受三年""劳作就是最好的运动""人人都动手，环境会更好""劳作是人际互动最好的媒介"以及"劳作是培养良好工作态度最佳的场所"等等。

另外，须提及的是，小组长在推动劳作教育中扮演着举足轻重的角色，他们协助劳教组向学生宣导劳作教育的意义，向劳教组反映学生的意见，并帮助学生解决参与劳作时遇到的相关问题。小组长的表现和人选适当与否，不仅影响着学生对劳作教育的认知，更是学校劳作制度能否顺利推动的关键。所以，小组长的甄选、培训、督导和考核的工作都很重要，上述每个环节皆须留意，不可忽视。

第四，劳作教育的效果。

绝大多数学生均接受了劳作教育的课程和精神，"服务一年，享受三年"的口号深入每位学生心中，培养了学生勤劳动手的习惯及分工合作的团队精神。学生养成了守时、合作、勤劳、负责、服务与爱护校园的习惯，增强了对学校的归属感、认同感。学生不分男女、不分贫富一律参加劳作教育，人人平等，没有例外，没有特权。学生珍惜自己和他人的劳动成果，无比爱惜校园，随地丢弃垃圾、制造脏乱的情形极少，校区比其他院校要整齐清洁，提高了学校的竞争力和学生对学校的向心力。同时，团体劳作教育中的社会服务，增进了学校与附近社区的和谐关系。从该校"毕业生满意度调查"结果来看,推动劳作教育有助于提升学生的人际互动、团队合作能力,能够有效提升学生的职场竞争力,深受毕业生肯定;从"雇主满意度调查"结果来看,98.63%的雇主高度肯定该校学生具备勤劳务实与谦恭有礼的人格特质,表示愿意继续聘用该校毕业生。① 虽然不同的调查目的有不同的题目,但在实施劳作教育后校园的整洁度,培养学生良好生活习惯、服务精神、团队合作、对校园的认同与归属感等题目中,其结果皆为正向的,由此可以证明劳作课程对学生的价值观产生了正面而积极的影响。

劳作教育不仅能够唤起学生的劳动热情,培养学生的意志品格,还能够加强对学生职业道德观念的培养。朝阳科技大学的毕业生之所以能够得到用人单位的青睐,与该校开展的劳作教育大有关系。学生在劳动过程中一方面形成了能屈能伸的处事态度,另一方面锻炼了领导能力。目前我国大陆地区应用型本科高校可以结合学校特点,在一定范围内试行劳作教育。例如,将部分高校正在实行的义工制度与朝阳科技大学的劳作教育相结合,让学生在劳动实践中锻炼自我,同时在劳动过程中形成良好的品格。②

(二) 社会实践课程

多数技职院校将"社会实践"作为一门通识课程开设,有的计入学分,有的只是纳入必修环节,不计学分。

近年来,台湾地区大专院校以更直接的方式介入社会,并形成一种新风潮。授课、发表学术论文可以说是大学与社会互动最基本的模式,专利发表、技术移转、产学合作、承接公私部门计划、学生实习、参访、访谈田调等,也是常见的大学与社会互动的方式。这些方式可以说相对单纯:校方带着明确的目的进行研究、教学、技术移转。台湾地区近年来实施的

---

① 杨秀琴,皮坤乾.台湾技职院校学生就业"软实力"培养的启示——以台湾朝阳科技大学为例[J].职业教育(中旬刊),2017(3):10—13.
② 王胤婍.台湾朝阳科技大学人才培养特色观察[J].文教资料,2009(5):130—131+160.

两个大型实践计划,反映了这样一种社会风潮,即希望大学能形成一种实际进入地方、解决地方议题的实践与研究模式,以尽到大学的社会责任。①

首先是 2012 年启动的由台湾地区科技事务主管部门主导的人文创新与社会实践计划。其官网"新作坊"介绍道:"期待以人文关怀及学术研究创新的角度,探讨当前台湾地区所面临的社会问题。通过议题研究与社会行动方案设计,彰显人文与社会科学对于社会改革的贡献,以在地实践、突显区域特色的方式,营造更有质量的生活环境。与此同时,也希冀鼓励大学履行社会责任,建立多元学术典范,创造大学制度变革的可能性。"另一项大型实践计划是 2017 年教育事务主管部门主导的大学社会责任实践计划(USR)。该计划认为,大学因为获得公共资源挹注而得以汇集各个专业领域的精英,但是近年社会问责的声浪也越来越高,认为大学师生除了在自己专业领域持续研究创新外,更应该主动积极和当地社经及产业发展结合,将知识传递给社会大众,带动所在地区繁荣与发展,以实践大学的社会责任。大学将社会责任列为校务发展的重要项目已是全球趋势,欧盟也提出了"大学社会责任参照架构"。台湾地区教育事务主管部门为强化大专院校与区域联结及合作,实践大学社会责任,培育能为在地发展创造价值的大学生,于 2017 年启动"大学社会责任实践计划",引导大学师生组成跨领域团队,在区域发展中扮演地方核心智库角色,主动发掘在地需求,并通过在地优势分工合作解决问题,带动当地企业及社区文化的创新发展;通过学习与参与,让大学生也能感受到自己"被社区需要",凝聚在地认同。

台湾科技大学将"社会实践"课程纳入共同学科的范围之内,并且构建了专门的"社会实践课程系统"操作平台,为学生、教师、助教、团体提供资料下载、课程管理、成果分享等服务。平台设有"团体提案招募专区",为社会实践计划没方向的学生提供支持。

近年来,台湾科技大学于在地关怀、产业链接、永续发展上已经累积

---

① 张育诚. 大学如何地方实践? 一些行动参考 [J]. 当代通识,2020 (2):1—22.

相当成就,并将"重视全人教育,培育优质人才""聚焦优势领域,释出研发能量"及"强化社会责任,协助城乡发展"三项与大学社会责任相关的策略明确纳入本校校务发展目标。台湾科技大学以发展具有科技创新与产业应用的全球化应用研究型大学为愿景,衡量此发展特色,并参考联合国十七项永续发展目标(SDGs),建构本校"在地关怀"与"产业发展"双核心发展的蓝图,两者共同构成"永续环境"的价值。蓝图除了强调整合性的投入,亦勾勒出学校与社会互动互利的关系,于校内做到跨系所的横向联结,以全人观点统合实务问题的跨领域特质,兼顾环境、社会、经济、文化价值的平衡发展,"在地关怀"及"产业发展"由居中的"永续城市"与"韧性基础建设"加以联结。

"大学社会责任实践计划"(USR)自 2017 年度启动以来,已风起云涌地在台湾地区各大学遍地开花,台湾科技大学作为技职教育高等学府,深知大学为社会正能量提供原动力,鼓励学生组成行动工程师团队(EIA)、I-Villages 团队、共好团队(PLG),深入偏乡部落,足迹跨越全球范围各个地区,呼应了永续发展的目标。

台湾科技大学"大学社会责任实践计划"历年项目

年度	类型	计划名称
试办 2017—2018	萌芽型	I-Villages 城乡牵手计划
	深耕型	迈向可持续性成长的安全绿社区
第一期 2018—2019	种子型	共好:走在我的身边,成为我的伙伴
	萌芽型	无"国界"行动工程师培育计划
	萌芽型	I-Villages 城乡牵手计划
第二期 2019—2020	大学特色类萌芽型	社区更新活化与韧性提升——以公馆城南聚落为例
	大学特色类萌芽型	i 设计 爱学习——营造老少共学的多媒体互动智慧生活环境
	大学特色类萌芽型	共好 2.0:走在我的身边,成为我的伙伴
	大学特色类萌芽型	I-Villages Plus 城乡牵手深化计划
	联结类深耕型	行动工程师培育计划
2020—2021	USR Hub	"跨国"合作,改善在地水产养殖环境

此外，本校于共同必修科目中规划"社会实践"领域，积极鼓励全校师生将专业知能融入生活实践，一同走进社会，学习社会参与，带给人们正面影响，进而"在行动中学习""在生活实际情境中学习"，培养学生的负责与合作态度，增进才智，更要提升器识和眼光。①

（四）通识教育活动

屏东科技大学将通识教育讲座列入整体课程架构，并规定了1学分。2018年第二学期的通识教育讲座主题分别为："鱼虾营养知多少""把全世界当教室""有种生活风格叫小镇——从民宿、社区到小镇的社会实践省思之路""《你的孩子不是你的孩子》的奇幻冒险""站在土地上唱歌""创芯DNA，视界不一样""不服输的骨气：屏东女孩勇闯世界的逆境哲学""白色恐怖、转型正义以及我们的责任"。这些讲座主题各异，多聘请知名学者、专家、行业名流，通过讲座分享他们的成长经历以及对社会热点的认识等，开阔学生视野，起到思想启迪的作用。

朝阳科技大学的通识教育讲座也丰富多彩。如2019学年举办了多场讲座，主题包括"环境科学中的文化活动""我的学思历程与水利工作参与""体适能健身与生活"等。2021学年通识教育讲座的主题分别是"网络犯罪与资讯安全""手机陷阱与使用安全""大学生活与著作权""智慧财产权犯罪与保护"。此外还举办"微型课程"系列讲座，如大学入门讲座系列微课程。又如另一系列的微课程，主题包括"文案企划行销（文宣海报制作）""影片剪辑教学（微电影制作）""Photocap绘图修图教学""太阳能动力小车制作教学""进阶动力小车组装手机遥控（加强影像控制）"等。此外，朝阳科技大学还举办通识教育成果展览、校外参观访问、社区服务学习、各种比赛座谈会等，营造了浓厚的通识教育氛围，有利于通识教育目标的达成。

---

① 台湾科技大学"大学社会责任实践计划"[EB/OL].[2022-2-10]. https://usr.ntust.edu.tw/about.

弘光科技大学注重潜在课程、形塑校园文化与终身自我学习,举办各类艺文活动与通识周,推动悦读计划,建构丰富多元的潜在课程环境,促进终身自我学习。举办"人文精神读书心得书·画活动""全校中文写作竞赛"等活动,通过评奖等形式,激发学生阅读和写作的兴趣,锻炼和提高了学生亲近文本和写作的能力。在活动中通过设定主题,如"人与生命""人与自我""人与自然""人与社会"等,激发学生思考,涵养人文精神。弘光科技大学还举办"博雅教育 幸福人生"通识教育周活动,通过讲座、研讨会等活动,营造了浓郁的人文氛围,有利于提高人文素养。

四、组织管理模式

通识教育课程的实施就是把其课程方案付诸实践的过程,是通识教育能否落到实处的关键环节。一般来讲,影响课程实施的主要因素有课程方案的特征、教师的特征、学校的特征和校外环境的特征。[①] 在台湾地区通识教育课程实施过程中,能否组建完备的通识教育专门机构、能否获得良好的外部环境支撑,成为影响通识教育课程有效实施的关键因素。在台湾地区,技职通识教育形成了完备的组织管理体系,包括上层的教育事务主管部门和基层的各技职高等院校两个层级。

(一) 教育事务主管部门及其管理职能

台湾地区教育事务主管部门设有通识教育委员会,统管台湾地区各高校的通识教育。

台湾地区通识教育的提倡,首先开始于学界民间。但是,台湾地区通识教育的制度性建构则始于1984年4月5日教育事务主管部门公布的《大学通

---

① 张德启.台湾高校通识教育课程发展及其特色 [J]. 河北师范大学学报(教育科学版),2009 (9):89—94.

识教育选修科目实施要点》，此后，各大学院校纷纷设立相关单位并展开课程规划。1992年10月3日，教育事务主管部门公布《大学共同必修科目表实施要点》，整合了共同必修与通识选修，展开"共通课程"的时代。通识教育学会成立后，教育事务主管部门与通识教育学会双向互动，对台湾地区通识教育的发展发挥了重要作用。进入21世纪，台湾地区教育事务主管部门主要通过制定并实施通识教育计划、加强经费投入、开展通识教育评鉴（有关通识教育评鉴的内容我们将在下一章论述）等措施，对通识教育的实施起到引领和保障作用。

制定并实施通识教育计划，引领台湾通识教育发展方向。2002年教育事务主管部门成立通识教育委员会，对各大学院校通识教育实施现况及所面临的问题，进行了深入而全面的了解与检讨，之后陆续展开三期四年计划，开启了台湾地区通识教育改革运动。这三期四年计划分别是"人文社会科学教育先导型计划/个别型通识教育改进计划（2003—2006）"、"通识教育中程纲要计划（2007—2010）"和"核心能力养成中程个案计划（2011—2014）"。"人文社会科学教育先导型计划"推动了以跨领域课题为主题的通识课程或学程，期望通过一系列人文社会科学相关领域计划资源的投注，陶塑学生的人文、伦理素养，使其具备基础及核心能力，成为能适应未来挑战的全方位人才。"通识教育中程纲要计划（2007—2010）"旨在进一步深化通识教育，处理好通识教育与专业教育间的关系，其核心是开展以学生为中心、以能力为导向的通识课程教学；该计划将通识教育视为全校性的教育，作为全校性的课程脉络，发展具有系统性、融贯性、统整性的全校课程新结构，而通识核心课程则是其中一个基础性的项目。① "核心能力养成中程个案计划（2011—2014）"强调公共性、自主性与多样性精神，倡导培养伦理、民主、媒体、科学与美学等五方面素养，建构社会参与式学习及以学生为中心的学习成效评估，促进了通识课程多元化。在"核心能力养成中程个案计划"结束之后，为改善高教教学生态，教育事务主管部门即不再补助单

---

① 陈雯. 台湾高校通识教育发展策略与改革趋势研究 [J]. 高教学刊，2018 (11): 1—4+7.

一课程，转而着眼于全校性结构的改变，推出"大学学习生态系统创新计划"，希望通过各项策略的推动发展出具有典范意义且具有推广价值的新型大学。为了提升技专院校学生的竞争力，教育事务主管部门还于2015年推出"补助技专校院推动改革通识课程计划"，补助三类课程，分别是A类，由个别教师所开设的单一通识课程；B类，由三至五门通识课程共同组成的通识课群；C类，由通识课程与专业课程所组成的跨领域课群；以及"通识课程革新计划"，针对教学内涵改革，罗列了学生应具备的六大核心素养：交流移动、逻辑思辨、沟通表达、问题解决、鉴赏美感与探索创造（后修正为创新思维）。

重视经费投入，支持通识教育发展。台湾地区教育事务主管部门每年对高校通识教育的投入以千万计，为改善高校通识教育的软硬件提供了重要的财力支撑。1995年，教育事务主管部门委托通识教育学会制定的"通识教育中程五年（1996—2000）改进计划"，预算为3.9亿元台币，其内容共分八大类：课程规划与设计、教学方法改进、教材编撰、教学研讨会、学术研讨会、通识季刊与相关文件、通识教育评鉴、通识师资培育等。教育事务主管部门补助优质通识课程（后续以核心能力课程补助），促进了各高校规划并改进通识教育课程，并纷纷办理通识教育研讨会。2000年，教育事务主管部门与推动科技发展的专责机构，以130亿元台币的预算共同推动"大学学术追求卓越发展计划"。次年，为提升大学部基础教育与通识教育水准，教育事务主管部门在此计划项目下进一步推动"提升大学基础教育计划"，连续执行了两梯次的四年计划，投入了近10亿元台币的经费，补助各高校近一百五十个改进通识教育的计划案。2006年，教育事务主管部门大幅提高人文教育与通识教育相关经费的编列，将原本每年约1亿元台币的经费增加到3.5亿元台币。在"迈向顶尖大学计划""奖励大学教学卓越计划"及区域资源中心等的补助项下，通识教育的教学环境与资源也获得相当大的投注。①

---

① 陈雯．台湾高校通识教育发展策略与改革趋势研究［J］．高教学刊，2018（11）：1—4＋7.

(二) 各高校的通识教育专责机构

台湾地区各大学在二十世纪八九十年代普遍设立负责协调推动通识教育课程的专责单位，或称为"通识教育中心"，或称为"共同教育委员会"。作为院校层面开展通识教育的组织机构，中心兼具通识教育规划和研究职能，同时发挥校内外沟通平台的作用。各校通识教育中心的规模和职能也有所差异。技职高等院校经过90年代的集体向上运动渐成规模，也普遍仿照综合性大学设置了通识教育中心。通识教育起步较早的一些技职院校，通识教育中心具有一定规模，除负责教学计划制定修订、教学组织运行外，还有专任师资队伍，开设部分通识课程。部分大学院校通识教育中心组织出版了系列通识教育刊物，这些刊物在推动通识教育改革中发挥了研讨交流平台的作用。部分大学除设置通识教育中心外，还设置通识教育委员会或共同教育委员会，委员会主任一般由院校领导担任，其主要职责为议定本院校通识教育理念和通识教育规划，审定院系课程开设申请，协调解决通识教育涉及的多学科领域教学实际问题，整合校内各方资源并推动通识教育实施。这些组织机构和相关制度举措，促进了台湾地区大学通识教育的全面普及和稳定深入发展。[①]

台湾科技大学为台湾地区第一所技职教育高等学府，其通识教育机构为校级的共同教育委员会及院级的通识教育中心。创校之初，台湾科技大学即设有共同学科，负责语文、英文、历史、微积分、物理、化学、体育、军训等学科教学事宜。后因学制改变，微积分、物理、化学部分的师资依属性分别归属于工管系、电子系、化工系，共同学科渐渐形成以语文、英文、通识、体育为主的教学单位。其后因体育老师归属体育室，学校改制为科技大学，成立人文社会学院应用外语系，原共同学科改名为人文学科，并另分出通识学科。2002年，学校为落实全人教育，提升全体学

---

① 梁燕.台湾地区大学通识教育开展的回顾与反思［J］.河北师范大学学报（教育科学版），2013（12）：15—20.

生基础人文与科学的知能与学养，设置共同教育委员会，负责全校共同学科教学政策的制定。委员会由副校长、教务长、各学院院长为当然委员，另由校长遴聘学科教师代表为委员组成，负责执行本委员会议决的事项。台湾科技大学的共同教育委员会在教学政策方面完成的主要工作包括：

其一，参与制定、修改《共同教育实施办法》，为本校共同教育的开展提供基本遵循。根据该办法，台湾科技大学的共同教育以"社会责任能力""全球竞争能力""沟通表达能力""解决问题能力""终身学习能力""多元关怀能力""艺术创造能力"为核心能力。共同教育分为"社会实践""语文""英文""通识""体育"五领域。通识领域分为"人文素养""当代文明"以及基于科际衔接之"美感与人生探索""社会与历史文化""群己与制度发展""自然与生命科学"共六向度。共同教育的开课单位分别是："社会实践"领域为通识教育中心；"语文"领域为人文社会学科；"英文"领域为语言中心及应用外语系；"通识"领域为人文社会学科、各院系、通识教育中心；"体育"领域为体育室。① 其二，设立共同教育委员会教师评审委员会和课程委员会，制定相应制度规范。《共同教育委员会教师评审委员会设置要点》规定教师评审委员会的主要任务包括：有关教师聘任、聘期、解聘、停聘、不续聘、资遣原因认定及著作抄袭等评审事项；有关教师升等资格之评审事项；有关教师教学、研究及学术著作之评审事项；有关教师升等不通过申覆事项之审议；有关教师薪级、延长服务之评审事项；有关研究人员、专业技术人员等聘任、升等之评审事项；其他依法令有关教师、研究人员、专业技术人员等应行评审事项等。该要点还规定了教师评审委员会的人员组成、会议召开频次及议决规则。《共同教育委员会课程委员会设置要点》规定课程委员会的职责包括：规划及检讨全校共同科目课程架构及研议相关策略；规划、协调、检讨、整合及审议有关语言中心、体育室、通识教育中心、各学院及所属教学组织之共同

---

① 台湾科技大学共同教育委员会．共同教育实施办法［EB/OL］．［2019-9-10］．https://cge.ntust.edu.tw/files/15-1009-48117，c2-1.php? Lang=zh-tw．

科目课程相关事宜。其三，制定本委员会有关教师、课程的细化规定。如，共同教育委员会制定并修改了《学术研究伦理课程实施办法》，该实施办法规定凡本校硕士班与博士班学生，应于入学第一学年结束前修习本课程；修习通过后始得申请学位考试。2022年4月，共同教育委员会通过《共同教育委员会教学优良教师遴选办法》，对教学优良教师候选人的范围、名额比例、评审流程、材料报送等做了规定。①

台湾科技大学除了设有共同教育委员会外，还设立院系级的"通识教育中心"。通识教育中心作为院系级的教学单位有自己的专任教师，有系级的"课程委员会"和"教师评审委员会"。其职责主要包括，其一，统筹本校通识教育相关业务，推动本校通识教育，发展校外交流。其二，提供通识课程：1.通识教育的人文素养、当代文明、美感与人生探索、社会与历史文化、群己与制度发展、自然与生命科学等六向度课程；2.兴趣选修课程；3.职业伦理课程；4.学术研究伦理课程；5.服务成长学习；6.海外实习。其三，办理"共同教育委员会"行政业务，包括"共同教育委员会课程委员会""共同教育委员会教师评审委员会"的相关业务。②

台北科技大学的通识教育组织运行模式与台湾科技大学大致相同，在校级层面设置有通识教育委员会，负责通识教育课程的整体规划和相关制度的制定。该校设有通识教育中心，中心教学领域分为人文学群、社会学群与自然学群，置专任教师若干人，依据通识课程开课要点，邀聘全校相关教师于本中心开设通识课程。中心的任务为规划及执行本校通识教育委员会议决事项，并办理本校通识教育的教学、研究、服务及全校性通识活动等相关事宜。中心设置"通识教育中心会议""通识教育中心教师评审委员会""通识教育中心课程委员会"及其他相关委员会，其中"通识教育中心课程委员会"应包含各学院代表一人。通识教育中心制定了《通识

---

① 台湾科技大学共同教育委员会. 相关法规［EB/OL］.［2019-9-10］. https://cge.ntust.edu.tw/p/412-1075-2.php? Lang=zh-tw.
② 台湾科技大学通识教育中心. 中心介绍［EB/OL］.［2019-9-10］. https://cla.ntust.edu.tw/p/412-1076-8573.php? Lang=zh-tw.

教育中心设置办法》《通识教育中心主任遴选办法》《通识教育中心通识教育委员会组织章程》《通识教育中心教师评审委员会设置办法》《通识教育中心课程委员会设置办法》等，为学校通识教育的开展和组织机构的设置及运作提供了制度规范。①

私立的辅英科技大学在院校层面设立共同教育中心负责学校的通识教育事务。原先设立的通识教育委员会所负责的订定通识教育政策、规划全校共同课程和潜在教育课程的职能逐渐为共同教育中心所取代。共同教育中心设主任一人，承校长之命，主持中心业务，对外代表本中心。中心下设博雅教育组、基本能力教育组及语言教育组三个组，各组设组长一人，综理本组业务。中心设中心会议议决中心业务重大事项，由本中心主任及各组组长组成；另设教师评审委员会、课程委员会、通识教育活动推动委员会、教学质量保证委员会。共同教育中心制定了一系列制度，以保证中心的规范运行。如《共同教育中心中心会议设置要点》，规定中心会议的职责包括审议本中心发展计划及预算分配；审议本中心组织规程及各项重要规则；审议本中心有关教务、学生事务及中心内所属各组其他重要共同事项；审议本中心有关课程及教学、研究规划与调整。此外还制定了《共同教育中心教师评审委员会选任委员选举要点》《共同教育中心教师升等审查作业要点》《共同教育中心教学品质保证委员会设置要点》《共同教育中心课程委员会设置要点》《共同教育中心聘任专业技术人员担任教学要点》《共同教育中心通识教育活动推动委员会设置要点》《共同教育中心多元自主学习课程作业要点》等。②

朝阳科技大学在组织体系上与辅英科技大学类似，设置院校级的通识教育中心负责全校通识教育事务。根据《通识教育中心会议设置办法》，中心会议为本中心最高决策会议，决定中心重大事项。另制定《教师评审

---

① 台北科技大学通识教育中心. 相关法规 [EB/OL]. [2019-9-10]. https://gec.ntut.edu.tw/p/412-1021-8303.php? Lang=zh-tw.
② 辅英科技大学共同教育中心. 规章办法 [EB/OL]. [2019-9-10]. https://egec.fy.edu.tw/p/412-1086-8825.php? Lang=zh-tw.

委员会设置要点》《课程委员会设置要点》《专任教师资格评审办法》等制度保障正确运行。朝阳科技大学创办并坚持运营通识教育刊物《止善》，这在技职院校中并不多见。《止善》学报自我定位为"以秉持人文精神、关怀社会发展为职志的学术刊物，以发表通识教育理念、实践为主的论文及相关评介等，并接受各相关领域的学术论文"。《止善》学报自2006年创刊以来共出版了三十一期，对传播通识教育理念、推动通识教育发展发挥了积极作用。①

总的来说，技职院校已经建立起通识教育组织管理机构，形成了较为完备的管理制度和体系，为通识教育的开展提供了必要的条件。由于技职院校师资储备的问题，通识教育中心很大程度上仅仅是组织协调开展课程的机构，自身开展研究和课程开发的能力有限。

---

① 参见朝阳科技大学通识教育中心．通识简介、法规及《止善》学报［EB/OL］．［2019 - 9 - 10］．https://ge.cyut.edu.tw/p/412 - 1023 - 3327.php? Lang＝zh-tw.

第五章
台湾地区技职通识教育评鉴

一、台湾地区技职通识教育评鉴的发展历程

(一) 台湾地区技职高等教育评鉴的发展

教育评鉴是以教育品质的改善为主要目标,强调整体而客观地搜集与分析相关资料,针对教育目标、教育对象和一切所涉及的活动范围进行系统性的综合讨论,借以归纳判断其教育品质,并且协助加以改善。[①] 20 世纪 70 年代,受到当时美国教育界讲求绩效责任运动的影响,台湾地区教育事务主管部门认识到加强宏观调控的必要性,于是启动了具有历史意义的台湾地区高等教育评鉴的进程。[②]

1975 年,为了了解公私立大学院校各学系、研究所的教育水平和存在的问题,为辅导、奖助及核准学校各类申请案件提供依据,台湾地区教育事务主管部门启动了大学学科评鉴工作,评鉴对象是大学院校的数学、物理、化学、医学及牙医等五个学科的本科和研究生教育。此次评鉴得到社会各界的重视,对提高大学教育水平有积极作用。此后,教育事务部门又将评鉴范围扩大到农、工、医、商、法、文及师范等学院。同年,教育事务主管部门开始分类分年办理专科学校评鉴工作,以确保办学品质。

[①] 林聪明,巫铭昌,郑美君,等.台湾高等技职教育的评鉴制度与实施[J].职业技术教育(教科版),2005 (22):31—38.
[②] 吴言荪,王平.台湾高等教育评鉴的演进与思考[J].重庆大学学报(社会科学版),2008 (2):132—137.

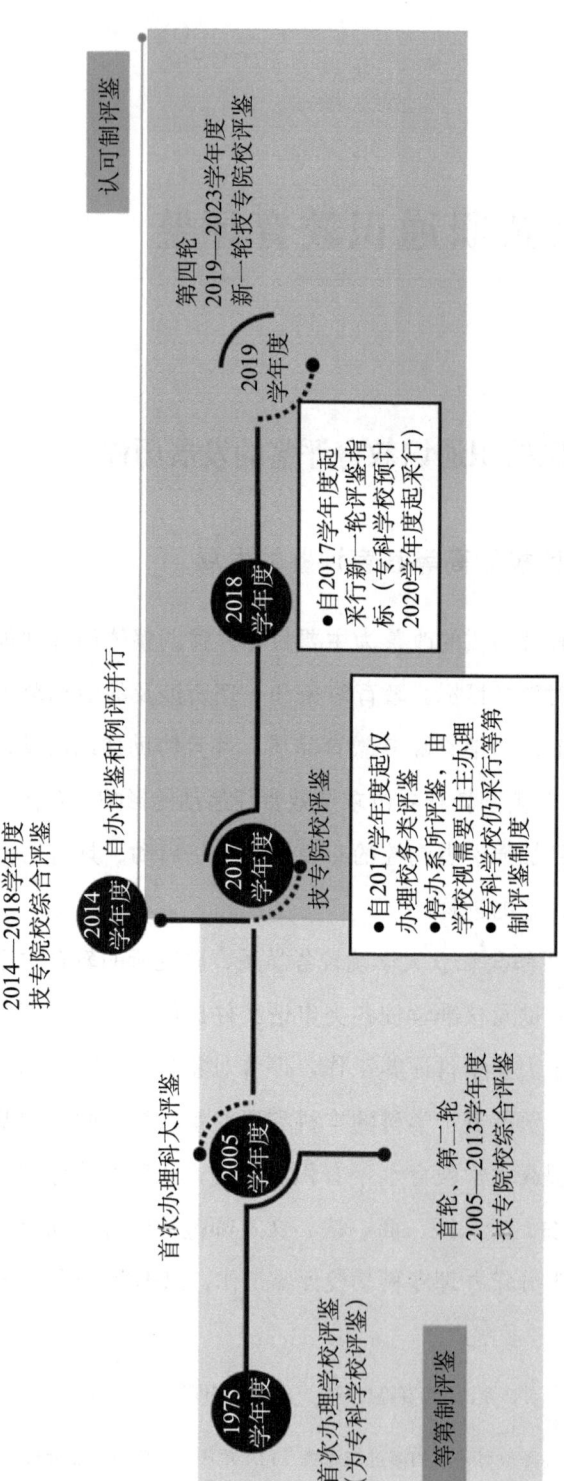

技专院校评鉴制度的沿革[1]

① 古源光. 由校务评鉴谈未来技职教育的永续发展[J]. 评鉴(双月刊), 2020(87): 53—55.

1991年，台湾地区教育事务主管部门对多年来组织学科评鉴的经验进行总结，广泛听取学者意见，以谋求改进。学者们认为，教育评鉴应该强调"自愿"，"由非官方的学术团体评鉴"，"由同行评鉴"，"目的是检验是否达到自定的品质标准"，"推动自我改进"，并建议借鉴欧美做法，大学学科评鉴工作委托公正学术团体办理。台湾地区教育事务主管部门开始选择并委托专业学术团体开展学科评估。

　　1994年，台湾地区修订了大学有关规定及其施行细则，赋予教育事务主管部门对大学院校进行评鉴的法律责任。因此，教育事务主管部门积极办理大学院校评鉴规划工作，邀集相关专家学者与大学院校负责人组成规划咨询委员会，1996年3月拟定了"大学教育评鉴计划草案"，包括依据、目的、原则、经费、实施内容以及预期结果等，以期建立一种适合台湾地区实际情况的高等教育评鉴制度。随后又多次召开大学院校教育评鉴座谈会，反复锤炼，逐渐形成共识。1997年1月大学校长会议通过"大学教育评鉴计划"。同年10月把六十二所普通大学院校和军警院校按学校性质分为综合、师范、医护教育、其他等四类六组，试办大学校务综合评鉴。

　　2003年8月成立了以元智大学远东管理讲座教授许士军为理事长的"社团法人台湾评鉴协会"，这是一个推广高等教育评鉴工作的社会专业团体，既接收团体会员，也接收个体会员，目的是推广评鉴知识与技术，促进评鉴技术的发展，从事评鉴技术的研究。评鉴协会的理事（15人）、监事（5人）均由台湾公立、私立大学的校长以及热心大学评鉴工作的学科领域的教授组成。

　　2005年5月大学评鉴的官方专责机构应运而生。台湾地区各大专院校共同捐资成立了"财团法人高等教育评鉴中心基金会"（简称"高等教育评鉴中心"），接受台湾地区教育事务主管部门委托办理高等教育评鉴工作，由台湾中山大学前校长刘维琪教授担任董事长。第一届董事共15人，由公私立大学校长协进会代表、产业经济界代表和各个学科代表组成，半数以上由教育事务主管部门推荐，高等教育部门、技术及职业教育部门的负责人也以董事身份参加。高等教育评鉴中心负责大学评鉴的情报搜集、指标研究、人员培训和数据库建设等研究和规划工作，具体的评鉴事务则按地方政府采购法规定，用招标方式委托评鉴协会等专业团体执行。

为了确保技术学院及科技大学改名改制后的良好运营，教育事务主管部门遂于2005年起委托台湾评鉴协会执行高等技职教育——科技大学、技术学院、专科学校综合评鉴计划，以校为受评单位，同时针对校内个别系所表现和整体校务发展进行评鉴，以确保高等技职教育所培育出的技职人才的质量及学校的教研品质。评鉴具体目标可列为五大项：1. 提升技职教育品质，强化竞争力；2. 协助高等技职教育各校自我定位，确立发展方向；3. 鼓励高等技职教育各校及其系所发展特色；4. 协助高等技职教育各校建立整体校务及其各院、系、所的自我改进机制；5. 评鉴结果将作为高等技职教育各校总量管制、奖励补助核定的重要参考。①

首轮及第二轮的高等技专院校综合评鉴（2005—2008年、2009—2013年）采用等第制，以CIPP评鉴模式进行，即背景评鉴（Context evaluation）、输入评鉴（Input evaluation）、过程评鉴（Process evaluation）、结果评鉴（Product evaluation）。希望能协助各校自我检视，彼此竞争，了解各自的强项和弱点，进而确立特色发展方向以强化自身竞争力。

2014—2018学年度为第三轮评鉴，开始采用认可制，强调自我管理的价值，以学校发展特色为依归，自定发展目标及自我品质改善机制，追求自我精进、持续运作以改善品质。自2017学年度起仅办理校务（原行政类）评鉴，系所专业评鉴则由学校自行办理，或邀请经教育事务主管部门认可、具有公信力的评鉴机构进行，系所评鉴机制及结果则纳入校务评鉴各项目之内容。科技大学及技术学院自2018学年度起则采行新一轮评鉴指标。

2019—2023学年度为第四轮评鉴，且因专科学校于2020学年度起比照技术学院及科技大学，第四轮评鉴又称为"新一轮技专院校评鉴"。

经过多年的发展，高等技职教育评鉴可依功能区分为以下几类：

1. 例行评鉴：对学校整体校务进行的综合评鉴，目前以每四年为一循

---

① 吴淑媛. 台湾高等技职教育评鉴现况与未来发展 [J]. 中国高教研究，2015 (12)：34—35.

环评鉴一次，旨在定期检视各技专院校的办学方向与执行效果，借此为各校提供自我提升与相互观摩的机会，亦为教育事务主管部门控管各项奖补助款与各科系进退场机制提供重要参考依据。

2. 项目评鉴：对于需要特殊辅导的学校或科系，或教育事务主管部门有特殊任务时，不定期开展项目评鉴，其实施往往因其特殊任务或目的而有对象及内容上的差异。

3. 追踪评鉴：对于例行评鉴技专院校中成绩未尽理想的系科组别，由教育事务主管部门进行咨询辅导访视，并于次年进行以辅导改善为主旨的追踪评鉴。

另外，配合《大学评鉴办法》的规范，当前技职院校评鉴的内容可区分为以下两类：一、行政类：包含综合校务、教务行政、学务行政、行政支援等四类。二、专业类：系指对各学院及科、系、所办学情况所进行的评鉴。

台湾高等技职教育评鉴的实施方式为：由受评学校各受评单位（包括行政类、专业类学院及系所）于规定时间之前进行自我评鉴，并填写各式评鉴表件，寄送至评鉴工作小组，再由评鉴工作小组转发至各评鉴委员，以供进行实地评鉴时参考。各评鉴委员按照预定实地评鉴行程，赴各校进行实地评鉴，以了解各校实际状况。并于评鉴后，经由数次委员会议的分析与比较，合议评定成绩和等第，并以书面资料提供前瞻性的建议和引导，以协助各校发展特色，达成追求卓越的技职教育目标。[1]

（二）台湾地区技职通识教育评鉴的发展

台湾地区通识教育评鉴依执行单位分成三个阶段：台湾通识教育学会阶段、台湾地区教育事务主管部门评鉴计划推动阶段及高等教育评鉴中心阶段。[2] 技职通识教育在第三个阶段并没有发展为独立的类似于学门的评

---

[1] 林聪明，巫铭昌，郑美君，等．台湾高等技职教育的评鉴制度与实施[J]．职业技术教育（教科版），2005（22）：31—38．
[2] 林从一．台湾通识教育发展历程[J]．长庚人文社会学报，2014，7（2）：191—253．

鉴，而是始终被归于校务评鉴之中。

台湾地区大学院校自1984年发布《大学必修科目表实施要点》以来，各公私立大学及独立学院均遵照办理"共同必修科目"和"通识教育选修科目"开展教学，其间历经多次变革，至20世纪90年代中期已有十多年。通识教育的实施情形、成果绩效受到广泛关注，通识教育评鉴逐渐被提上议事日程。

1995年，台湾通识教育学会完成了《通识教育中程五年改进计划书》，其中第七大项即为通识教育评鉴。为规划与执行评鉴，由时任理事长的黄俊杰教授担任计划负责人，开展"评鉴架构的设计"，并对包括台湾大学在内的65所院校主持实施了试评。①

1999年4月14日至5月28日，受教育事务主管部门委托，通识教育学会对台湾地区普通高等教育体系共58所高校（公立综合大学13所、私立综合大学17所、师范院校12所、单科院校16所）开展通识教育评鉴工作，这在台湾地区尚属首次。本次评鉴工作共邀请55位访评委员。依研究报告所设计的访评项目共计八大项41个指标：办理目标与特色（2）、组织与行政运作（5）、教学与行政资源（5）、课程与教学（10）、师资素质与人员（7）、服务与推广（4）、未来发展（3）、自我评鉴（5）。访评结果于1999年12月发布，除了单科院校，其他三类院校根据评鉴结果分为优、良、可、待改善四个等级。②

随着教育体系通识化工作的持续推动，及新世纪对教育人才需求的转变，技职教育亟须培育兼重技术与人文平衡发展的学生，以适应社会的快速变迁，促进技职体系结构朝精致与卓越发展，推动全人教育提升教学质量。为实际了解各技职院校通识教育实施情形及困难，教育事务主管部门于2001年5月30日至6月15日访视科技大学，9月15日至11月15日访

---

① 闫亚林．另一种大学竞争力：中国台湾高校通识教育的两次评鉴［J］．教育理论与实践，2005（19）：57—62．

② 马星，董垌希．"以学为本"：新一轮台湾通识教育评鉴探析［J］．高教探索，2016（10）：81—85．

视技术学院，访视宗旨定位在沟通与交流，具体目的有五项：1. 宣示教育事务主管部门重视技职通识教育的政策，倡导通识教育的理念；2. 了解技职院校通识教育的现况并评量其绩效；3. 发现技职教育推动通识教育的困难及遭遇的问题；4. 收集基本资料，作为建立评鉴指导的基础；5. 提供校际观摩及经验交流的机会。①

2001 年度的科技大学、技术学院通识教育访视确实引起了技职院校对通识教育的关注，同时，通识教育实施过程中存在的问题也显现了出来。其一，课程的知识承载度不足。高等教育学校开授的课程有日趋逸乐化倾向，知识内涵大幅降低，"在'全人教育'的口号下，似乎过分着重生活情意与技能的培养，而忽略了大学教育应以知识的传承与发展为重心的特点。目前台湾地区的通识教育，这种知识传承与发展重视不足的现象相当普遍"。其二，教学方法难以达到培养学生统整性、创新性等思维能力的目的。"从校方提供的'访视资料汇整'，就课程大纲考察，可以觉察到这两门课授课老师用了相当心血规划。然而，作为全校'核心通识'仅有的两门必修课，人们看不到它与其他课程的内在联系，亦无法分辨出这两门核心课的授课内容体现了该校通识教育的理念目标，抑或只是授课老师个人的心血结晶……另一个问题是：创造思考与解题能力是否适宜独立地讲授，抑或渗透到不同的课程中？这也许难有定论，但或许值得进一步探究。"其三，师资有待全面提升。"承袭专科的共同科转型为通识教育中心，除课程需转型外，更有许多讲师人数、其专长及等级相关的因素，亟待集思广益，作最佳的未来发展规划。"② 面对科技一日千里的进展，技职教育需配合现实需求，适时调整其机制；而为适应社会日新月异的变迁，技职教育也将灵活规划其发展方向。因此技职教育未来将朝多元化与精致化的方向发展，加强通识教育，注重全人发展。除了持续以往重视技能方面的教导、培养专业技术人员，未来的技职教育将特别加强通识教育的陶

---

① 教育资料馆. 台湾地区教育年报，2002：140.
② 台湾通识教育学会. 2001 年度科技大学通识教育访视结果报告，2001：63；62；44. 转引自黄俊杰. 全球化时代的大学通识教育 [M]. 北京：北京大学出版社，2006：46—47.

冶，并注重多样化的学习，以提升个人对生活环境的关怀，以及生命均衡的发展。①

为改进及深化通识教育，台湾地区教育事务主管部门于2002年成立"通识教育委员会"，对各高等院校通识教育实施情况及所面临的问题进行深入而全面的了解与检查。为了解各校实施通识教育的成效，台湾地区教育事务主管部门实施了"大学通识教育评鉴先导计划"（简称"先导计划"），由通识教育委员会特聘专家学者组成通识教育评鉴小组，并成立"通识教育评鉴计划办公室"负责评鉴期间的协调、规划等相关事宜。鉴于院校数量多、类型不一，通识教育委员会决议将大学按照类型划分，并针对各类型院校的特色分别拟定评鉴办法，逐步对各个院校进行通识教育评鉴。②

"大学通识教育评鉴先导计划"分为三期。2003年7月1日起至2004年10月31日止，"先导计划"第一期针对成功大学、台湾中山大学、台湾大学、台湾交通大学、台湾清华大学、"中央"大学及阳明大学等七所研究型大学的通识教育进行评鉴。2004年7月1日至2005年6月30日，"先导计划"第二期对台湾师范大学等九所师范、教育体系大学的通识教育进行评鉴。

2006年，考虑到既有通识教育制度受高等教育结构性、制度性限制，其发展受到极大阻碍，台湾地区教育事务主管部门推动实施了"通识教育中程纲要计划（2007—2010）"，并将"先导计划"第三期同步纳入。第三期计划分为A类计划与B类计划。A类计划是指对第一期所评鉴的七所研究型大学的通识教育的再评鉴，时间为2008年3月至4月；③ B类计划是指对未参加第一期评鉴的其他四所"五年五百亿计划"大学进行的评鉴，包括中兴大学、长庚大学、政治大学和台湾科技大学。评鉴指标除第七项

---

① 教育资料馆.台湾地区教育年报，2002：152.
② 台湾地区教育事务主管部门."通识教育委员会".大学通识教育评鉴先导计划评鉴报告，2004.
③ 台湾地区教育事务主管部门.大学通识教育评鉴先导计划（第三期）A类计划评鉴报告，2008.

"自我评鉴运作"调整为"自我评鉴机制"外,其他均无改动。

台湾科技大学是参加"大学通识教育评鉴先导计划"的唯一一所技职类院校[①],某种意义上,这次评鉴具有实验探索的性质,意在为通识教育的评鉴积累经验。本次评鉴从评价指标体系来看,包括目标与愿景、组织制度、教学与行政资源、课程规划、教育品质、师资、自我评鉴机制、整体观感等八项。通过评鉴,肯定了台湾科技大学在通识教育方面的特色和优点。

第一,目标与愿景方面:1.学校订定共同教育的目标为培养大学生独立思考与批判的能力,并培养其高尚的品德与情操,进而培养学生多元与广博的知识视角,以达到"全人教育"养成的发展目标;而通识教育的愿景为培养学生成为具有深厚人文涵养、社会关怀胸襟,及批判思考和问题解决能力的现代高级科技人才,说理清楚。2.1998年成立"共同科目教学咨议委员会",2002年成立"共同教育委员会",订定全校语文、外语、历史、通识、体育、军训、微积分、物理、化学等共同基础学科的教学政策,试图达成"共同科目通识化""通识教育生活化""核心通识专业化"及"社团活动与通识教育结合"的目标。

第二,课程规划方面:1.通识课程区分为自然、人文、社会与历史四个领域,与一般大学的架构类似。2.近年来课程的改革朝向多样化,增加名家系列讲座、服务课程两项主轴,学生选课的丰富性提高、视野扩大。英文采取小班授课,语文采取经典阅读,有助于语文能力的提升。3.课程规划采用分级审查机制。4.历史课程成为一个独立领域。5.上课人数上限为90人,原则以55人为一班,人数适中,有利教学。6.有跨校选课互惠办法,与台北市立教育大学、台湾师范大学订约跨校选课。7.配合外系学生修读,外文与管理相关学系,安排在16:30—20:30开课,大幅提升学生选课时间的弹性。8.开授全校性的实务专题课程,为学生提供问题解决导向学习的良好机会。9.设有学生论文撰写制度。10.讲座课程颇具规模。

---

① 台湾科技大学本次评鉴的情况参阅台湾地区教育事务主管部门.大学通识教育评鉴先导计划(第三期)B类计划评鉴报告,2008.

第三，教学品质方面：1. 专任通识课程教师教学质量均在水平以上，能够完整地传达领域知识。2. 建置有 Blackboard 平台，协助学生与教师沟通，有助于教学质量提升。3. 受访学生普遍满意所修读的通识课程。4. "创意思考"课程的教学相当灵活，学生与教师互动相当投入，教师亦能叫出学生名字，学习效果佳。

"第三期通识评鉴"的显著意义包括下述两点。首先，经过前后八年的三次评鉴，通识教育持续精进，作为台湾地区标杆大学的七所学校的通识教育达到某种成熟、稳定的阶段，并能成为其他学校的学习对象。其次，当时高教评鉴中的"通识教育"评鉴属于教务评鉴项下的一个小项目，这不仅不够重视通识教育，在许多学校中，还因此伤害了通识教育的发展。通过多方努力，高教评鉴中"通识教育评鉴"的定位问题得以解决，通识教育评鉴被纳入高等教育评鉴中心进行更制度化的专项评鉴。让人遗憾的是，技专院校的通识教育评鉴仍未成为专项评鉴。① 技专院校的通识教育不仅只是教务评鉴中的一个小小项目，更重要的是，校务评鉴主要针对"大学管理作为"进行评鉴，对于教学、课程、师资与研究实质上并未涉及，在"评鉴指导教育"的氛围下，资源集中于专业系所，技专院校通识教育日益被边缘化。

2001 年 5 月台湾地区公布《技专校院评鉴实施原则》，依技专院校类别分四年办理综合评鉴。后因科技大学及技术学院适用《大学评鉴办法》，专科学校业已定有《专科学校评鉴实施办法》，故于 2009 年 10 月废止该实施原则。当时的评鉴项目不包括"通识教育"。

在 2005—2008 年开展的技职院校评鉴中，台湾地区教育事务主管部门委托社团法人台湾评鉴协会办理，在四年中先后开展了对台湾科技大学、台北科技大学等三十二所技职院校的评鉴工作。在本次评鉴中，"通识教育"被列入校务评鉴的"教务行政"类中。② 此后，2009—2013 年度、

---

① 林从一. 台湾通识教育发展历程 [J]. 长庚人文社会学报，2014，7（2）：191—253.
② 第七次台湾地区教育年鉴，2012.

2014—2019年度，台湾地区科技大学进行了两轮评鉴，原为四年轮评一次的评鉴周期改为五年轮评一次，"通识教育"仍然被列入校务评鉴的"教务行政"类中。

科技大学/技术学院行政类评鉴指标与权重对照表①

2005—2008年版指标	权重	2009年修正版指标	权重
■ 综合校务	30%	■ 综合校务	30%
■ 教务行政	25%	■ 教务行政	25%
1. 教务行政执行成效	25%	1. 教务行政执行成效	20%
2. 课程与教学	25%	2. 课程与教学	20%
		3. 学生学习成效	20%
3. 通识教育	25%	4. 通识教育	20%
4. 图书及信息业务	25%	5. 图书及信息业务	20%
■ 学务行政	25%	■ 学务行政	25%
■ 行政支援	20%	■ 行政支援	20%

二、台湾地区技职通识教育评鉴的实施

(一) 评鉴组织

2005年12月13日台湾地区大学有关规定修正条文第五条规定："大学应定期对教学、研究、服务、辅导、校务行政及学生参与等事项进行自我评鉴。教育事务主管部门为促进各大学发展，应组成评鉴委员会或委托学术团体或专业机构，定期办理评鉴，并公布其结果，作为教育经费补助及学校调整发展规模之参考。"依据该条文授权，教育事务主管部门于2007年1月发布《大学评鉴办法》，明定大学评鉴分为"校务评鉴""院、系、所及学程评鉴""学门评鉴"及"项目评鉴"等四类，大学应依

---

① 徐昌慧. 科技大学暨技术学院评鉴之指标修订及未来发展 [J]. 评鉴（双月刊），2009 (18): 36—40.

法接受评鉴，并针对缺失积极改进，评鉴结果将作为增减招生名额与院、系、所、学程进退场，以及核定学杂费、经费奖补助的依据。

根据上述规定，台湾地区高等院校的教育评鉴分为自我评鉴和外部评鉴两类。自我评鉴，由各高校自行组织，考评结果作为外部评鉴的一个指标，而各高校需要在通识教育评鉴之前定期组织举办通识教育的自我评鉴。这意味着大学要对自身发展负责，通过定期自我评鉴提高发展质量。

外部评鉴由教育事务主管部门负责。教育事务主管部门负责台湾地区各级教育的规划、发展和管理，其中也包括保障各级教育的质量。教育事务主管部门下设有各级教育的分管机构，如高等教育部门、中等教育部门、技术与职业教育部门等。其中，高等教育评鉴主要由这三个部门负责，高等教育部门负责一般大学系所的质量保障，技术与职业教育部门负责科技大学和相应的技术职业教育的质量保障，中等教育部门负责师资培育的质量保障。技职通识教育评鉴属于外部评鉴中的"校务评鉴"，主要由技术与职业教育部门负责组织进行并对外公布评鉴结果。

在台湾地区高等教育改革以前，教育事务主管部门对高校评鉴亲力亲为，从制订计划到组织专家评鉴委员会均由其负责。在2003年以后，成立了民间专业团体——台湾评鉴协会，后来又成立了评鉴的专责机构——高等教育评鉴中心。教育事务主管部门除了将评鉴工作委托给专责机构"高等教育评鉴中心"之外，也会将一些评鉴研究和培训等事务委托给民间专业团体"台湾评鉴协会"和其他一些协会。至此，教育事务主管部门负责高等教育评鉴工作的总体筹划和推动、评鉴结果的采纳等，而将评鉴的实施工作委托外包。教育事务主管部门对受托办理大学评鉴的学术团体或专业评鉴机构有监督的职责，对其关于大学评鉴的规划、设计、实施及结果报告等进行后设评鉴，评鉴结果将作为遴选委托办理大学评鉴的依据。

台湾高等教育评鉴的具体工作主要由"财团法人高等教育评鉴中心基金会"（下简称"高等教育评鉴中心"）和"社团法人台湾评鉴协会"（下简称"评鉴协会"）两个机构开展。

1. 财团法人高等教育评鉴中心基金会（简称"高等教育评鉴中心"）

2005年5月台湾地区教育事务主管部门和各大学院校共同捐助成立了高等教育评鉴的专责机构——高等教育评鉴中心。成立的动因在于，教育事务主管部门和各大学认识到"大学评鉴是长期性的工作，也是提升大学水准的重要工具"，过去教育事务主管部门办理大学评鉴，总是在评鉴时才成立一个团队来执行，导致评鉴经验无法累积，现在教育事务主管部门与大学共同捐助成立专责评鉴机构高等教育评鉴中心，正可弥补过去的不足，累积评鉴经验，建立完整的评鉴制度。

高等教育评鉴中心由台湾地区教育事务主管部门规划成立。该中心成立的法律依据在于：（1）大学有关规定第四条第三项："各大学的发展方向及重点，由各校依社会需要及学校特色自行规划，报经教育事务主管部门核备后实施，并由教育事务主管部门评鉴。"（2）大学有关规定实施细则第二条："各大学发展方向及重点的评鉴，由教育事务主管部门组织评审委员会办理。"依上述规定，大学评鉴为教育事务主管部门权责，目前教育事务主管部门依地方政府采购法委托相关专业团体及学术单位执行，并规划成立评鉴的专责机构——高等教育评鉴中心。

高等教育评鉴中心是独立运作的官方机构，它受教育事务主管部门的行政委托与监督，它的工作是为教育事务主管部门提供政策参考，相当于将原属于教育事务主管部门的评鉴工作下放给一个专责机构。

根据教育事务主管部门的规划，高等教育评鉴中心董事人数应为15—19人，董事中应有半数以上由教育事务主管部门推荐。董事由下列人员组成：机关代表8人，教育事务主管部门代表2人，公立大学院校协会、私立大学院校协会及私立技专院校协会各推派代表2人，产业界代表3—4人，学者、专家4—7人（由教育事务主管部门推荐社会科学、自然科学、艺术与人文等各个不同领域及评鉴专业的学者、专家，并征询大学院校相关意见后聘任）。董事会的构成体现了高等教育评鉴中心试图代表高等教育的主要利益相关者，从治理结构上保证该机构的公共管理性质。

评鉴中心董事长由董事推举，每届董事任期三年，可连任一次。董事会的职权包括：审议预算及决算；聘任执行长及咨询委员；审议年度工作计划；审议本中心重要事项。可见，董事会是该机构的权力机构。

评鉴中心受教育事务主管部门的监督。中心须在每年11月底之前，将年度工作计划提交教育事务主管部门备查，教育事务主管部门基于政策的需要，对中心的年度计划提出补充或修正建议。中心在每年12月底之前应将年度工作成果提送教育事务主管部门备查，必要时，教育事务主管部门会请中心就年度工作成果进行简报。中心年度工作成果评估状况，将作为教育事务主管部门对次年度中心工作计划经费补助的主要参考依据。中心运作绩效明显不佳，或有重大过失时，教育事务主管部门将要求董事会督促改善或撤换执行长。该程序表明，教育事务主管部门对该机构具有实际的制约甚至事实上的控制作用，同时也表明至少在法律意义上教育事务主管部门是不可以向该机构直接发号施令的，而必须是建议，或通过改换机构的董事会采取行动。

高等教育评鉴中心的具体职责包括以下七个方面：（1）先进高等教育评鉴相关信息的搜集分析；（2）高等教育评鉴指标的相关研究；（3）岛内大学评鉴制度的规划研究；（4）建立岛内大学暨技专院校评鉴的人才库及数据库；（5）为大学及技专院校相关评鉴人员提供培训课程；（6）发展各类学科全球认证机制；（7）办理台湾大学暨技专院校各类评鉴及考核工作等。①

2. 社团法人台湾评鉴协会（简称"评鉴协会"）

台湾评鉴协会成立于 2003 年 8 月，是台湾地区内政事务管理部门核准成立的，进行高等教育评鉴的民间专业团体，实行会员制。目前共有理事 15 位，监事 5 位，均由台湾公立大学、私立大学的校长和教授、研究员等组成。

评鉴协会成立的目的是组成具有公信力的外部专业评鉴团队来帮助并鼓励各高校系所的自我改善。协会的主要工作包括：推广评鉴知识与技

---

① 黄自敏. 台湾省高等教育评价的发展历程与制度框架 [J]. 复旦教育论坛, 2009 (2): 17—21.

术；促进评鉴技术的发展；从事评鉴技术的研究；提供评鉴服务；接受评鉴委托；提供评鉴咨询服务及办理评鉴事务；举办有关评鉴的学术及研讨会议；办理相关评鉴执行辅导事项。台湾评鉴协会接受教育事务主管部门的评鉴委托，对高校进行评鉴。评鉴协会成立后接办的第一宗业务，为接受教育事务主管部门委托，办理2004年度大学校务评鉴。自2005年起，在2005—2008学年度、2009—2013学年度、2014—2019学年度以及2010年开始的新的评鉴周期中，教育事务主管部门都把技职院校的评鉴工作委托评鉴协会办理。

评鉴协会"以发展及推广评鉴知识与技术并提供评鉴服务为宗旨"。主要任务为提供专业评鉴服务，包括提供评鉴相关咨询，接受委托办理评鉴，辅导协助建立内部质量保证机制；促进评鉴知识与技术的发展与推广，包括从事评鉴相关研究，加入评鉴相关组织，办理学术研讨会议等。

(二) 评鉴的指标体系

在2005—2008年开展的技职院校校务评鉴中，通识教育被列入"行政类"，主要指标为"能配合办学计划及系所发展方向规划适切的通识教育及课程"。评鉴重点包括：①通识教育的规划、特色及师生认同程度。②发展通识教育所需的相关资料规划与成效（含师资、各系所行政、设备及场地等）。③通识与专业教育的融合与平衡情形。[①]

在2009—2013年开展的技职院校校务评鉴中，通识教育同样被列入"行政类"，评鉴指标为"能配合办学理念及系所发展方向规划适切的通识教育及课程"。评鉴参考要项包括：①配合全校办学理念，促进专业教育与通识教育的互动与融合。②通识教育的规划、特色及师生认同程度。③发展通识教育所需的相关资源规划与成效（含师资、各系所行政、设备及场地等）。④针对前次评鉴（访视）建议事项的处理情形。[②]

---

① 第七次台湾地区教育年鉴，2012.
② 第七次台湾地区教育年鉴，2012.

在2014—2019年开展的技职院校校务评鉴中，通识教育被列入"教学与学习"项目。① 所谓"教学与学习"是指学校配合所定教育目标与学生基本素养，为学术单位妥善提供充足且符合专业实务的教学人力，并建立明确的课程规划机制，为教师提供教学与专业表现协助、奖励与评核机制，以增进教学活动与教师专业发展；学校能建立导师制度、辅导机制、社团活动、生涯发展、职场实习等健全的学习支援体系，且能落实实施，使学生能拥有一个优质的学习环境。

"教学与学习"项目的参考要项包括：①学校配合教育目标所定之课程规划及运作机制。②学校教学规划及运作机制。③通识教育规划及运作情形。④性别平等教育课程与教学规划及运作情形。⑤学生辅导机制规划与落实。⑥学院教学与学习的整合功能及运作机制。⑦教学与学习方面的特色规划及运作情形。

从这份通识教育的评价指标体系中我们可以看出：其一，通识教育理念已经融入技职院校的教学和学习体系，并落实为具体课程规划与运作机制。该指标中的"课程规划及运作机制"，包含专业课程规划、校内外实务或实习之规划与绩效，以及通识课程、服务学习、劳作教育等的规划、运作与评估。服务学习、劳作教育属于广义的通识教育的范畴。此外，"学生辅导"指标中的包含学业、心理、生涯（职涯与学涯）、课外活动、奖助学金、工读、导师制度、学生住宿（校内外）的各项辅导措施也是通识教育的有效组成部分。其二，通识教育与专业教育在考核指标上具有一致性，通识教育评鉴工作从"目标与愿景""组织与制度""教学与行政资源""课程规划""教学质量""师资"和"自我评鉴之运作"七个方面对参评高校进行评鉴。其三，"性别平等教育课程与教学规划及运作情形"包括学校是否广开性别平等相关课程（包含系所课程、通识课程），学校是否已将性别平等教育融入课程，学校办理之比赛、竞技等活动是否有性

---

① 台湾评鉴协会. 2014—2019学年度科技校院校务暨系所评鉴指标 [EB/OL]. [2021-09-10]. https://tve-eval.twaea.org.tw/page/target.

别差别待遇，学校是否编列预算鼓励系所或中心开设性别相关课程或学程，学校是否设立性别研究相关教学单位或研究中心，学校是否编列预算支援性别相关教学单位或中心之运作，学校是否奖励师生进行性别相关的研究计划或服务推广等。性别平等理念成为通识教育追求的重要理念。

评鉴协会为更进一步协助大专院校提升教学质量进而展现办学特色，自2017年度起规划"大专院校教学品保服务计划"。该计划除办理系所评鉴之外，也同时顺应学校需求提供通识教育的教学品保服务，在协助受评单位进行专业评鉴外，亦能针对通识教育之学生学习成效机制进行评估，评估重点为"教育目标与特色、课程规划与执行、师资素质与教学质量、学习资源与支援措施、行政组织与自我改善机制"。[①]

评鉴协会"大专院校教学品保服务计划"通识教育品保架构与指标

项目	内涵
项目一： 教育目标与特色	● 学校应拟订明确务实的通识教育目标。通识教育目标与学校教育目标宜有对应与联结。 ● 学校应积极提升学生素养，促进学生人格健全发展，培育学生成为优质人才。 ● 学校应订定适当的学生"一般（基础）通识"能力指标，拟定具体策略，予以落实。 ● 学校应建立明确的通识教育特色，积极提升通识教育质量。 ● 通识教育应与学院、系、所的专业教育适度融合，发挥相辅相成的功能。 ● 学校应加强倡导，使教师与学生皆能了解通识教育的重要性，以利于通识教育的推展。
项目二： 课程规划与执行	● 学校应依据通识教育目标规划符合学生人格成长与生涯发展需要的通识教育课程。 ● 学校应建立完善的通识课程规划、执行、检讨与改善机制并落实运作。 ● 教师应配合社会现况及未来趋势设计有助于学生人格成长与生涯发展的课程内容；学校应建立通识课程内容审查机制并落实审查。 ● 学校应订定完整的通识课程修课相关规范，以利于达成课程规划目标。 ● 学校应提供足够的修课机会，并倡导及辅导学生选课。

---

① 整理自刘金源. 通识教育教学品质确保与精进[J]. 评鉴（双月刊），2020 (85)：55—57.

续表

项目	内涵
项目三： 师资素质与教学质量	• 学校应建立严谨的通识教师遴聘/邀聘机制，并确保教师的专业素养符合通识教育教学的需求。 • 学校应检视教师授课科目的教学目标、教学内容、教学方法等教学设计是否符合学校通识教育目标。 • 学校应协助授课教师编制教材与应用教学媒体，并改进教学方法。 • 学校应建立增进授课教师专业知能与教学能力的机制，以确保及提升教学质量。
项目四： 学习资源与支援措施	• 学校应提供符合教学与学习需要的软硬件资源，并建构有助于提升学习成效的学习环境。 • 学校应提供各项支援措施，协助教师教学与学生学习。 • 为提升学生学习兴趣，学校应规划及办理多元学习活动，并建立学习辅导机制。
项目五： 行政组织与自我改善机制	• 学校应设置通识教育专责单位，订定组织规章，并建立常态化行政运作机制。 • 学校应健全通识教育专责单位的组织架构与人力配置，以提升通识教育的行政质量与业务成效。 • 通识教育专责单位应建立自我改善机制，并搜集师生及毕业校友的意见，针对通识教育的行政运作、法规制度、课程规划、教师教学及学生学习质量等，进行检讨，拟定改善策略并落实改善。

由高等教育评鉴中心开展的针对一般大学的通识教育评鉴也制定了完善的评鉴指标体系，包含理念、目标与特色，课程规划与设计，教师素质与教学质量，学习资源与环境，组织、行政运作与自我改善机制，可以为我们完整理解技职通识教育的评价指标体系提供参考。[①]

通识教育评鉴"认可关键要素"

项目一：理念、目标与特色
1-1 学校能依据校教育目标，描绘明确的通识教育理念与内涵，并依学院、系专业教育内涵，设计学生修读通识教育学分之实务。 1-2 学校能规划具体的通识教育办学特色，并拟定落实通识教育办学特色之策略和行动。

---

① 蔡雅文.通识教育评鉴认可关键要素解析 [J].评鉴（双月刊），2012（36）：20—23.

续表

项目二：课程规划与设计
2-1 学校能依据通识教育之理念与内涵、校级基本素养，进行课程规划与设计，且建立课程地图。 2-2 学校设有通识课程规划组织与开课审查专责机制，并建立完整的相关会议记录。
项目三：教师素质与教学质量
3-1 学校能遴聘或主动邀请校内外符合通识课程需求专长之教师开课，且开课数满足学生修课需求。 3-2 通识课程授课教师能依据通识教育目标或校级基本素养，设计教学内容，并应用适当的教学与学习评量方法。 3-3 学校能建立通识教育授课教师教学专业成长机制（含教学评鉴表现欠佳教师之筛选或辅导）并加以落实。 3-4 学校能建立一套学生学习成效评估机制，以有效评估学生达成通识教育目标或校级基本素养的程度。
项目四：学习资源与环境
4-1 学校能提供足够且稳定的学习资源，以满足通识教育课程教学与学生学习的需求。 4-2 学校能依据通识教育的理念与内涵、校级基本素养，营造学习环境并规划多元学习活动。
项目五：组织、行政运作与自我改善机制
5-1 学校能于学校组织办法中明定通识教育专责单位的定位，并依规定设置。 5-2 学校通识教育专责单位能有健全的组织架构，编制充足的行政人力，落实行政运作机制并建立完整记录。 5-3 学校通识教育专责单位能自行设计或结合学校建立的机制，定期搜集内部利害关系人、毕业生、企业雇主等对学生学习成效的意见，作为持续质量改善的依据。

（三）评鉴程序与方法

技职通识教育的评鉴分为"前置规划作业阶段""受评学校自我评鉴阶段""评鉴实施作业阶段""实地评鉴阶段"及"后续作业阶段"。其中实地评鉴阶段多为一天，具体日程如下：[①]

---

① 台湾评鉴协会.2021学年度技专校院评鉴实施计划［EB/OL］.［2021-09-10］. https://tve-eval.twaea.org.tw/page/target.

2021 学年度技专院校实地评鉴日程表

时间	工作项目
上午	评鉴委员到校
	评鉴委员预备会议
	相互介绍、校务简报
	查阅资料及校园（含分校区）参访
下午	与校长晤谈（团体）、与教师及主管/学生/毕业生代表晤谈（个别）
	资料查证与确认/学校补充说明
	撰写评鉴意见表
晚间	进修部简报、资料查阅、学生（或毕业生）晤谈、教学观摩
	撰写评鉴意见表

由此可见，通识教育评鉴程序包括"书面数据审阅""听取简报""教师访谈""学生访谈""综合座谈"和"通识教学课堂观察"六大步骤，依次展开。

评鉴专家在对上报的书面数据进行审阅的基础上，还要与师生进行"综合座谈"；除此之外，还要走进课堂，对实际教学情况加以观察，在获取的第一手资料的基础上对该校进行综合考评。在走访过程中，各校校园环境和教学设备等硬件设施也是影响评鉴专家打分的一个重要因素，由此形成的"整体观感"是影响评鉴结果的重要因素之一。

（四）评鉴结果与反馈

评鉴结果一般为通过、有条件通过、不通过三种。对"分项评鉴结果"做出公告，并对各分项中的"有条件通过"项目进行"追踪评鉴"，"未通过"项目则进行"再评鉴"。评鉴结果的后续处理方式分别是：其一，通过。受评学校于评鉴结果公告后一年内，提出自我改善计划与执行成果。其二，有条件通过。受评学校于评鉴结果公告后一年内，提出自我改善计划与执行成果，并于次学年度接受追踪评鉴，针对评鉴结果中待改善事项进行检视。其三，未通过。受评学校于评鉴结果公告后一年内，提出自我改善计划与执行成果，并于次学年度接受再评鉴，根据评鉴项目提出自评报告，重新进行评鉴。

三、技职通识教育评鉴的效果及局限性

台湾地区技职院校的通识教育评鉴历经数个评鉴周期，由专门的通识教育评鉴到成为校务评鉴中的一个项目，耗费了巨大的人力与物力，对通识教育的发展产生了积极的效果。

第一，促进了通识教育基本建制的完善。各校在创设推动通识教育之初，正式的通识教育单位（如通识教育中心或通识教学部）尚未成立；因欠缺教授文、史、哲、数、理、化等共同及通识课程之师资，通识教育人员（主任、组员、专任或合聘教师）仍未聘任；经费及空间明显不足；课程规划及开设仍有改善的必要，这些情形都在不同程度上存在。通过几次通识教育访视或评鉴，这些情形引起学校的重视，通识教育基本建制大致完成确立。①

第二，促进了通识基本素养及核心能力的订定与检核。随着高教和技职评鉴的发展，许多技职院校仿效商科或工程认证的指标，也纷纷订定通识教育的基本素养和核心能力，加上为争取教育事务主管部门"教学卓越"或"典范特色"等竞争型经费，高教和技职体系各校的通识教育基本素养与核心能力逐步规划完成。加上后来中纲计划、陶塑计划亦以相关能力的落实作为教育事务主管部门补助的要求，它们提出的"跨域学程"、"实践体验"课程等虽不限于通识教育，但仍是各校通识教育的广义范畴。

第三，为通识教育的发展方向及改善机制提供建议。初期评鉴或访视过程中，许多学校尚在摸索阶段，借由访视或评鉴，针对各个项目提出建议或解决之道。例如向性质相近的标杆学校取经或参考援引，加入各校通

---

① 刘阿荣．谈通识教育的评鉴及其影响［J/OL］．通识在线，2019，80［2020－09－10］．http://www.chinesege.org.tw/geonline/html/page4/publish_pub.php？Pub_Sn＝170&Sn＝2533．

识同行社群（台湾地区通识教育学会），参加通识教师研习，参考《通识教育季刊》……以增进各校的通识教育理论与经验交流，发展各校的特色。

虽然访视或评鉴有其积极功能，但也有其局限性。主要表现在以下几个方面：

其一，评鉴不能解决通识教育发展的深层问题。教学内容与生活实践常常处于脱离状态，不易通过评鉴获得解决，教学方法的改进、课程"知识承载度"的提升，都可以经由行政资源的投入、教学研讨会的举办，以及各校通识教育自我改善机制的建立而获得可观的改善。通识教育评鉴最大的挑战在于：在决定通识教育成功与否的各种因素中，"氛围"比"机制"更具影响力，而且"不可操作性"比"可操作性"更重要。通识教育评鉴项目，所触及的都是表象性的、形式性的"运作机制"与资源，难以深入影响各大学通识教育的"氛围"、精神与具有"不可操作性"的校园文化。[①]

其二，将通识教育纳入校务类评鉴，弱化了通识教育的生存基础。自2004年7月起，台湾地区高校全面推行"大学校务评鉴规划与实施计划"，通识教育评鉴长期被置于"校务类"评鉴项下，大部分技专院校对通识教育实施内容以及运作刻意忽视或是短线操作，造成了一系列的恶果。台湾地区技专院校通识教育的环境一向处于弱化与扭曲的状态，近来受到"少子化"现象的影响，各校招生工作普遍不理想，部分学校报名人数与录取人数比例竟然接近1：1，因此社会舆论各种充满退场压力的声音接踵而至。在此情况下，技专院校的通识教育环境愈显恶化，因此许多光怪陆离的现象——浮现也不足为奇。部分院校过去由于通识教育中心师资不列入评鉴项目，将部分低阶师资挂名在通识教育中心的师资项目下，以求在整体评鉴过程中美化全校专业科系的师资阵容，并提升师资比；为解决关闭系所的退场压力，将部分不适任教师径自移入通识教育中心的员额编制；部分私立院校为节省兼课教师经费的支出，刻意将通识教育科目采行超大

---

① 黄俊杰．通识教育评鉴的必要性与局限性［J］．高教发展与评估，2012（1）：15—18．

班制，压缩兼课教师员额；在课程规划上，由于教育事务主管部门要减少全校各系所毕业学分总数，大部分学校首先即考虑减少通识学分数，等等。由于部分学生在中小学阶段学习成绩不佳、基础薄弱，根本无法学习课程内容；部分教育事务主管人员本身对通识教育的认识不足，甚至将原有通识教育课程替换为表演化、魔术化、杂技化、公关化的活动，其媚俗的荒诞行径已到了匪夷所思的地步。事实上，台湾地区大部分技专院校的通识教育环境长期而言是恶劣的，通识教育丧失了原有的教育核心价值，整体而言已陷入一种弱势化、工具化以及边陲化的恶性循环的死胡同。①

评鉴有负面后果，但是，技专院校通识教育不评鉴将有更严重的后果。越是弱势的地方通识教育就越需要评鉴，特别是外部评鉴，特别是来自拥有资源分配权的外部评鉴者——在台湾地区指的就是教育事务主管部门——的评鉴。相较于一般大学，技专院校的通识教育是重灾区，这是因为技专院校以专业、职业教育为导向，对于以人文社会科学或基础科学为主体的通识教育不仅大多无心经营，也多无力发展。没有适当的外部压力及拉力，当内外在环境转趋恶劣时，例如经济环境变差时，弱势的、被误认为无实用性的通识教育就常常最先被牺牲。由于教育事务主管部门仍掌握着各大学重要的校务资源，也还具有评价权威，技专院校不得不重视其意见。高教重灾区中的教师莫不期待教育事务主管部门能进行通识教育评鉴，对校方产生压力及拉力，拯救技专院校通识教育于水火。②

有鉴于此，有学者呼吁采取改进措施，发挥评鉴制度正面的效益。比如，将技专院校通识教育作为独立评鉴项目，脱离将通识教育列为"校务类"评鉴项目之一的评鉴方式；将定期访视以及评鉴结果，列为每年度技专院校奖补助款项审查评比机制的重要参考项目；研拟技专院校通识教育基本组织架构、课程时数、人员编制等项目，跳脱过去通识教育机构是否

---

① 王远嘉．技专院校通识评鉴之反思与鞭策［J/OL］．通识在线，2011，36［2020－09－10］．http://www.chinesege.org.tw/geonline/html/page4/publish_pub.php? Pub_Sn＝33&Sn＝1179.
② 林从一．台湾通识教育发展历程［J］．长庚人文社会学报，2014，7（2）：191—253.

虚级化之争议，通过教育事务主管部门评鉴过程，确认各校通识教育的基本内容与范围后，再鼓励各校发展个别特色，推动通识教育正常化；慎选评鉴委员，期待未来评鉴委员能以更前瞻性、正面性的态度，实事求是，尊重客观环境，以一步步改善技专院校通识教育为念。[①]

四、通识教育的学生评鉴

在通识教育评鉴中，外部评鉴直接关系到学校能否申请各种项目的资格，对通识教育的生存和发展至关重要。同时，内部评鉴机制的建立和有效运行，对保障通识教育的质量和水平更为基础和必要。多年来，台湾地区的通识教育偏重理念论述、课程设计，较少涉及实施环境与现实考虑。通识教育的主体是学生，学生的经验与观点，应该是通识教育实施要考虑的主要方面。

教育事务主管部门拟定的"通识教育改进计划"曾提道："目前部分大专院校已开始以问卷方式建立学生对授课老师的评鉴制度，但为顾及教师颜面，评鉴结果并未公开。为充分发挥学生评鉴制度的功效，使选课同学知道授课教师的风评，并督促教师积极改善教学质量，应以诱导性（如列为基础教育计划的评审条件）、考核性（如通过年度评鉴提出要求）的措施，协助各校早日建立公开性的学生评鉴制度。若全校性评鉴制度尚有困难，可先由通识教育部分做起。"然而，在后续通识教育相关计划中，并未将更具开放性的学生评鉴制度列入审核指标或工作重点，各校至今仍鲜有将教学评量结果公开者。[②]

本文通过搜集整理《通识在线》杂志发表的学生对通识教育的看法，管窥台湾地区高等院校通识教育的实施状况。

---

① 王远嘉. 技专院校通识评鉴之反思与鞭策 [J/OL]. 通识在线，2011, 36 [2020-09-10]. http://www.chinesege.org.tw/geonline/html/page4/publish_pub.php? Pub_Sn=33&Sn=1179.
② 林从一. 台湾通识教育发展历程 [J]. 长庚人文社会学报，2014, 7 (2): 191—253.

(一) 通识教育有利于培养宏阔的知识视野，形成多元化思考

通识教育开展的初衷就在于让学生走出传统专业教育狭小的知识领域，形成广阔的知识视野；认识文化的多元性，形成对多元文化的理解、尊重。有学生认为，"多元文化学程"的选择，让自己学习到如何从不同的角度来看待不同世代、性别、年龄与文化等所面临的冲突，也唤醒了自己对事物敏锐而纤细的感受，并且跳脱自我意识的窠臼，让自己能够以更宏观的视野与角度来观看世界。[①] 有学生认为，通识教育除了表面的知识，更重要的是支撑这些知识的态度，通过通识教育我们可以学习包容和尊重，尊重他人的专业，包容他人的不足，更懂得从他人的角度看问题，抱持开放的心胸去接纳这个世界，去了解不一样的观点。[②]

(二) 通识教育可以丰富生命体验，促进心灵成长

在通识教育理念指引下开设的众多问题解决导向、实践参与导向的课程，让学生在参与实践和服务社会中开阔心胸与视野，不断认识自我，使心灵逐渐丰硕成长。有学生谈到参与"生命体验"课程对自己的影响：最初驱使自己参与的理由之一，是基于一种考验与磨炼自己能耐的念头，想试着挑战一切从无到有的艰辛，以及享受完成后的喜悦。于是，我毅然决然地决定申请"生命体验"，尝试"不做不食"，通过以劳动换取食物、以服务代替消费的方式，利用暑假到台东排湾族撒不优（sapulju）部落生活。其间，历经了不少煎熬与争执，从中，我看见了搭载理论与实务的桥梁，学会了选择与舍弃，更学会了为自己的选择付出、负责与努力。在众多抉择、体验与思考中，我找到了我自己。[③]

[①] 陈芊卉. 生命需要体验，学习才能深刻 [J/OL]. 通识在线，2011，36 [2020-09-10]. http://www.chinesege.org.tw/geonline/html/page4/publish_pub.php?Pub_Sn=33&Sn=1210.
[②] 郭峰呈. 学习的热情、宽容的心与通识教育 [J/OL]. 通识在线，2017，68 [2020-09-10]. http://www.chinesege.org.tw/geonline/html/page4/publish_pub.php?Pub_Sn=147&Sn=2169.
[③] 陈芊卉. 生命需要体验，学习才能深刻 [J/OL]. 通识在线，2011，36 [2020-09-10]. http://www.chinesege.org.tw/geonline/html/page4/publish_pub.php?Pub_Sn=33&Sn=1210.

(三) 通识课程是通往不同领域的快捷方式

通识教育通过开设涵盖广阔知识领域的课程,让学生能够轻松地尝试平常不会接触到的科系;通过作业或是考试也让学生更清楚自己是否愿意长久经营对这些科目的兴趣。有学生认为,通识课程除了当作入门或是概论学习以外,还能不受本科系无形的束缚,直接接触受教于感兴趣领域的老师,经由老师上课的风气、谈吐、理想,去慢慢了解一般知识中无法传达的道理,体验老师们经过时间与努力所历练出来的智慧与素养。①

(四) 通识教育的教学方式有利于激发学生学习的主动性

通识教育意味着教学方式由以教师的教为主转变为以学生的学为主,经典阅读、大班授课、小班讨论更是被视为通识教育的精髓。学生反映在通识课堂中收获颇多,在思维、合作、人际等方面都有很大程度的提升;课堂学习知识掌握程度达到80%—90%以上,课后阅读与理解经典的能力显著增强;学会了将知识运用于生活,养成了辩证思考的习惯;在一个开放的课堂环境中,学生与教师之间的思维碰撞,也使得学生更容易与老师探讨问题,克服人类思维的惰性,恢复对事物的好奇心。这样的教学方式激发了学生作为学习主体的主动性,学生学会自学,相较于教师单向讲述能取得更好的学习效果。②

学生们在肯定通识教育的有益方面的同时,也直观地指出通识教育的不足之处。

其一,通识教育没有达到既定目的。大学生修习通识教育的目的,

---

① 王崧合. 对于自由学习的一丝渴望,在专业教育与通识教育之间与之外 [J/OL]. 通识在线,2016, 67 [2020 - 09 - 10]. http://www.chinesege.org.tw/geonline/html/page4/publish_pub.php? Pub_Sn=142&Sn=2102.

② 谢灵. 经典可以这么教——曾暐杰老师"墨子课"上课方法原理及效果分析 [J/OL]. 通识在线,2018, 78 [2020 - 09 - 10]. http://www.chinesege.org.tw/geonline/html/publish/publish_pub.php? Pub_Sn=166&Sn=2480.

或者在于培养宏阔的知识视野，使思想不囿于单一领域；或者在于培养尊重多元、包容的文化观念；或者在于均衡发展理性与感性的创意能力等。现实的通识课程却让他们失望。许多大学虽然提供了众多的通识课程供学生选择，但课程本身水平不高，师资匮乏是重要原因。有些课程聘请校外兼任教师开设，其中有些教师并非学有专精，仅循"通识课就是内容简单"的模式规划课程，甚至敷衍了事，完全丧失"大学之道，在明明德"的知识澄明人格的教育宗旨。授课教师没有深刻理解通识教育的教学方式，缺乏课程的知识承载度和教师的引导。有些课程皆是由同学的报告组成，老师几乎没有课程引导观念，同学并未从老师的教学中获益；又或者整学期课堂上仅播放与课程主题相关的影片，老师并未深入引导与启发学生想法，无法使学生有效地了解全然陌生的课程领域，更遑论启发其跨领域探索的兴趣，进而启发创意与尊重世界的多元性。[①]

其二，通识教育的组织实施空泛，学生无法从中受益。有学生认为，通识课不过是凉课、爽课、不用上课的营养学分，一门课还两学分，比实验课还多，可说是"刷"学分最轻松的路径，因为点名举手就算是完成了这堂课的学习，老师也只是把自己会的东西摆出来，完全没有要"教"的意思，学生当然也就不把上课当回事，能全程看着黑板不低头就算是很给老师面子了。[②] 语文几乎是全台湾地区大学大一年级的共同必修课程，但是大一的语文课，感觉上跟高中没什么不同，教学内容大多数是一样的。如果高中学过，大学再开这门课对于中文系以外的学生便没什么用处。期末，学生要写一份报告，如针对某某文学做研究，与其说是做研究，其实大部分同学只是到网络上拉拉数据、修修版面便结束了，认真看待这份报告的实在没几人。中华民族的文化博大精深，开语文课不是不好，但希望

---

① 王立琦. 属于大学生的通识教育[J/OL]. 通识在线, 2013, 49 [2020-09-10]. http://www.chinesege.org.tw/geonline/html/page4/publish_pub.php?Pub_Sn=10&Sn=1610.
② 沈柏佑. 我对于通识课的梦想，以及许多的失望[J/OL]. 通识在线, 2016, 66 [2020-09-10]. http://www.chinesege.org.tw/geonline/html/page4/publish_pub.php?Pub_Sn=140&Sn=2071.

可以教些和高中课程不一样的东西。①

其三,通识课程的内容不能满足学生需求。有的学生梦想的通识课是能教自己一技之长,例如修理脚踏车、手工艺、煮饭做菜等日常能用到的知识。

---

① 王钧平. 直言大一语文的学习心得 [J/OL]. 通识在线,2017,69 [2020-09-10]. http://www.chinesege.org.tw/geonline/html/page4/publish_pub.php?Pub_Sn=149&Sn=2202.

第六章
京台两地应用型本科院校通识教育比较与评价

北京地区目前有各类普通高等院校92所,其中教育部及其他中央部委主管高校39所,北京市及北京市教委主管的本科层次高校28所。[①] 在这些北京市属高校中,明确应用型大学办学方向的有北京联合大学、北京信息科技大学、北方工业大学、北京石油化工学院、北京城市学院等。例如,北京联合大学提出实施"学术立校、人才强校、开放兴校"战略,不断推进内涵式发展,建设北京市高水平应用型大学。[②] 北京信息科技大学提出立足北京、面向全国,建设培养高素质应用型人才为主的教学研究型大学。[③] 北方工业大学提出重点为首都经济社会发展服务,着力培养兴工报国、脚踏实地,敢于创新创造、精于实践实干的卓越工程师等高素质应用型人才,努力建设协调发展、特色鲜明、优势突出的高水平应用型大学。[④] 北京石油化工学院提出秉承"崇尚实践、知行并重"的办学理念,坚守"团结、勤奋、求实、创新"的校风,传承实践育人的办学特色,全力打造新时代首善之区工程师摇篮,建设特色鲜明的高水平应用

[①] 北京普通高等学校名单情况 [EB/OL]. (2020 - 6 - 30) [2021 - 9 - 10]. https://hudong. moe. gov. cn/qggxmd/.
[②] 北京联合大学学校简介 [EB/OL]. [2023 - 2 - 10]. https://www. buu. edu. cn/col/col7/index. html.
[③] 北京信息科技大学章程 [EB/OL]. [2023 - 2 - 10]. https://www. bistu. edu. cn/xxgk/dxzc/.
[④] 北方工业大学章程 [EB/OL]. (2022 - 12 - 15) [2023 - 2 - 10]. http://www. ncut. edu. cn/xxjs1/xxzc. htm.

型大学。① 北京城市学院提出坚持以市场为导向，以应用型、实用性为特色，以服务区域发展为目标，实施"适合教育、全人教育、有效教育、实用教育"的育人理念，全力创建高水平大学，全心造就高素质人才。② 其他高校，如北京服装学院、北京建筑大学、北京印刷学院等，为行业性学校，多选择行业特色鲜明的办学方向，本质上也是以培养应用型人才为目标的高校。

中国大陆的通识教育起步较晚，如果从1995年高校开设"文化素质教育"课程算起，不过二十多年。我国知名研究型大学如北京大学、清华大学、复旦大学、中山大学、浙江大学等开展了全面的通识教育探索，初步形成了各具特色的通识教育模式。广大以培养应用型人才为主的地方性高校，也引入通识教育理念，开设通识教育课程，探索人才培养的合理模式。北京地区应用型大学的通识教育总体上尚处于探索过程中。京台两地应用型大学（技职教育）在发展过程中面临着相似的问题和挑战，通识教育在人才培养中的地位和作用受到同样的重视。对比京台两地应用型大学（技职教育）通识教育在理念、基本模式、课程体系、教学方式等方面的异同，有利于我们交流互鉴，持续改进教育教学。我们将主要以北京联合大学为例，对京台两地通识教育开展情况进行比较，力求窥一斑而见全豹，并对北京地区应用型大学通识教育的未来发展予以展望。

一、理念和基本模式

如前文所述，台湾地区技职院校普遍把通识教育等同于"全人教育"，

---

① 北京石油化工学院. 学校概况 [EB/OL]. [2023-2-10]. https://www.bipt.edu.cn/xxgk/xxjs/index.htm.
② 北京城市学院. 学校概况 [EB/OL]. [2023-2-10]. https://www.bcu.edu.cn/xxgk/xxjs.htm.

或者达成全人发展的基本途径。台湾地区学术界对全人教育理念的基本理解可以做如下概括：从全人教育的性质来看，全人教育是一种理想的教育，是一种"内化式"的教育，体现着教育的贯通性、整合性和多元多样性。从全人教育的目的来看，全人教育是关注人之为人的教育，关注人的生活、道德、情感、理智的和谐发展，旨在追求人的身心合一、人与外物的和谐以及人与自然的统一。从全人教育的内容来看，全人教育即德、智、体、群、美"五育"均衡发展的教育，涵盖人的生活的各个领域，涉及的范围宽广、全面。从全人教育的实践方式来看，知、情、意、行成为落实全人理念的立脚点，全人教育可以通过教育过程的各个方面来实现，但在台湾地区，学校实践全人理念最常见、最有效的方式是非专业性的、非功利性的通识教育。① 将通识教育与全人教育直接关联甚至等同起来，是台湾地区对通识教育本土化的理解和表达，是对中国传统教育中"天人合一""内圣外王""仁民爱物"全人教育理念的继承。② 通识教育除了强调全人教育的理想外，在教育内容方面强调给予学生广博的知识基础，并能够实现科际整合贯通和多元多样；强调基础核心课程的开设；强调"做中学"，通过服务类课程、问题解决导向课程实现知识内化和品格塑造；注重核心能力和核心素养的培养等。

在通识教育理念的指引下，台湾地区技职通识教育形成了基本模式：设立院校级的通识教育专责机构，制定通识教育政策，设计通识教育课程体系，以专门的通识教育师资或聘请专业院所师资，开设通识课程或组织通识教育活动，来达成通识教育的目标。这样的教育模式组织架构清晰，有利于通识教育的开展。但是，由于技职院校在师资储备方面的先天不足，专门的通识教育机构往往出现虚极化，也容易出现通识教育与专业教育的疏离，难以实现通识教育的目标。近年来，技职教育渐有"重学术轻专业"及"重研究轻教学"的趋向，应有的理念目标逐渐失焦。在课程的

---

① 谭敏. 台湾地区全人教育理念评析 [J]. 复旦教育论坛, 2008 (4): 24—27.
② 赖明德. 全人教育的探讨和落实 [J]. 河北科技大学学报（社会科学版）, 2002 (2): 6—8.

规划与实施方面，为了因应社会变迁，技职教育加入许多人文及资讯化的课程，造成学生专业能力的滑落；技专院校的课程及教学与普通大学日渐趋近，未能落实建教合作、实习及本位课程推动机制。①

中国大陆地区的通识教育起步较晚，目前对什么是通识教育、是否需要推进通识教育、如何推进通识教育，高等教育界还未达成完全共识。②学者李曼丽综合国内外学者对通识教育做出的各种表述，从性质、目的和内容三个角度对通识教育的内涵做了梳理："就性质而言，通识教育是所有大学生都应该接受的非专业性教育；就目的而言，通识教育旨在培养积极参与社会生活的、有社会责任感的公民和全面发展的社会人；就内容而言，通识教育是一种非功利性的基本知识、技能和态度的教育。"③这一陈述比较全面地概括了通识教育的内涵，得到了较多的认同。

北京地区应用型大学虽然没有对通识教育理念做出独立的探索，但是我们可以从其对通识教育概念的使用情况，概括出其对通识教育内涵的多层次理解：首先，通识教育是不直接为学生将来的职业活动做准备的那部分教育，是学校将立德树人内化到人才培养基础环节的重要抓手，是专业人才培养方案的重要组成部分。这部分教育没有明确的专业知识、技能指向，但又被认为是必须要接受的教育。其次，通识教育课程旨在培养学生健全的人格和公民意识，提升学生的人生境界和思想品质，侧重于对学生人文素质的培养和综合能力的提升④；通识教育旨在培养学生具备共同的价值取向、基本素养和行为范式，重在培育凝聚社会共识的价值观⑤。因此，知识传承和价值观引领要统一，立德树人是教育的根本任务。其三，通识教育还是一种教学方法，经典研读、小班讨论是这种教学方法的精

---

① 吴明振，林雅幸，陈培基. 技职教育再造的挑战与展望 [J]. 中等教育, 2014, 65 (2): 6—20.
② 李凤亮，陈泳桦. 新文科视野下的大学通识教育 [J]. 山东大学学报（哲学社会科学版），2021 (4): 170—176.
③ 李曼丽. 通识教育：一种大学教育观 [M]. 北京：清华大学出版社，1999: 18.
④ 肖章柯. 应用型大学实施通识教育探微 [J]. 北京教育（高教版），2011 (5): 27—28.
⑤ 蒋家平. 通识教育应突出价值观导向 [N]. 中国教育报，2018-05-11 (5).

髓。学生通过研读经典、深入思考、参与讨论，培养批判性思维能力和语言表达能力。因此，强调以学生为中心，转变以往以教师为中心的教学方式，关注学生的学习方式，将教师的主导作用与学生的主体作用结合起来。

北京地区应用型大学的通识教育模式大致可以概括为通选课模式。① 通选课模式是以自由选修通识课为主来实施通识教育的一种形式，目的在于通过开设通识选修课让学生广泛涉猎不同学科领域，拓宽知识面，学习不同学科的思想和方法，构建较为全面的知识结构，提升综合素养。中国大陆地区各大学在设置通识选修课以前，本科课程主要由专业基础课、专业课（必修和选修）、公共必修课、公共选修课四部分组成。通识选修课主要由公共选修课发展而来，由各院系从事专业教育的教师开设一定数量的通识教育选修课，分若干领域供学生分类选修；原有的公共必修课如外语、数学、物理、思想政治理论、计算机等课程改称通识教育必修课。例如，北京联合大学通识教育选修课分为人文社科类、自然科学类、艺术审美类、阅读写作类四类，开设一定数量的课程，要求学生在每一类别中至少选修2学分共计8学分的课程。又如，北京信息科技大学规定，通识选修课的设置应符合学校人才培养目标定位，课程内容应注重实现跨专业知识的打通，促进多元知识框架的形成，有利于拓宽学生认知视野，加强学生文化素养底蕴，启迪学生思考，激发创造精神，发掘成长潜力，提升素质和创新实践能力，培养批判思辨和终身学习能力；将通识选修课划分为"道德法律与身心健康、科技创新与生态文明、文体美育与人文素养、经济管理与社会责任、创新创业与职业发展、沟通表达与全球视野等系列模块"供学生分类选修。②

为了适应经济社会发展对具有创新、创造能力的复合型人才的需求，许多高校采取大类招生、大类培养的人才培养模式。所谓大类人才培养模

---

① 冯惠敏. 中国特色通识教育模式研究 [M]. 北京：科学出版社，2018：21.
② 北京信息科技大学通识教育选修课程管理办法 [EB/OL] [2021-09-19]. https://jxgl.bistu.edu.cn/jxyj/kcjs/202206/P020220620350342682807.pdf.

式是在通识教育理念指导下，为了培养"宽口径、厚基础、具有创新能力"的全方位复合型人才，按照学科大类进行招生和培养的一种教育方式。①它把具有相同特点的学科或专业整合成一个新的"门类"进行招生和人才培养，使原有的"窄专业"向宽方向发展，为学生打下了更厚实的基础，留下了更多的专业选择空间，使得学生发展后劲更足，创新、创造能力更强。北京联合大学试点大类招生和人才培养，比如设置了艺术设计类、工商管理类等学科专业，开设了一定数量的大类平台课程，视学习情况再进入不同的专业进行学习。

通过对比我们发现，京台两地应用型大学通识教育在理念和基本模式方面有相同的地方，也有明显的区别。台湾地区技职院校的通识教育做法是将原有的共同课程（类似于大陆的公共基础课）进行通识化改造，将通识教育课程划分为若干领域或方向，规定学生必修或分类选修。北京地区应用型大学的普遍做法是保留原有的公共基础课程，在此之外开设系列的通识教育选修课。有学者认为通识教育选修课的开设"实际上仍然只是文化素质教育课程的延续和改进，未能与专业教育整合到一起，形成完整的本科教育培养方案和课程体系"。②我们应该对北京和台湾地区应用型大学通识教育的理念和基本模式有正确的认识。

首先，通识教育理念的核心是培养负责任的人。台湾地区技职通识教育强调全人教育、全人发展，北京地区通识教育重视德智体美劳"五育并举"促进学生全面发展，两者并无本质区别。但是，通识教育理念是多层面的，强调知识基础的跨界融通，强调核心素养和基础能力的养成，还强调形成共同的思想基础和价值观念，从而凝聚社会共识，"旨在培养学生成为一个负责任的人"。③通识教育的目的应该是知识、能力、价值观的统一，如果抛开共同价值观的培育，通识教育将会失去灵魂；同样，脱离了

---

① 冯惠敏. 中国特色通识教育模式研究［M］. 北京：科学出版社，2018：131.
② 北航高研院通识教育研究课题组. 转型中国的大学通识教育——比较、评估与展望［M］. 杭州：浙江大学出版社，2013：115.
③ 哈佛委员会. 哈佛通识教育红皮书［M］. 李曼丽，译. 北京：北京大学出版社，2010：40.

正确的教育教学模式和理念，不注重学生广博知识基础的奠定与核心能力的培养，也是人才培养的缺失，最终也难以达到价值观培育的目的。通识教育作为一种源于美国的教育理念，其根本目的在于通过对西方文化经典的研读，让学生于潜移默化中认同西方的文化传统和价值观念，从而形成共同的价值观念。从这种意义上来说，开展通识教育是西方国家开展意识形态教育的有效方法。这种教育模式在西方文化处于强势的历史时期是有效的。我国在引入通识教育理念时如果忽视其意识形态性，就会"在政治方向性、价值导向性及文化引领性等三个方面面临着挑战和考验"。[①] 事实上，如果不解决好通识教育与意识形态导向性之间的关系，通识教育就不能很好地发展。

近年来，中国高等教育改革中提出的"课程思政"理念，强调知识传承和价值引领的统一，对解决人才培养问题进行了有益的探索。党的十八大以来，国家围绕培养什么人、怎样培养人、为谁培养人这一根本问题，就教育改革发展提出一系列新理念、新思想、新观点，特别强调要把"立德树人"作为教育的根本任务，提出要坚持把立德树人作为中心环节，把思想政治工作贯穿教育教学全过程，实现全程育人、全方位育人，努力开创我国高等教育事业发展新局面；强调思想政治工作从根本上说是做人的工作，必须围绕学生、关照学生、服务学生，不断提高学生思想水平、政治觉悟、道德品质、文化素养，让学生成为德才兼备、全面发展的人才。这些具有中国特色的教育理念符合中国高等教育发展需求，成为高等教育改革的引领。

其次，"通专融合"是影响通识教育未来发展的重要因素。通识教育与专业教育的关系问题一直是通识教育领域讨论的重要问题，京台两地应用型大学都没有解决好这一问题。台湾地区有学者认为，通识教育是教育的基础，也是专业教育的基础。通识教育之所以受到很大的期待，至少在技职院校这端，有两个可能的原因：一是可通过通识课程补强学生读写

---

① 张威. 通识教育：高校课程思政的有效促进 [J]. 中国高等教育，2019 (2)：36—38.

算、中/英文基本能力;二是通识课程有很大的机会可融入自我探索的追求、生命意义的思考、艺文美学的陶冶、志工服务以及跨域学习的尝试等议题,而这是人之所以为人最精彩的部分。① 有学者认为,将通识教育看作是培育某些核心能力的最有效方式,是通识教育不可承受之重。这种说法似乎认定通识教育及专业教育各有其教育目的,甚至于通识教育所要培育的"全人"是在为未来的专业教育做好预备、打好基础。值得思考的问题是:这些与职业预备有关的核心能力是否一定得通过通识教育来完成?难道在专业教育中就不应该或是无法强调分析思辨能力、表达沟通技巧、为人处事态度甚至是批判思考等核心能力吗?假若通识教育是为了给未来的专业教育做好准备、打好基础,通识教育与专业教育应该是相辅相成的,没有谁是谁的核心的问题,如果真的一定要主张核心的存在,那么通识教育与专业教育应该是共同拥有核心的,无论这个核心是"全人"还是"生活"。②

北京地区应用型大学通识教育的未来发展,处理好通识教育与专业教育的关系,实现二者融合发展应该是目标方向。从应用型大学本身的实际情况出发,制定符合实际的人才培养目标,通识教育和专业教育围绕这个目标共同发力,应该是未来发展方向。北京联合大学在办学实践中提出"学校以培养信念坚定、知行合一,基础知识扎实、实践能力强,具有较强的社会责任感、创新创业精神和可持续发展能力的高素质应用型人才为目标"。无论是扎实的基础知识,还是较强的社会责任感以及创新创业精神、可持续发展能力,都与通识教育的理念和目标一致。通识教育和专业教育在人才培养的层面应该是贯通的,应用型人才的培养更需要通识教育与专业教育的融通,以及二者在逻辑思辨能力、沟通表达能力、团队协作

---

① 庄明哲. 通识教育是教育的基础,也是专业教育的基础 [J/OL]. 通识在线,2016,63 [2018-9-10]. http://www.chinesege.org.tw/geonline/html/publish/publish_pub.php?Pub_Sn=134&Sn=1976.

② 方永泉. 通识教育成为大学教育的核心?——通识教育的"不可承受之重" [J/OL]. 通识在线,2016,62 [2018-9-10]. http://www.chinesege.org.tw/geonline/html/page4/publish_pub.php?Pub_Sn=132&Sn=1940.

能力、价值观念塑造等方面的培养过程中发挥更大作用。

第三，通识教育模式的形成是一个渐进发展的过程。通识教育应该从人才培养目标的总要求出发，整合打造若干通识核心课程，不断完善人才培养体系。台湾地区技职院校的通识教育是在综合性大学进行探索并取得一定共识的基础上开始推进的，某种程度上是模仿综合性大学通识教育模式和根据自身情况调整的结果。中国大陆地区高校的通识教育尚处于探索阶段，还没有形成成熟定型的模式。应用型大学受到自身人才培养目标、师资储备的限制，移植综合性大学的做法不仅不可取，而且难以做到。因此，按照通识教育理念和提升专业人才培养质量的理念打造通识教育核心课程，提升专业课程质量，使专业教育能够传达一定的通识精神应该是更可行的道路。这就对专业教育提出了更高要求——不能局限在偏狭的知识点上，要把知识讲得更通透，更注重能力的培养，还要使专业课程更加系统化，易于触类旁通，活学活用。要做到这些，提升课程质量才是关键因素。

二、课程体系

通识教育的基本理念，最终要落实为通识教育的基本模式和课程体系，比起基本模式来，课程体系是通识教育的核心，具有更为根本的意义。[①] 京台两地在通识教育课程体系建设方面有许多相似之处，也同样存在诸多调整提升的空间。

第一，都保留了相当数量的基础类课程。

台湾地区技职类院校普遍注重语文能力的培养，把其放在基础重要的地位上，在课时、学分上都占有相当的比例。一方面，由于台湾地区实行的是技职教育和普通教育相分离的双轨制，技职类院校没有高中阶段语文

---

① 北航高研院通识教育研究课题组. 转型中国的大学通识教育——比较、评估与展望［M］. 杭州：浙江大学出版社，2013：118—119.

读写、表达能力的训练，学生在这方面基础薄弱。另一方面，21世纪是全球化时代，技职类学生面临的竞争压力不断增强，提高交流移动能力就需要有良好的外语能力，语言表达能力也是个人发展的基础能力。因此，台湾地区技职类院校都开设了相当数量的语文类课程。例如，台湾科技大学的共同教育，分为"社会实践""语文""英文""通识""体育"五大领域，共计34学分，其中"语文"6学分、"英文"12学分，两者占到共同教育学分数的一半以上；通识教育六向度共计15学分。又如，台北科技大学的通识教育也是广义的通识教育，包括语文表达与阅读、大学入门（或大学入门与工程伦理）、服务学习、劳作教育、博雅通识几个领域，共计31学分，其中语文表达与阅读12学分（语文4学分，英语阅读与听讲练习8学分），博雅通识课程按照人文学科、社会科学、自然科学三个领域共设置六个向度共计18学分。再如，高雄科技大学共同教育课程及学分数如下：校共同必修课程，包含大学语文（2）、实务应用文（2）、实用英文4学期（8）、体育4学期（0）、服务教育2学期（0），共计12学分；核心通识，三大领域各需必修2学分，共计6学分；博雅通识，五大课群各需必修2学分，共计10学分。

北京地区应用型大学一般把原来的公共基础课列为通识教育必修课，另外开设分为不同领域的一定数量的选修课。通识教育必修课包括高等数学、大学物理、思想政治理论、大学英语、计算机等公共基础课程，约占全部理论教学学分的40%，占整个通识教育学分的绝大部分。其中，大学英语约占16学分。通识教育选修课程按照自然科学类、人文和艺术类、社会科学类、沟通交流类四个类别（划分类别有变化）全校打通设置，[①]学分仅占全部理论教学学分的5%，在人才培养中的作用是有限的。

第二，注重通识核心课程建设是未来发展方向。

通识教育的核心功能是传承文明、凝聚人心，培养认同共同价值观念

[①] 冯爱秋，杨鹏，肖章柯. 地方普通高校应用型本科人才培养方案研究与实践[J]. 北京教育（高教版），2012（11）：53—55.

的社会人和公民。美国著名大学的通识教育大多重视对经典著作的阅读，开设文明文化类课程。经典文本作为思想内容和修辞表达浑然一体的最高典范，既是思想与心智训练的好材料，也是表达风格的好范例。甚至从某种意义上来说，通识教育的精髓就是经典研读、大班授课、小班讨论和写作。基于这种理解，国内一些知名大学在通识教育课程体系中多设计文明文化类课程，并推出经典阅读书目。例如，南京大学2015年推出的"悦读经典计划"包括六个基本知识单元的六十本经典著作，同时推出系列经典研读课程及经典悦读活动。北京航空航天大学也开设了文明文化类课程并公布了推荐学生阅读的经典书目。

台湾地区高校对核心课程的理解更偏重于教学方法上同传统课堂的区别。台湾学者黄俊杰认为："核心课程与通识课程皆为达成通识教育的理想而设计，但是在教学方法上取径不同。通识课程着重广博文雅知识的获得与涵养，而核心课程则是选出学门中具有代表性的问题为重点，做充分深入的探究，作科际整合式的教学，并在研究讨论中习得判断与解决问题的观点与策略。经由核心课程的设计与实施，希望学生学习到追求知识的方法，知道如何使用知识，培养价值判断。"[①] 台湾地区技职院校的通识教育在教育事务主管部门"通识教育中程纲要计划（2007—2010）"的推动下，把核心课程建设作为一个重要的方向。所谓通识教育核心课程主要是指教学内容和方法的变革，概括起来有以下几点：1. 教学内容的安排突出问题导向而不是学科知识体系的完整性。2. 教学中注重围绕问题解决而作跨不同学科体系的知识整合。3. 注重调动学生参与教学过程，发挥学习主体作用。"除了一般的课堂授课之外，也可以适度导入辩论比赛或戏剧展演或心得写作等教学方式，使学生课堂所学习的价值理念，更容易融摄入他们的身心之中。"[②] 4. 核心课程的教学目标在于学生价值观的转变。

北京联合大学在通识教育课程体系建设方面并没有模仿大陆知名大学

---

① 黄俊杰. 转型中的大学通识教育：理念、现况与展望 [M]. 台北：台湾通识教育学会，2006：105.
② 黄俊杰. "生命教育"如何可能？[J]. 高教发展与评估，2021（4）：44—54+106.

以开设文明文化类核心课程为主的方式，这一方面是因为学校办学时间较短，相关通识课程师资力量匮乏，另一方面，大陆高校的通识教育尚在探索过程中，还没有形成成熟完善的模式，"经历了传统的断裂与蜕变的现代中国已然糅杂了多种传统"，不同传统本质上的区别及传统内部不同立场之间的张力，"使得我们哪怕在最低程度上达成何为经典的共识也很困难"。① 北京联合大学的做法是推进教学改革，通过举办全员教学比赛、设置校级教研项目等，全面提升课程质量，这些做法暗合了通识教育核心课程的要求。自 2011 年开始，北京联合大学在思想政治理论课领域开展了问题导入式专题教学改革。所谓问题导入式专题教学，是指通过对教学重点、难点、疑点的确定和导向，以实现教育目标、解决当前理论工作中的重大问题和教育对象的迫切需要为中心，以提高教育实效为导向，开展的专题研究与教学活动。改革通过对教材进行问题导入式专题教学的再造，把教材体系转化为教学体系，构建"讲授体系、实践体系、考核体系"三者统一的教学考核模式，全面提高教学教育的实效。② 经过数年实践，问题导入式专题教学改革取得明显成效，提高了思政课教学实效，增强了学生中国特色社会主义信念，育人效果显著提升。问题导入式专题教学有利于增强思想政治理论课的针对性和有效性，能够有效调动学生学习的积极性，培养自主学习意识，增强学生对中国特色社会主义的认同感，在培育学生的综合素质方面也发挥了重要作用。③ 作为北京联合大学党建和思想政治工作的一项鲜明特色，思想政治理论课问题导入式专题教学改革不断深化，在探索开展分类分专业教学改革，探索开展本地化、本校化教育资源融入思想政治理论课教学改革，探索开展思政课程支持、促进"课程思政"改革，探索开展科研反哺教学、融入教学改革上实现持续深化与提升。

---

① 陆一. 通识教育需要面对三大挑战 [N]. 中国科学报，2021-8-10 (5).
② 周志成，韩强，孟宪东，等. "问题导入式"专题教学改革探索与思考 [J]. 思想理论教育导刊，2014 (3)：73—76.
③ 仲计水. 针对问题教 带着问题学——思想政治理论课问题导入式专题教学改革取得明显成效 [J]. 北京教育（高教版），2017 (9)：38—40.

第三，在思想政治教育课程方面存在巨大差异。

1996年之前，台湾地区高校的政治教育类课程属于由教育事务主管部门订定的大学"共同科"，其中"地方法规"为必修课。大学有关规定修订之后，取消共同必修科目的规定，各大学可自由设置课程，部分学校将该课程转型后归入通识课程领域（例如地方法规与地区发展），属于通识领域必修课程，自此，政治学相关的通识课程，开始朝向多元化发展。台湾地区学者普遍认为，开展政治教育，培育具有民主政治素养的民众是通识教育的重要职责之一。大学通识政治教育是民众民主素质提升的重要途径，因为博雅教育的精神即在全方位落实大学全人教育的理想，这当然包含了培育正确的民主文化。① 但是由于政治、社会环境等方面的原因，台湾地区的民众教育存在诸多问题。1. 身份认同危机问题。身份认同教育是民众教育的基础与核心，如果民众教育无法有效帮助青年建构社会身份，那么民众教育将在很大程度上失去意义。2. 政治和社会环境对教育存在负面影响。3. "理性思辨的能力"成为民众政治教育的目标。

思想政治理论课是大陆通识教育必修课的重要组成部分。习近平总书记强调："思政课是落实立德树人根本任务的关键课程"，"我们办中国特色社会主义教育，就是要理直气壮开好思政课"，"用新时代中国特色社会主义思想铸魂育人，引导学生增强中国特色社会主义道路自信、理论自信、制度自信、文化自信，厚植爱国主义情怀，把爱国情、强国志、报国行自觉融入坚持和发展中国特色社会主义事业、建设社会主义现代化强国、实现中华民族伟大复兴的奋斗之中"。② 北京联合大学在重视思想政治理论课建设的同时，全面推进"课程思政"建设，把"课程思政"作为落实立德树人根本任务的重要基础性和全面性工作，形成思政课程和课程思政同向同行、协同育人的局面。学校要求全校所有教师都要挖掘各门课程所蕴含的思想政治教育元素和所承载的思想政治教育功能，把做人做事的

---

① 包宗和. 以通识政治教育厚植民众民主素养 [J/OL]. 通识在线，2014，55 [2018-9-10]. http://www.chinesege.org.tw/geonline/html/page4/publish_pub.php? Pub_Sn=118&Sn=1676.
② 习近平. 思政课是落实立德树人根本任务的关键课程 [J]. 求是，2020 (17).

基本道理、社会主义核心价值观的要求、实现民族复兴的理想和责任融入课程教学中,实现思想价值教育与知识体系教育的有机统一,发挥好课堂教学的主渠道作用。全方位行动,即"课程思政"建设是全校各单位、各部门的共同责任,是一项系统性工程,纵向需要层层激发动力、形成共识,横向需要多部门协同配合、互相支持,基本形成了"学校党委统一全面领导、党委宣传部牵头抓总、院系具体推进落实、各部门密切协同、教师主体作用充分发挥"的工作格局。例如:学校党委宣传部以北京市委教工委设立的北京高校思想政治工作难点攻关计划项目为抓手,牵头组织这项工作;教务处将"课程思政"要求纳入人才培养方案和教学大纲,并组织"课程思政"教学设计大赛;人事处将"课程思政"纳入教学单位和教师个人考核内容;党委组织部推动教师党支部抓"课程思政"建设,并纳入教师党支部考核指标体系;各二级学院和教学单位积极开展"课程思政"教改立项,并在涉及教师职务(职称)晋升和各类评优评先表彰中,将"课程思政"增列为条件性要求。①

第四,都注重实践活动或课程在育人中的重要作用。

如前所述,台湾地区技职院校发展起了独具特色的劳作教育和服务类课程,例如,朝阳科技大学的劳作教育课程,通过让学生参加精心组织的劳作,贯彻"做中学"理念,发挥其培养劳动观念、协作精神、服务意识等品质的作用,值得推广和学习。

北京联合大学积极开展社会实践活动、志愿服务活动。北京联合大学商务学院有针对性地策划开展社会实践与志愿服务活动,建设好实践育人平台。一方面,以"思想政治理论综合实践课"为依托,以"游学项目"为载体,实现在校生 100% 参与社会实践。其中,以拓展跨文化视野为目标,精心组织"长三角""珠三角""京津冀"以及"一带一路"等游学项目,打造游学项目品牌。在选题中融入区域发展调研、行业调研等内容,

---

① 李艺英,于洋.深化"课程思政"建设 落实立德树人根本任务——北京联合大学党委书记韩宪洲访谈录[J].北京教育(高教版),2019(6).

做好社会实践与专业实践有机融合，并做好优秀社会实践成果向学术科技作品的有效转化。近年来，该院多个学生获得学科竞赛大奖，均受益于社会实践的坚实基础。如：2015年该院学生作品《民俗旅游促美丽乡村建设》获"挑战杯"大学生课外学术科技作品竞赛全国二等奖、北京市特等奖。另一方面，规范志愿服务课程化建设，探索建立志愿服务长效机制，开拓志愿服务项目，充分发挥青年志愿者协会的作用，努力使志愿精神覆盖和影响全体青年学生。鼓励学生参加重大会议、重要赛事等志愿服务活动。2008年北京奥运会期间，学院共有1040名学生参与了赛会服务、餐饮服务、城市志愿服务。学院定期组织学生走出校门参加"京交会""CBD商务节"等大型志愿服务活动，并在校内逐步形成"同心"打工子弟小学支教、"星星雨"（孤独症/自闭症）帮扶、"绿灯行动"交通协管等多个具有高影响力的品牌项目。其中，"同心"项目已经历时八年之久，在每届学生中得以传承和发扬光大，并得到社会各界广泛好评与媒体关注。依托"星星雨"项目，培育了2013年北京市大学生创业大赛三等奖一项，2016年"创青春"大学生创业计划大赛全国铜奖一项、北京市银奖一项。通过实施基于"服务学习"理念的系列活动，多途径、多方式为学生提供全面学习与成长的平台和机会，形成了大学生社会责任感践行"遍地开花、一枝独秀、满庭春"的良好局面，围绕"立德树人"根本任务取得了一定的实效。①

北京联合大学机器人学院依托"当代雷锋"孙茂芳、全国优秀共产党员叶如陵等社会榜样人物的力量，引领学生的价值方向，助力学生逐步实现"学习""跟跑""独立"的成长过程。开设道德讲堂，邀请榜样宣讲事迹，开展时政讲座，榜样现身说法，讲述成长历程和信仰铸就过程，引导学生进行榜样精神的讨论，完成"学习"的过程，实现思想引领；开展志愿服务培训，让大学生接受榜样志愿服务经验指导，跟随榜样开展志愿服

---

① 吴庆，段祥伟."服务学习"理念下的学生社会责任感培养模式探析——以北京联合大学商务学院为例［J］.劳动保障世界，2016（30）.

务活动，完成"跟跑"的过程，在言传身教中接受榜样的信仰和价值追求，自觉把榜样的奋斗目标转化为自己的奋斗目标，实现行动引领；成立志愿服务队伍，如孙茂芳志愿服务队，独立调研需求、设计主题、开展服务，完成"独立"，实现个人价值与社会需要的结合。机器人学院利用与社区合作共建的资源搭建学生校外志愿服务平台，在东四奥林匹克社区体育文化中心设立孙茂芳志愿服务岗，打造高校与社区共建的志愿服务实践基地，开展知识宣讲、榜样事迹宣传、老人网络知识辅导、儿童成长引领、平安社区建设等志愿服务活动，在校园形成了很强的吸引力和感召力。在此志愿服务平台的培育下，涌现出了六支优秀志愿服务队伍，一大批学生干部锻炼成长起来，成为校园成长成才先锋。孙茂芳志愿服务岗已经成为校园志愿服务品牌，在学生中形成很好的示范引领效应，越来越多的学生加入志愿服务队伍，促成学雷锋志愿服务活动的常态化。工作制度能够保障团队的正常工作秩序、保证团队作风的良好传承，是志愿服务高效、长效的重要保证。志愿者招募制度、培训制度、奖励制度促进志愿者素质的提升，为开展好志愿服务工作提供保障；组织管理制度、承诺制度和监督考核制度明确团队纪律、志愿者义务和各组成机构的职责，保证志愿服务工作的有序开展；工作咨询制度、道德讲堂制度、志愿服务基地管理制度、志愿服务项目的实施与管理制度促进志愿服务管理的规范化、科学化，保证志愿服务实践育人的长效机制；工作总结汇报制度、宣传制度推动志愿服务工作的总结提升，打造思想政治教育的特色窗口，在校园和社会产生一定的影响，形成品牌效应。①

北京联合大学应用文理学院的志愿服务实践：一是"青春船长"团队。以法制讲堂、模拟法庭、法治漫画、法治短剧等方式，为北京市中小学生开展了近百场法制宣传活动。特别值得一提的是，该团队 2014 年 2 月，为北京市第三中学开设了以未成年人保护及未成年人自律为主题的

---

① 李伟华. 浅谈高校志愿服务思想政治育人功能实效性的提升——以北京联合大学机器人学院为例 [J]. 文教资料，2019 (21).

"开学第一课";同年3—7月,以"彩虹之旅—文物保护"为主题,完成了青少年法制宣传教育专项活动的课件制作和课程录制,并作为北京地区优秀课件被推送到司法部"空中课堂"青少年法制宣传教育专项活动课件库,以及成为全国青少年法制宣传的网络公开课程资源,提升了青少年法制宣传的水平和效率。因为工作出色,该团队在2013—2014年连续获得了北京市高校"青春船长"优秀工作一等奖,部分学生获得"优秀船长"称号。二是"保护知识产权志愿服务"团队。该团队以知识产权讲座、知识产权校园咨询服务、企业知识产权保护宣讲与调查、知识产权辩论赛、"世界知识产权日"咨询宣讲、知识产权管理部门参观调研等方式开展了三十多场次活动,将知识产权知识(学校)、管理(政府)、运用(企业)等保护知识产权的各个环节有机地联系起来,强化了校园知识产权保护意识,很好地完成了委托方的任务。该团队项目也被评为学校精品志愿服务项目。三是"青年普法志愿者"团队。成立伊始,主要以制作宪法及相关法律知识展板、社区宪法宣传、宪法诵读等方式开展首个国家宪法日的宪法宣传活动,特别是与高教出版社合作,创新性地录制宪法诵读视频并在网络推送,强化了国家宪法日的宣传效果,受到各方好评。该团队利用寒假、暑期社会实践,与社区、街道合作,加强基层普法宣传,已成为当地较有影响力的普法队伍。专业志愿服务实践的成效:1.探索实践创新法治人才培养新途径,2.培养学生创新能力,3.提升学生专业应用能力和法律职业素养。①

总之,在通识教育课程体系的建设方面,我们要让现有的公共基础课程充分发挥其通识教育功能,同时,根据不同院系专业人才培养需要,打造相应的高质量核心通识课程,为提高人才培养质量提供强有力支撑。开展劳动教育、志愿服务、社会实践等课程属于广义通识教育的范畴,是人才培养的重要途径。

---

① 王平,吴梅.专业志愿服务提升法律人才应用能力的实践——以北京联合大学为例[J].北京教育(高教版),2016(3).

三、师资队伍

通识教育要取得良好的效果，一支对通识教育理念和实践有较好理解和实践能力的高素质教师队伍是关键因素。然而，无论是台湾地区的技职类院校，还是北京地区的应用型大学，通识教育师资匮乏都是普遍存在的问题。应用型大学（技职院校）多以科技类专业为主，自身人文社会科学根底薄弱，而通识教育课程以人文社会科学及艺术类居多；即使学科门类较为齐全的学校，也因为多年来专业教育的影响、对通识教育理念的理解程度不够深刻、教师自身知识结构较为单一、跨域整合能力不够等因素，造成通识教育教师的匮乏。京台两地应用型大学采取多种措施加强师资队伍建设，既有相同的做法，相互间也有可资借鉴的地方。

第一，都注意挖掘自身师资潜质，加强通识教育师资建设。

台湾地区技职院校设有共同教育委员会或者通识教育中心负责全校的通识教育，除少数专门的通识教育师资外，还大量聘请各专业系所的教师开设课程，甚至聘请校外人员担任通识教育教师。从专业课教师到通识课教师的转变，关键在于能不能在课程中灌注通识教育理念，转变教学方法，使学生完成从知识、能力到价值观念的提升。

北京联合大学借 2011 版培养方案修订之机，深化改革，完善制度，对通选课进行统一规划与管理，加强通选课的建设。学校 2011 版培养方案中明确通选课是人才培养方案的重要组成部分，坚持素质教育与专业教育并重、人文社科教育与自然科学教育交融，把素质教育融入人才培养的全过程，将通识教育的理念落实在课程建设上。对通选课采取"统筹规划，统一管理，全校共享"的管理方式，有效地克服了校区分散的缺陷，对通选课做到了统一管理。通选课由校教务处统一进行规划管理，面向全校征集，充分利用学校多学科的优势，根据学院和相关教学单位的优势教学资源，将不同类别的课程主要依托相关单位进行建设；全校共享通选课资源，利用教务系统实现学生网上统一选课，实现跨校区选课。①

第二，通过教师培训或教学改革项目，提升通识教育师资水平。

台湾地区技职院校注重加强办理技职教师进修。通过加强办理共同科目教师的在职进修，使共同科目的教师能充分掌握课程设计精神，提升教学成效。同时通过开办研讨会，促进学校行政人员及专业科目教师以身作则，加强本身的通识涵养及职业道德，并能于日常行政措施及专业教学之中实践，使学生在潜移默化的情境中增进通识涵养及职业道德。2007—2010年台湾地区教育事务主管部门实施的"通识教育中程纲要计划"包含"杰出通识教育教师奖遴选及奖励计划"，核心理念为表彰通识教育教师典范，借以鼓舞通识教师士气，鼓励优秀教师投入通识教育，致力于提升通识课程教学质量。该计划还包括"通识课程教师研习营计划"，具体策略是在北、中、南三区，补助大专院校举办通识课程教师研习营，邀请学者专家讲述通识教育理念、优良制度、理想课程规划等议题，邀请杰出通识教育教师奖获奖教师及优质通识教育课程计划执行绩优教师分享优质课程经营策略与经验，并听取第一线教师的心声与建言，除了达到研习效果借以改善教学质量之外，亦期匡正通识教育理念，鼓舞第一线教师士气，强化使命感。2007年度暑假期间，补助台北科技大学、虎尾科技大学、文藻外语学院等三校办理研习营，计有289位通识课程教师参与。2008年度则由亚东技术学院、中国医药大学、台南大学等三校分别举办通识课程教师研习营，计有349位通识课程教师参与。②

北京联合大学主要通过通识教育精品课程建设的方式培育优良师资。远程视频教学采用现场教学结合网络教学的方式进行，教师在对一部分学生进行现场教学时将课程内容进行录制，课后上传到网络学堂，另一部分学生可以通过网络学堂在线学习课堂录播内容，教师和学生通过网络学堂

---

① 杨芳，吉波. 多校区大学通识教育选修课的建设与实践——以北京联合大学为例［J］. 教育教学论坛，2017（47）.
② 参阅台湾地区教育事务主管部门. 通识教育中程纲要计划（2007—2010）成果报告.

进行教与学的交流。2014年，北京联合大学在远程视频课程的基础上开展通选课精品视频公开课建设，鼓励广大教师申报并遴选优秀教师开设通选课精品视频公开课，不光加大了对课程建设的投入，而且建设了二十间直播教室，每个校区都有直播教室，同时在线技术也有所提高，教师在讲课时不光可以录播，还可以同时在线直播，不同校区的学生可以通过在线直播直接聆听教师的课程，也可以课后通过网络学堂进行在线学习。2014—2016年共遴选出32门精品视频公开课程，最大限度地满足多校区学生共享学校优质课程资源的需求，使得学生学习的空间与时间都更有弹性。[①]

第三，通过课程共同体及引入网络课程资源，丰富师资供给。

台湾地区高校通过加强区域合作，打造通识教育共同体，加强通识教育优质师资的供给。随着台湾地区高等教育由精英教育向大众化教育的转变，提供合格师资越来越重要。台湾地区教育事务主管部门于2006年8月颁布《补助奖励大学校院设立区域教学资源中心计划要点》，鼓励区域教学资源中心建立资源共享平台，以达到营造优质教学环境，协助教师专业成长，调整及改进课程，提升大学教学质量及学生学习成效的目标。高雄科技大学（原高雄应用科技大学）积极规划建立南区区域教学资源中心，广邀南部地区三十三所大学院校为伙伴学校，基于"特色观摩""经验传承""互惠交流"与"均衡发展"等原则开展本区域教学资源中心运作，除了落实资源共享外，另将建置一套完整的校际资源共享法规与运作机制，建立一套补助期满后具体可行的永续发展机制，以及建成工程、电资、商管、设计、语文与人文社会等六个数字化教学平台，以全面提升南区技职院校教学质量与学生学习成效。

创办"台湾通识网"。为了向各大学提供更为充分的通识教育资源，并催化通识教育氛围，以提高学校、教师、学生及社会大众对通识教育的认识、了解与关注，台湾地区教育事务主管部门于2008年4月起，开始积

---

① 杨芳，吉波. 多校区大学通识教育选修课的建设与实践——以北京联合大学为例[J]. 教育教学论坛，2017（47）.

极推动与建置通识教育资源信息服务平台——"台湾通识网",以向相关使用者提供充分且实时的通识教育讯息与完整的服务,满足使用者专业性与多样性的需求。"台湾通识网"每门课程包含课程大纲、讲义、影音课程、延伸阅读、教师简介等内容,亦可下载课程教材包使用,所有资源皆是免费的,对自学者、教师、偏远地区教学资源不足者皆能提供实质助益。经过数年发展,"台湾通识网"内容日益丰富、软硬件架构日趋稳固,并且通过推广与传承等工作,在课程制作、社群组织、资料搜罗与汇集、系统建置等方面都得到发展。自2013年度起,台湾大学接办"台湾通识网"并成立"台湾通识网推广中心",肩负"台湾通识网"的营运与推广任务,为开放式课程理念的落实共同努力。[①]

北京联合大学在拓展资源渠道、提高通选课质量方面采取了多项举措。首先,加强学院路地区高校教学共同体(简称"学院路共同体")课程建设。北京联合大学于2010年10月正式加入学院路共同体。学院路共同体每个成员校开设的均是自己学校的优质通选课,每个成员校的学生均可共享各高校的优质通选课。这种"资源共享、学分互认"的方式,能实现校际学科优势互补、教学资源共享,有利于校际学生综合素质的培养。学生通过修习学院路共同体课程,能走出校门,享受到985、211高校的优质教学资源,拓宽视野,提升综合素质,一方面对本校的通选课建设是重要的补充,另一方面对本校的通选课任课教师也有激励和促进作用。同时,北京联合大学在学院路共同体共开设课程28门次,对本校的通选课走出校门、被社会认可有所裨益,有利于校际通选课的交流,也有利于本校通选课质量的提高。其次,网络课程引进和建设。北京联合大学引进超星尔雅通识教育网络课程和学堂在线网络课程,这两个平台的课程均为名校名师名课,而且采用网络学习的方式,学生可以自由安排学习时间,并便捷地与老师和同学在线进行互动,交流学习心得。学校严格网络课程的过

---

① 参见台湾通识网计划要旨[EB/OL].[2018-09-10]. http://get.aca.ntu.edu.tw/getcdb/info/show? subj=％25u8a08％25u756b％25u8981％25u65e8.

程管理，为每门网络课程配备助教老师，并定期督促学生进行线上学习。同时严格把好考试关，采取现场线下考试的方式，对考核进行严格的管理。这些网络课程大大地丰富了本校通选课，极大地拓展了教学空间，最大限度地突破了多校区带来的局限，使各个校区的学生都能充分享受到名校名师课程，同时也培养了学生的自主学习能力。

四、教学方式

通识教育理念要通过一定的课程体系和具体课程来体现，教学方式的转化带有根本性意义，从某种意义上来说甚至是通识教育的精髓。传统的教学方式以教师的教为主，教师是绝对的主体，强调的是教师个人是否学养深厚，授课内容是否重点突出、难点阐述准确，教学方法是否运用恰当，能否吸引学生注意力。但是，通识教育在教学方式上更加注重学生如何学，如何将所学内容内化，完善自己的知识体系，提升能力素养，形成正确的价值体系。美国大学在推行慕课与翻转课堂之前已经进行了以"学习"为中心、以切实的"学习投入"为目标的深度教学范式改革，在课程教学，特别是以学习为中心的有效教学方式上，西方大学的种种经验是值得借鉴的。[①]

台湾地区技职院校通识教育在教学方式方面的有益做法主要有以下几点：第一，及时作业反馈，引导学生巩固所学，培养批判性思考能力。如前文所述，朝阳科技大学"生活中的哲学涵养"课程群的"哲学概论"课程规定，每一讲结束后学生都要提交三百字的反思札记，激发学生延伸阅读的动力和联系实际思考的能力，促进教学内容的内化；另一课程"心灵经典导读"则采用每次课后小测验的方式，及时反馈学生对教学内容的吸收程度等。第二，考核主要以期中和期末学习报告等形式进行。期中报告

---

① 陆一. 通识教育需要面对三大挑战 [N]. 中国科学报，2021-8-10 (5).

往往是由学生在学习反思的基础上提交报告题目及内容框架，由任课教师或者助教做出等级评定和进一步写作意见。期末学生需要提交完整的学习报告，以此作为通识教育素养受培育程度的考察依据。教师会选择优秀作业开展学习交流会，通过交流，培养学生对多样化思考的尊重态度。第三，建立了完善的助教制度。在台湾地区，"教学助理"模式是指，各高校通过颁布相关规定，通过学生自愿报名或学校自主选拔等方式，选取一定数量的学生（一般情况下是硕士研究生），对教师在课堂（尤其是大班）点名、授课、课间讨论、课后作业批改、答疑等方面进行协助。教学助理不仅减轻了授课教师的教学负担，在与学生互动的同时，也增长了自己在沟通、组织、协调等方面的能力，同时更丰富了自己的人生经历，为日后步入工作岗位积累一定的工作经验。[①] 第四，注重学生课堂参与，采取"体验教学法"等。授课过程中让学生扮演不同的角色，深入体会角色的思想情感，深化对相应思想理念的思考。

在通识教育领域，大陆地区的先驱大学已经引入了许多旨在促进学习投入的教学方法，最常见的是借助助教开展大班授课、小班讨论，强调及时的作业反馈、随堂小测试，推行小组合作学习等教学技巧，制度化地促进师生互动等。北京联合大学在通识教育教学方式方面也进行了相关探索，主要做法包括：第一，强化以学生为中心的教育理念，引导教师摆正教学过程中教师和学生的位置，形成以教师为主导、学生为主体的观念。第二，注重理论教学与实践教学的结合，让学生结合教学内容开展社会调查，深化对教学内容的理解，在撰写调研报告过程中提升语言表达能力，形成正确的价值观念。同时，小组合作的学习方式有助于学生提升沟通交流能力、培养团队协作精神。第三，注重课堂讨论等组织形式，促使学生在联系实际中深入思考，在彼此参照中拓宽视野。

综合来看，未来大陆地区的应用型大学通识教育在教学方法方面可以在以下方面进一步提升。第一，完善助教制度。以北京联合大学为例，由

[①] 余婷婷. 台湾高校通识教育研究［D］. 北京：北方工业大学，2014.

于自身研究生规模较小，在助教队伍建设方面相对滞后。同时，中、大班的班型不利于学生开展讨论。因此，未来可在充分挖掘研究生资源的同时，从高年级学生中选择部分优秀学生充实助教队伍。同时加强助教队伍培训，增强助教组织开展活动的能力。第二，完善经典研读相关制度。让学生真正读进去，从经典中接受思想熏染，学习语言表达。既然目前无法就通识教育的经典达成共识，每门通识课程可以选择本课程的必读经典。通过设计精当的导引问题引导学生把握经典内容，结合当代议题进行思考阐释，并撰写读书报告梳理思想，训练思维能力。第三，强化及时作业反馈。可采用撰写反思报告或作业题的方式，及时把握学生对授课内容的掌握情况。

第七章
结论及建议

通识教育是一种关于高等教育目的和内容的教育思想，它的最终目的是促进学生在智力、体力、道德、情感诸方面全面发展。应用型大学以培养服务于经济、社会发展的专业技术人才为目标，在知识经济和全球化发展的时代背景下面临更多的机遇和挑战。加强通识教育，增强学生的社会责任感、沟通表达能力、团队协作能力、实践创新能力、全球化视野等基本素养成为台湾和大陆地区应用型大学的共同选择。台湾地区技职院校通识教育开展较早，在理念和目标、课程体系构建、组织运行、评价体系构建等方面进行了独特的探索。比较京台两地通识教育开展状况，并将二者放在中国和世界高等教育发展的背景下进行思考，对我们形成更加科学合理的人才培养体系、推进课程与教学改革具有决策参考意义。在本书结束前，作者拟从主要结论和决策建议两个方面对整个研究做一概括。

一、主要结论

中国广泛使用的"通识教育"一词系舶来品，是由英文 general education 一词翻译过来的。中国传统教育中有着丰富的通识教育思想资源，通识教育与中国传统文化中儒家、道家与法家诸子的一些教育思想不谋而合，从某种意义上来说，中国的传统高等教育在本质上就是通识教育。清末，中国建立了近现代意义上的大学，通识教育也被引入中国。蔡元培、梅贻琦、钱穆等教育家进行了通识教育探索，提出了一些有价值的观点。20世纪90年代，中国大陆地区各高校陆续开始通识教育探索，积累了丰富的实践经验。应用型大学开展通识教育的合理性在于：通识教育有助于为个人职业发展提供多元支持系统，有助于学生人格的完善，有助于凝聚社会共识。中国通识教育兴起的直接原因是应试教育的弊害，但在20世纪90年代国家大力倡导素质教育并取得明显成果的情势下，高校自主探索通识教育的浪潮却日益高涨。中国通识教育的兴起具有民族国家竞争背景，知识经济社会发展是通识教育的深层背景，构建中国社会发展的统一性是通识教育的现实背景。

（一）通识教育内涵丰富，其历史、实践模式及教育理念渊源有自。

通识教育是一种现代教育理念，不是对古典自由教育的简单再现。专业教育就是现代高等教育的实质，这是通识教育理念形成的基础和前提。现代社会学科分化对大学的教育理念产生了直接的影响，现代化的挑战意味着在专业分科的教学组织方式、以学术研究为志业的基本定位和科学主义、知识本位的伸张等方面的深刻变革。通识教育为克服专业分化带来现代性问题而生，是非专业非职业的教育。通识教育与西方历史上的自由教育是两个不同的概念。虽然两者之间具有历史发展的连续性，在内涵上也有共通之处，但是自由教育和通识教育在所处的历史情境、培养目标以及各自所对应的教育类型方面很不相同。通识教育旨在培养全面发展的社会的人和国家的公民。通识教育作为一种人才培养模式，不仅仅是一种课程体系，更是一整套包含了教育理念、培养规格、课程设置以及教育教学管理体制等在内的完整体系。

通识教育源于古代西方的自由教育。19世纪上半期，通识教育在美国产生，20世纪在理论和实践方面全面展开并形成了相对成熟的模式，成为美国高等本科教育的显著特色。世界性的通识教育依据其哲学基础、课程体系和历史路径可以划分为美国模式和欧洲模式两大类型。从某种意义上说，通识教育在欧洲更倾向于被认为是一种教育理念，而不是一项教育举措。欧洲大学往往没有明确设置专门的通识课程，没有独立的、自成体系的通识教育环节，通识教育目标通过专业教育以及整个大学的学术活动来实现。美国通识教育在其长期的嬗变中形成了相对稳定的实践模式，主要包括：分布必修模式、核心课程模式、名著课程模式和自由选修模式。绝大多数高校采用分布必修模式。

通识教育的教育哲学主要包括要素主义、永恒主义和进步主义。要素主义者认为，文化传统里有所谓永恒不变的、共同的因素，如一个民族共同的文化遗产，一个国家共同认可的思想、规则等，这是所有人都应当学习的；学校是传递文化的机构，教育是"社会再现的过程"，通过教育可以使社会遗产在新生的每一代中再现，"使每一代拥有足以代表人类遗产最宝贵的要素的各种观念、意义、谅解和理想的共同核心"。永恒主义者认为，世界受真、善、美原则控制，而这些原则是亘古不变的、永恒的；人性是不变的，所需要的教育也是不变的。通识教育的目的就是培养人的"理性"，对于理智训练而言，传统的"永恒学科"的价值高于实用学科，永恒学科"首先是那些经历了许多世纪而达到古典著作水平的书籍"。进步主义者的主要代表是杜威，他在经验论的基础上提出"教育即生活""教育即生长"，鼓励儿童在行动中通过解决问题来求得知识，提出"从做中学"理念，以及引导学生运用智慧去探究或探索以解决问题的"问题教学法"。

（二）台湾地区技职院校的通识教育既是高等技职教育自身发展逻辑的产物，也是通识教育改革浪潮影响的结果。

通识教育是培养合格人才的必需，是培养适应经济社会发展的高素质人才的需求。台湾地区技职院校由于办学层次较低，直至 20 世纪 90 年代才通过升级改制而形成一批高等技职院校。通识教育是技职教育体系学生未来职业发展的需要。开展通识教育是在台湾地区经济社会发展的大背景下，技职院校寻求变化应对的必然选择。但是，技职院校偏重实用技术专业设置和其师资储备也让其在开展通识教育方面具有不同于一般大学的弱势。

台湾地区技职通识教育的发展经历了初步探索阶段（1984—2002 年）、

改革深化阶段（2002—2010年）、继续发展阶段（2010年至今）。台湾地区教育事务主管部门1984年发布的《大学通识教育选修科目实施要点》是台湾地区大学院校全面推动通识教育的开始，1992年，台湾地区教育事务主管部门公布的《大学共同必修科目表实施要点》，整合了共同必修与通识选修，开启了"共通课程"的时代。这一时期，技职院校开始了改制为技术学院和科技大学的集体向上运动，并就开展通识教育取得共识，在体制上复制综合大学的基础上开始了独立探索。这一时期，凝聚民间力量的通识教育学会通过创办刊物、召开年会、举办通识教育教师研习会、举办通识教育研讨会、开展通识教育评鉴或访视，宣扬通识教育理念、培训通识教师，成为台湾地区通识教育事实上的推动者。2002年，台湾通识教育委员会的成立，标志着技职通识教育的发展进入改革深化阶段。台湾地区通识教育的发展重心，由重视理念的建构及整体课程结构，转向重视通识教育的教学方面。教育事务主管部门通过推动实施"人文社会科学教育先导型计划（2003—2006）"为通识教育的发展探路、铺路；通过推动实施"通识教育中程纲要计划（2007—2010）"，建构了一个以通识教育为核心的、高度系统性、整合性的大学课程制度，有效联结各知识领域，成为科技人才养成的核心机制。"通识教育中程纲要计划（2007—2010）"提出的开设通识核心课程、开设行动导向/问题解决导向通识课程、开设跨通识及专业课程之整合型学程等项目，对通识教育的发展起到了导向作用。2010年以后，技职通识教育继续发展，2011年台湾地区教育事务主管部门推出的"核心能力养成中程个案计划"提出培养现代民众的核心能力的目标，即培养伦理、民主、科学、媒体、美学等五大素养。该计划在课程制度面的重点在于"通识午"与通识核心课程深化，学生学习面的重点在于强调"大一年"的重要性，课程设计与实施持续推广行动导向/问题解决导向的学习，环境教育面以住宿学习为操作平台，学习及课程辅助面则以全校课程地图的深化为主。

台湾地区技职院校通识教育的发展表明，教育事务主管部门在引领推动方面发挥了重要作用，来自民间的力量在理念推广、经验交流、师资培训方面也发挥了重要作用。

（三）探索形成了全人教育和凸显技职教育特质的教育理念，实现了通识教育理念的本土化发展。

移植自美国的通识教育概念在本土文化环境中被理解为培养通达识见之人的教育，继而被等同于全人教育。从性质来看，全人教育是一种理想的教育，是一种"内化式"的教育，体现着教育的贯通性、整合性和多元多样性。从目的来看，全人教育是关注人之为人的教育，关注人的生活、道德、情感、理智的和谐发展，旨在追求人的身心合一、人与外物的和谐以及人与自然的统一。从内容来看，全人教育即德、智、体、群、美"五育"均衡发展的教育，涵盖人的生活的各个领域，涉及的范围宽广、全面。从实践方式来看，知、情、意、行成为落实全人理念的立脚点，全人教育可以通过教育过程的各个方面来实现，学校实践全人理念最常见、最有效的方式是非专业性的、非功利性的通识教育。区别于多数学校对全人教育理念的强调，一些技职院校提出，技职通识教育不能简单复制综合大学的做法。技职通识教育事实上就是以技职教育的特质——专业教育——为核心，让个体经由自然、社会、人文、科技、宗教等不同层面的学习而逐渐获得通识能力的过程，这个过程涵盖了传统技职教育所强调的专门化以及社会变迁下所融入的通识化，专门化是专业发展的核心，通识化是专门化的开展。这种以技职教育专业化发展涵容专门化与通识化的发展思路更符合多数技职院校的实际。技职院校的通识教育理念多依据本校的教育宗旨、教育目标进行阐发，具有本土化色彩。

台湾地区技职院校多根据教育事务主管部门提出的伦理、民主、科学、媒体、美学五大素养和逻辑思辨、沟通表达、问题解决、鉴赏美感、探索创造、交流移动六大素养确定本校的通识教育目标，主要包括学会学习类，学会做事类，培养身心和谐、人与社会自然和谐类，应对全球化、专业教育和通识教育相互渗融类等教育目标。通识教育最核心的理念在于培育一位具有能力和素养的社会人。通识教育要着力培养的核心素养包括：语文阅读、理解与表达应用能力；协调、沟通与团队合作能力；人文艺术涵养与社会关怀能力；欣赏、尊重多元文化与全球视野；民主素养与社会责任；独立思考与创新能力；资讯科技能力。

（四）形成了技职通识课程的设置原则和课程模式，以及完善的组织管理体系。

通识教育的理念和目标最终都要通过课程来体现。某种意义上，通识教育就是指成体系的通识课程。在课程设置原则方面，台湾地区移植美国的教育哲学，形成了精义论、均衡论、进步论、多元文化论等几个派别。精义论者主张以经典研读作为通识教育课程的主要内容，因为他们深信人类文明虽与时俱进，但在变迁中有其永恒不变的核心价值，此种核心价值尤其保存在经典作品之中。均衡论者主张知识是一个整体，必须统观兼顾。为避免21世纪学术过于分化所导致的"隧道效应"，必须以通识教育课程为学生提供均衡的视野。进步论者强调，教育内容必须与学生未来的生活相结合，并对21世纪人类文明的发展有所贡献。因此，通识教育应有前瞻眼光，而非沉醉在以经典为基础的念旧情怀中。多元文化论者的主张起于对社会多样性的认知与肯定。技职通识教育应该具有不同的课程设置原则，精义论、均衡论及进步论是在说明通识教育的内容，如果以实施的方法而论，则有另三种理论可以和上述三种内容形成一个矩阵，它们是整合论、部门论及融入论。其中整合论较易结合均衡论，让各种资源搭配应用；部门论则将通识教育视为一个部门来运作，比如设立通识教育学院；融入论则强调将通识教育融入专业教育中。在此背景下，提出了以"技术花蕊，通识花瓣"为理念培育"博雅的专业人"，建构技职通识典范模式。"技术花蕊，通识花瓣"的主要理念在于同心圆的发展模式，意即由老师本身的专长出发，一方面向外"连结"其他学科，另一方面"发掘"相关的哲学及历史内涵。"通识使技术变艺术"则凸显了远离"隧道效应"，使技术人性化、社会化，也能拥有如同艺术般的创意及美。另外，技职教育以"进步论"为主轴，并不意味着与其他两种理论（精义论及均衡论）"不相往来"。事实上，进步论亦可结合二者延伸成为"精义进步论"或"均衡进步论"，使得中西古典精义可以和现实生活互补，或化"大均衡"

为"小均衡"。

技职通识教育模式可以概括为三种：通识均衡选修模式、核心课程模式、核心课程和均衡选修混合模式。通识均衡选修模式以台湾科技大学、屏东科技大学、"建国"科技大学等为代表，核心课程模式以台北科技大学为代表，核心课程和均衡选修混合模式以高雄科技大学为代表。技职院校的通识教育尚处于发展、调整过程中，均衡选修与核心课程模式之间的区隔逐渐模糊，更加注重通识课程内涵建设，以服务于学生核心素养的培养。技职通识课程中语文类基础课程占据相当比例，体现了对沟通表达及全球视野核心素养的重视，但也影响到通识课程在总课程中所占的比重和通识教育目标的达成。相较于通识教育模式的建构，技职院校更关注通识核心课程的建设，核心课程的内容代表或反映了一个知识领域的核心价值，是当代各类学术入门的基础，通过通识课程的学习，可以创造不同学术领域间对话、沟通与融合的可能性，进而培养学生的知识批判能力、知识统整能力及知识创新能力。

技职院校在正式课程之外，还开展了社会实践、劳作教育、服务学习、通识讲座、读书活动等非正式课程，以多种形式和手段实现通识教育目标。对社会实践等体现行动导向/问题解决导向类非正式课程的深入探索，对培养学生的自主学习能力、实践精神、社会责任感、团队协作能力等都有较好的效果。

在通识教育实践过程中，台湾地区形成了教育事务主管部门和各技职院校两级组织管理体系。台湾地区教育事务主管部门在通识教育运行过程中发挥了重要作用。各技职院校组建通识教育中心或共同教育中心等通识教育专门机构，制定通识课程架构，制定学生通识课程修课规范，制定教师通识课程审核、考核等制度规范，支撑保障了通识教育的开展。

（五）通识教育评鉴在技职通识教育的发展中发挥了重要作用。

教育评鉴是以教育品质的改善为主要目标，强调整体而客观地搜集与分析相关资料，针对教育目标、教育对象和所涉及的一切活动范围进行系统性的综合讨论，借以归纳判断其教育品质，并且协助加以改善。经过多年的发展，台湾地区高等技职教育评鉴可依功能区分为例行评鉴、项目评鉴、追踪评鉴三类；配合《大学评鉴办法》的规范，当前技职院校评鉴内容可区分为以下两类：一、行政类：包含综合校务、教务行政、学务行政、行政支援等四类评鉴。二、专业类：系指对各学院及科、系、所办学情况所进行的评鉴。

台湾地区通识教育评鉴依执行单位分成三个阶段：台湾通识教育学会阶段、台湾地区教育事务主管部门评鉴计划推动阶段及高等教育评鉴中心阶段。技职通识教育在第三个阶段并没有发展为独立的类似于学门的评鉴，而是始终被归于校务评鉴之中。2001年度，台湾通识教育学会受委托对科技大学、技术学院的通识教育进行访视，引起了技职院校对通识教育的关注，同时，通识教育实施过程中存在的问题，如课程的知识承载度不足，教学方法难以达到培养学生统整性、创新性等思维能力的目的，师资水平有待全面提升等问题也显现出来。2002年，台湾地区教育事务主管部门成立"通识教育委员会"，为了解各校开展通识教育的成效，先后实施了三期"大学通识教育评鉴先导计划"，目的是为高等院校全面实施通识教育积累经验、制定标准。台湾科技大学是参加"大学通识教育评鉴先导计划"的唯一所技职类院校。本次评鉴从评价指标体系来看，包括目标与愿景、组织制度、教学与行政资源、课程规划、教育品质、师资、自我评鉴机制、整体观感等八项。通过评鉴，肯定了台湾科技大学在通识教育方面的特色和优点。通过多方努力，一般大学的通识评鉴被纳入高等教育评鉴中心进行更制度化的专项评鉴，让人遗憾的是，技专院校的通识教育评鉴仍未成为专项评鉴。技专院校的通识教育评鉴只是教务评鉴中一个小小的项目，更重要的是，校务评鉴主要针对"大学管理作为"进行评鉴，对于教学、课程、师资与研究实质上并未涉及，在"评鉴指导教育"的氛围下，大学将资源集中于专业系所，通识教育日益被边缘化。

台湾地区高等教育评鉴由教育事务主管部门主导，具体工作主要由"财团法人高等教育评鉴中心基金会"和"社团法人台湾评鉴协会"两个机构开展，形成系统化的通识教育评鉴指标和操作流程。技职院校与通识教育相关的项目被列入校务评鉴中,由对技职教育进行评鉴的"社团法人台湾评鉴协会"办理。教育评鉴在台湾地区高等院校的发展中发挥着重要作用。技职评鉴促进了通识教育基本建制的完善,促进了通识基本素养及核心能力的订定与检核,为通识教育的发展方向及改善机制提供建议。但是,评鉴不能解决通识教育发展的深层问题,将通识教育纳入校务类评鉴,弱化了通识教育的生存基础。除了教育事务主管部门开展的教育评鉴外,各技职院校的自我评鉴、学生评鉴等对保障通识教育质量也发挥了重要作用。

(六)京台两地应用型大学通识教育在理念、基本模式、课程体系、师资队伍和教学方式等方面都有相同之处,但也存在较大差异,交流互鉴才能有利于两地通识教育的共同发展。

二、对策建议

(一)准确把握"通识教育"的本质内涵与目标

通识教育作为一个外来词汇,无论是在台湾地区还是在大陆地区都有不同的理解,准确把握其本质内涵,才能为高等教育实践提供精神指引。通识教育在台湾地区被理解为全人教育,而在大陆地区,通识教育与文化素质教育两个概念相互承接、转换、融合,共同推动高等教育的改革和发展。本文认为,文化素质教育在特定的语境和意义上可以被看作中国高等教育在新的历史发展时期的创新之举,是通识教育在当代中国高等教育中的民族化和本土化。[①]"通识教育"与"文化素质教育"在理念上是相通的,二者背后的教育目标与价值指向相似,都是力求实现一种支持人"全面发展"的教育。[②]

---

① 曹莉. 关于文化素质教育与通识教育的辩证思考[J]. 清华大学教育研究, 2007 (2): 24—33.
② 李曼丽. "通识教育"与"文化素质教育"的基本概念辨析[C]//大学素质教育编辑部. 大学素质教育(2022下半年合集), 2022.

但二者在什么是全面发展的人及如何培养全面发展的人方面存在分歧。文化素质教育强调得更多的是教育的具体内容和实施形式,包括通过补缺性质的课程、讲座或校园课外活动等来提高学生缺乏的素质。通识教育虽然也非常重视大学生各方面素质的全面提高,但它是对本科培养方案和本科教育结构的全面审视与重构,既包括人类主要知识领域,也包括对过于狭窄的专业教育的改造。由于在我国文化素质教育推进的过程中,"课程的科学规划和有效组织"是所面临的最大难题,因此在途径上特别应当借鉴西方的通识教育课程体系。① 因此,通识教育在本土化的语境中应该被理解为实现素质教育的一套课程体系,将提高人的素质的理念诉求,通过扎实有效的通识课程予以落实,力求避免本科课程建设流于知识的堆砌和形式上的归类。

通识教育的目标是对理念的具体化,能不能构建符合学生实际的目标体系,决定了通识教育能否落到实处。2016年,林崇德教授团队发布的《中国学生发展核心素养研究报告》,提出中国学生发展核心素养,以"全面发展的人"为核心,分为文化基础、自主发展、社会参与三个方面,综合表现为人文底蕴、科学精神、学会学习、健康生活、责任担当、实践创新六大素养。六大素养又可以分解为十八项指标,分别为人文积淀、人文情怀、审美情趣、理性思维、批判质疑、勇于探究、乐学善学、勤于反思、信息意识、珍爱生命、健全人格、自我管理、社会责任、身份认同、国际理解、劳动意识、问题解决、技术应用。② 许多高校根据这样的目标框架,细化后提出自己的核心素养目标。例如清华大学提出的能力目标框架包括沟通能力(书面表达)、沟通能力(口头表达)、批判性思维、创新能力、团队合作能力、科学素养、人文素养、终身学习能力等维度,并细分了能力等级,即能力需要达到的要求,分为重点评价、涵盖、涉及三个级别。③

通识教育应该是知识、能力、价值观的统一,如果抛开共同价值观的

---

① 庞海芍,郇秀红. 中国高校通识教育:回顾与展望[J]. 高校教育管理,2016(1):12—19.
② 核心素养研究课题组. 中国学生发展核心素养[J]. 中国教育学刊,2016(10):1—3.
③ 苏芃,李曼丽. 基于OBE理念,构建通识教育课程教学与评估体系——以清华大学为例[J]. 高等工程教育研究,2018(2):129—135.

培育，通识教育将会失去灵魂。我们要紧紧抓住价值观培养这个核心，充分发挥通识教育作为人才培养模式的优势。脱离了正确的教育教学模式，不注重学生广博知识基础的奠定与核心能力的培养，最终也难以达到价值观培育的目的。地方本科院校负担着绝大部分本科人才的培养任务，就业的现实需要决定了大学生需要一定的专业技能。但是，仅有专业技能是远远不够的。特别是在人工智能时代，一些重复性、技能型的劳动将会被机器所取代，人的核心素养和能力诸如社会责任感、批判性思辨与解决问题能力、有效沟通与表达能力、创造与创新能力、团队合作能力等变得更为重要，也是一个人在职业生涯中更具发展潜力、走得更好更远的必备能力。

（二）因校制宜，构建通识教育课程体系

通识教育主要是美国本科教育的特色，德国、英国、法国等欧洲国家都有自己独特的本科教育的模式，美国的通识教育模式也极为多样，因此，应用型大学在构建自己的课程体系时应该根据本校的办学层次、专业结构、师资条件等，形成自己的特色。在学科细化以及教师偏好更为专门化的今天，期待通过建立覆盖所有知识领域的课程体系，汲取众多源流，以达成培养完整的人的通识教育目标，只是人们的理想。现实中分布式课程不可能真正兼顾任何领域哪怕某一学科的概略性面目，更何况通论性的学科知识框架往往有浅表化的嫌疑。因而，现实中可能的方案或许是，基于大多数学生未来专业发展的相似性，寻求最大公约数，形成核心课程方案，这是如麻省理工学院等理工类院校的路线；要么是让教师在不同领域开出尽可能多的课程，从供需平衡角度尽力实现教师专长与学生偏好的耦合，这就是众多综合性大学分布式选修方案的设计策略；要么就采取分层设计路线，在学校层次设置少量最为基本的必修课程，其他由学院根据专业大类的需要自主决定，设计思路可以为分布选修，也可以为核心课程，这一设计思路的典型案例为加州大学伯克利分校。[①]

---

① 阎光才. 关于本科通识教育的林林总总 [J]. 中国高教研究，2021 (12)：12—17＋56.

对于应用型大学而言，在设计本校的通识教育课程体系时，要对课程作广义的理解，应该包括正式课程和非正式课程，将显性教育与隐性教育结合起来，除了强化第一课堂外，要统筹打造第二课堂（素质教育活动）、第三课堂（住宿学院或书院）、第四课堂（融入专业教育）、第五课堂（校园文化熏陶）。在学校层面重视公共基础课程内涵建设，改进教育方式方法，充分发挥其通识教育功能。思想政治理论课是富有中国特色的通识教育核心课程，要不断推进课程建设，增强思想政治理论课的思想性、理论性和亲和力、针对性，发挥思想政治理论课落实立德树人根本任务的关键课程作用，帮助大学生树立正确的世界观、人生观、价值观。沟通表达能力是大学生的基础能力，要通过开设大学语文等课程加强对学生学术写作能力的训练。通专融合是通识教育发挥作用的重要途径，可在学院层面着力打造适应不同院系专业人才培养需要的高质量核心通识课程。注重包括劳动教育、志愿服务、社会实践等课程的开设，发挥其在人才培养中的重要作用。

大学素质教育的实施路径及内容体系构建[①]

第一课堂	通识教育必修课（公共必修课）	思想政治理论课，包括：马克思主义基本原理概论、毛泽东思想和中国特色社会主义概论、中国近现代史纲要、思想道德修养和法律基础 中文写作、英语、计算机（培养当代社会亟须的交流与沟通技能），体育、军训等（重在训练身体素质、意志力、团队合作等）
	通识教育选修课	多数高校采取了分布选修的方式，开设的几十门或数百门课程划分为几大类，不同高校要求学生选修6—20多学分不等，一些高校开设了通识必修课、通识核心课
第二课堂	素质教育活动	课外讲座、读书活动、科技竞赛、文化艺术及体育活动、大学生社团等
	社会实践	志愿者服务、社会调查、暑期社会实践等
第三课堂	住宿学院或书院	发扬中国的书院精神，借鉴西方的住宿学院制度，将宿舍作为育人场所发挥素质教育作用

---

① 庞海芍．素质教育/通识教育在中国的实践历程与未来发展［J］．教学研究，2022（2）：1—9．

续表

第四课堂	融入专业教育	在专业课程教学、专业实习、毕业设计等环节渗透素质教育理念和目标
第五课堂	校园文化熏陶	大学精神文化、物质文化、制度文化的熏染

（三）改进教育方式方法，增强育人效果

通识教育的精髓是其经典研读、小班授课加讨论的教学方式。很多通识课程往往以概论、概览等形式开设，授课方式也以教师的讲授为主，学生被动参与课程，没有阅读、思考的时间，知识难以内化，自然效果不佳。没有阅读的高度、数量和强度，培养学生深度学习能力、批判思考能力、沟通表达能力的目标将难以达到。这样的教学方式可以渗透到多数人文类、社科类的通识课程及专业课程中。为此，每门课程都要整理本课程领域的经典文本，加强对经典研读的导引，并结合现实提炼出具有普遍性的问题，在课堂中进行讨论，训练学生的思考能力和表达能力，将表层的知识学习转化成深度学习。鉴于目前多数通识课程都是大班授课，对讨论形成了限制，可以通过完善助教系统来提供制度保障和支撑；同时，可以利用网络教学平台提供的便利，将大班划分为二十人左右的小班来开展讨论，也能起到应有的效果。

行动导向/问题解决导向类课程是美国及我国台湾地区技职通识课程的重要形式，我们要吸收借鉴其中的有益成分，融入通识课的建构和教学中。理论课没有联系实际无法吸引学生的学习和参与，单纯的社会实践缺乏知识的承载度而难以深入，都是普遍存在的问题。我们可以双向发力，改造理论课和社会实践，以学生成长为中心，共同提升课程效果。2017年对全国25611名大学生的核心素养所做调查的结果表明，课外活动、同伴关系、师生关系、通识课程、教师素养、校园环境、专业渗透等诸多因素均对核心素养造成影响，但除校园环境外，各因素所产生的均为正向影响。[①] 素质教育

---

① 张毅鑫. 我国本科生核心素养现状及影响因素研究[D]. 北京：北京理工大学，2017.

活动、社会实践等是中国高校开展素质教育的优势和特色,很多大学都形成了系列化、品牌化、专业化、现代化的活动。我们要将社会实践活动与思想政治理论课、学生专业优势、国家及地区发展需要结合起来,构建完备的社会实践体系,发挥理论联系实际助力学生成长的重要作用。

(四) 切实提升教师通识教育能力

教师是落实通识教育的关键,而目前师资大多是专业教育体系中培养出来的,教师的晋升、考核也多以专业研究成就作为关键指标,教师为个人发展会把大量的精力投入科研工作而不是教学中。教师通识能力的提升可以从多个方面入手。其一,加强对通识教育在培养学生核心素养方面作用的宣传,促使教师更新教育理念,强化成果导向,在教学设计中将通识教育目标与教学紧密结合。其次,立足本专业,从广度和深度上完善自我知识结构。综合融通是通识教育追求的目标。教师要对本专业的历史发展、相关专业的发展有广博的知识。其三,适应授课的需要,要善于以特定主题重组自己的知识体系,以迎合学生不同的兴趣点,扣合其未来专业取向。其四,善于挖掘自身师资潜质,加强通识教育师资建设;注意通过教师培训或教学改革项目,提升通识教育师资水平;通过课程共同体及引入网络课程资源等,丰富通识课程师资供给。

主要参考文献

一、著作、文集类

[1] 李曼丽. 通识教育：一种大学教育观 [M]. 北京：清华大学出版社，1999.

[2] 北航高研院通识教育研究课题组. 转型中国的大学通识教育——比较、评估与展望 [M]. 杭州：浙江大学出版社，2013.

[3] 冯惠敏. 中国现代大学通识教育 [M]. 武汉：武汉大学出版社，2004.

[4] 冯惠敏. 中国特色通识教育模式研究 [M]. 北京：科学出版社，2018.

[5] 甘阳，陈来，苏力. 中国大学的人文教育 [M]. 北京：生活·读书·新知三联书店，2015.

[6] 黄俊杰. 大学通识教育的理念与实践 [M]. 高雄：台湾通识教育学会，1999.

[7] 黄俊杰. 转型中的大学通识教育：理念、现况与展望 [M]. 台北：台湾通识教育学会，2006.

[8] 黄俊杰. 大学通识教育探索：中国台湾经验与启示 [M]. 广州：中山大学出版社，2002.

[9] 黄俊杰. 全球化时代的大学通识教育 [M]. 北京：北京大学出版社，2006.

[10] 黄坤锦. 美国大学的通识教育——美国心灵的攀登 [M]. 北京：北京大学出版社，2006.

[11] 哈佛委员会. 哈佛通识教育红皮书[M]. 李曼丽, 译. 北京: 北京大学出版社, 2010.

[12] 尤西林. 通识教育文献选辑: 第一卷 起源与制度. 北京: 科学出版社, 2019.

[13] 尤西林. 通识教育文献选辑: 第二卷 海外通识教育. 北京: 科学出版社, 2020.

[14] 尤西林. 通识教育文献选辑: 第三卷 当代通识教育的理论与改革探索. 北京: 科学出版社, 2020.

[15] 郝维谦, 龙正中, 张晋峰. 中华人民共和国高等教育史[M]. 北京: 新世界出版社, 2011.

[16] 王炳照, 阎国华. 中国教育思想史: 第1卷[M]. 长沙: 湖南教育出版社, 1994.

[17] 华东师范大学教育系, 杭州大学教育系编译. 现代西方资产阶级教育思想流派论著选[M]. 北京: 人民教育出版社, 1980.

[18] 李佳. 近代中国大学通识教育课程研究[M]. 杭州: 浙江大学出版社, 2010.

[19] 李引进. 通识教育的裂变与重建[M]. 上海: 上海交通大学出版社, 2017.

[20] 杨东平. 大学精神. 上海: 文汇出版社, 2003.

[21] 亨利·罗索夫斯基. 美国校园文化: 学生·教授·管理[M]. 谢宗仙, 周灵芝, 马宝兰, 译. 济南: 山东人民出版社, 1996.

[22] 罗伯特·梅逊. 西方当代教育理论[M]. 陆有铨, 译. 北京: 文化教育出版社, 1984.

[23] 约翰·杜威. 我们怎样思维·经验与教育[M]. 姜文闵, 译. 北京: 人民教育出版社, 1991.

[24] 杜威教育论著选[M]. 赵祥麟, 王承绪, 编译. 上海: 华东师范大学出版社, 1981.

[25] 约翰·杜威. 民主主义与教育[M]. 王承绪, 译. 北京: 人民

教育出版社，1990.

［26］贺国庆．近代欧洲对美国教育的影响［M］．石家庄：河北大学出版社，1994.

［27］孔繁敏，等．建设应用型大学之路［M］．北京：北京大学出版社，2006.

［28］付淑琼．好的通识教育：理论与实践［M］．上海：华东师范大学出版社，2019.

［29］Levine A. A Handbook on Undergraduate Curriculum［M］．San Francisco：Jossy-Bass Publishers，1978.

［30］Gaff J. G. General education today：a critical analysisofcontroversies，practices，and reforms［M］．San Francisco：Jossey-Bass Publishers，1983.

二、论文类

［1］高明士．传统中国通识教育的理论［J］．通识教育季刊，1994，1（4）：67—75.

［2］庞海芍．素质教育/通识教育在中国的实践历程与未来发展［J］．教学研究，2022（2）：1—9.

［3］庞海芍，郇秀红．素质教育与大学教育改革［J］．中国高教研究，2015（9）：73—78.

［4］庞海芍，郇秀红．中国高校通识教育：回顾与展望［J］．高校教育管理，2016（1）：12—19.

［5］黄俊杰．21世纪的大学专业教育与通识教育：互动与融合［J］．顺德职业技术学院学报，2007（1）：1—5.

［6］黄俊杰．台湾大学院校通识教育现况：对于评鉴报告的初步观察［J］．高教发展与评估，2006（4）．

［7］黄俊杰．通识教育评鉴的必要性与局限性［J］．高教发展与评估，2012（1）：15—18.

［8］黄俊杰．"生命教育"如何可能？［J］．高教发展与评估，2021

（4）：44—54＋106.

[9] 李曼丽. 中国大学通识教育理念及制度的构建反思：1995—2005 [J]. 北京大学教育评论，2006（3）：86—99＋190.

[10] 李曼丽. "通识教育"与"文化素质教育"的基本概念辨析 [C]//大学素质教育编辑部. 大学素质教育（2022下半年合集），2022.

[11] 李曼丽，汪永铨. 关于"通识教育"概念内涵的讨论 [J]. 清华大学教育研究，1999（1）：99—104.

[12] 李曼丽. 美国大学通识教育实践研究 [J]. 高等工程教育研究，2000（1）：46—50.

[13] 苏芃，李曼丽. 基于OBE理念，构建通识教育课程教学与评估体系——以清华大学为例 [J]. 高等工程教育研究，2018（2）：129—135.

[14] 王洪才，解德渤. 中国通识教育20年：进展、困境与出路 [J]. 厦门大学学报（哲学社会科学版），2015（6）：21—28.

[15] 陈智. 高职院校通识教育与专业教育结合的探索 [J]. 教育研究，2007（3）：87—91.

[16] 尤西林. 中国当代通识教育的起源背景与现状问题——兼论通识教育"评估—调整"机制的意义 [J]. 华东师范大学学报（教育科学版），2022（8）：1—8.

[17] 甘阳. 通识教育：美国与中国 [J]. 复旦教育论坛，2007（5）：22—29.

[18] 甘阳. 大学通识教育的两个中心环节 [J]. 读书，2006（4）：3—12.

[19] 陈向明. 对通识教育有关概念的辨析 [J]. 高等教育研究，2006（3）：64—68.

[20] 陈向明. 从北大元培计划看通识教育与专业教育的关系 [J]. 北京大学教育评论，2006（3）：71—85＋190.

[21] 沈文钦. 通识教育模式在第二次世界大战后的全球扩散 [C]//郭大成. 素质教育与大学精神：2012年大学素质教育高层论坛论文集. 北

京：北京理工大学出版社，2013.

[22] 沈文钦. Liberal Education 的多重涵义及其现代意义：一个类型学的历史分析[J]. 北京大学教育评论，2021（1）：17—43+190.

[23] 沈文钦. 赫钦斯与芝加哥大学的通识教育改革[J]. 比较教育研究，2006（4）：41—45.

[24] 石中英. 论教育学的文化性格[J]. 教育研究，2002（3）：19—23.

[25] 陆一，徐渊. 制名以指实："通识教育"概念的本语境辨析[J]. 清华大学教育研究，2016（5）：30—39.

[26] 陆一. 从"通识教育在中国"到"中国大学的通识教育"——兼论中国大学专业教育与通识教育多种可能的结合[J]. 中国大学教学，2016（9）：17—25.

[27] 陆一. 通识教育需要面对三大挑战[N]. 中国科学报，2021-8-10（5）.

[28] 陆一. "通识教育"在教育实践中的名实互动[J]. 清华大学教育研究，2018（2）：83—91.

[29] 张旭东. 关于"通识教育"理念和实践的一些经验和看法[C]//甘阳，孙向晨. 通识教育评论（2022年总第十期）. 北京：商务印书馆，2023.

[30] 张汝伦. 通识又解[C]//甘阳，孙向晨. 通识教育评论（2022年总第九期）. 北京：商务印书馆，2023.

[31] 曹莉. 关于文化素质教育与通识教育的辩证思考[J]. 清华大学教育研究，2007（2）：24—33.

[32] 核心素养研究课题组. 中国学生发展核心素养[J]. 中国教育学刊，2016（10）：1—3.

[33] 张东海. 通识教育：概念的误读与实践的困境——兼从全人教育角度理解通识教育内涵[J]. 复旦教育论坛，2008（4）：20—23.

[34] 钟秉林，王新凤. 通识教育的内涵及其本土化实践路径探析

[J]. 国家教育行政学院学报,2017(5):3—9.

[35] 董泽芳. 高校人才培养模式的概念界定与要素解析[J]. 大学教育科学,2012(3):30—36.

[36] 理查德·莱文. 通识教育在中国教育发展中的角色[J]. 国家教育行政学院学报,2010(7):8—10+77.

[37] 秦春华. 我们需要什么样的通识教育[J]. 中国大学教学,2016(11):17—26+35.

[38] 张亮. 我们应当提供什么样的哲学通识教育[J]. 北京理工大学学报,2013(4):154—157.

[39] 林建华. 什么是成功的大学教育[N]. 光明日报,2015-12-25(13).

[40] 梁美仪. 经典阅读与人文素质——香港中文大学通识基础课程建设的思考[C]//郭大成. 素质教育与大学精神:2012年大学素质教育高层论坛论文集. 北京:北京理工大学出版社,2013.

[41] 冯惠敏,郭路瑶. 通识教育改革的动向与争议——基于"武大通识3.0"的个案分析[J]. 教育探索,2019(1):70—75.

[42] 黄福涛. 面向21世纪中日本科课程改革的比较研究[J]. 清华大学教育研究,2001(4):126—133.

[43] 孙华. 通识教育的理想类型[J]. 教育学术月刊,2015(4):3—13.

[44] 孙华. 通识教育的欧洲模式[J]. 江苏高教,2015(2):12—16.

[45] 邓利娟. 台湾经济从"奇迹"到"困境"发展过程的重新审视——基于东亚新学说的理论视角[J]. 台湾研究集刊,2009(2):42—51.

[46] 张天津. 台湾技职教育的历史回顾[J]. 中国职业技术教育,2005(23):13—15.

[47] 刘阿荣. 台湾地区通识教育之变迁:批判与反思[J]. 通识教育季刊,1999,6(2):17—37.

[48] 刘兆汉,刘阿荣. 大学通识教育的基本理念与发展[J]. 通识教

育季刊，2000，7（2、3）：1—4.

[49] 林从一. 台湾通识教育发展历程［J］. 长庚人文社会学报，2014，7（2）：191—253.

[50] 郭冠廷. 通识教育的理想和实践［J］. 通识教育季刊，1998，5（3）：21—28.

[51] 龚鹏程. 通识教育与人文精神［J］. 鹅湖月刊，1993，18（12）：1—10.

[52] 吴靖国. 教育行政机关推动技职通识教育之概况分析［J］. 通识教育季刊，2000，7（1）：93—114.

[53] 朱建民. 大学通识教育的回顾与前瞻［J］. 通识教育季刊，2002，9（2）：143—151.

[54] 牟宗三. 通识教育的意义［J］. 鹅湖月刊，1985，12（1）：44—45.

[55] 杨国枢. 评叶启正《论通识教育的内涵及其可能面临的一些问题》［C］//大学通识教育研讨会论文集，台湾清华大学，1987：70—71.

[56] 陈立骧. 谈通识教育的完整意义［J］. 鹅湖月刊，2007，33（6）：41—42.

[57] 张光正，吕鸿德. 中原大学教育理念形成、共识与扩散——科技与人文融合之观点［J］. 中原学报，1998，26（4）：1—8.

[58] 陈杏枝，游家政. 全人教育作为通识教育的理念：台湾14所公私立综合大学的通识教育理念和课程规划之研究［J］. 通识教育学刊，2014，14：23—43.

[59] 陈杏枝，游家政. 核心课程？还是分类选修？：某私立综合大学通识教育课程架构改革之研究［J］. 教育研究集刊，2015，61（1）：69—100.

[60] 林治平. 全人教育学术研讨会论文集［C］//财团法人基督教宇宙光传播中心出版社，1996：序言.

[61] 谭敏. 台湾地区全人教育理念评析［J］. 复旦教育论坛，2008（4）：24—27.

[62] 曹秀明. 全人的技职教育理念之意义与内涵研究 [J]. 通识教育季刊, 2001, 8 (4): 91—100.

[63] 陈介英. 通识教育与台湾的大学教育 [J]. 思与言, 2008, 46 (2): 1—33.

[64] 张文雄, 郑定国. 科技大学落实通识教育的经验及做法 [J]. 通识教育季刊, 1998, 5 (2): 17—26.

[65] 简成熙. 技职教育与通识教育二元对立的消解——从技职教育的专业特性来审视 [J]. 通识教育季刊, 1998, 5 (2): 37—50.

[66] 于长福, 庹莉. 财经类应用技术型大学: 内涵、价值与建设路径——基于我国台湾地区高等技职教育人才培养的视角 [J]. 黑龙江高教研究, 2015 (7): 36—40.

[67] 吴清山, 王令宜. 公立大学通识教育课程架构内涵分析与改进之研究 [J]. 课程与教学季刊, 2017, 20 (1): 1—24.

[68] 王俊秀. 技职通识教育的典范建构: 合作学习与通识护照个案 [J]. 通识教育季刊, 1998, 5 (2): 105—116.

[69] 陈能治. 技职体系通识教育历史课程实施的理想与现实——南台科技大学个案探讨 [J]. 通识教育季刊, 2001, 8 (3): 99—129.

[70] 陈舜芬. 核心课程与分类课程选修的比较——从哈佛大学通识课程改革谈起 [J]. 通识教育季刊, 2008, 创刊号: 51—65.

[71] 阎光才. 关于本科通识教育的林林总总 [J]. 中国高教研究, 2021 (12): 12—17+56.

[72] 卢春龙. 台湾通识教育的运行模式与理念 [J]. 中国政法大学学报, 2018 (1): 92—102+208.

[73] 马早明. 通识教育 台湾科技人才培养的新趋向 [N]. 中国教育报, 2012-9-28 (7).

[74] 靳玉乐. 潜在课程简论 [J]. 课程·教材·教法, 1993 (6): 48—51.

[75] 王俊秀. 非正式课程的设计: 开眼器与自我博物馆 [J]. 通识教

育季,2001,8(4):135—146.

[76] 李锐.凯兴斯泰纳"劳作学校"理论探讨[J].安徽师大学报(哲学社会科学版),1992(3):311—317.

[77] 罗筱霖.高校人格素质教育的重要途径——台湾东海大学劳作教育制度及其启示[J].开封大学学报,2013(4):72—75.

[78] 曾腾光.实施劳作教育制度的教育功能——以台湾朝阳科技大学之经验为例[C]//2008海峡两岸应用性(技术与职业)高等教育学术研讨会,2008.

[79] 梁燕.台湾地区高等院校开展劳作教育的现状和启示——以东海大学和朝阳科技大学为例[J].世界教育信息,2019(12):42—46+53.

[80] 王梅珍.台湾职业教育考察[J].浙江纺织服装职业技术学院学报,2004(2):65—67.

[81] 王胤妁.台湾朝阳科技大学人才培养特色观察[J].文教资料,2019(5):130—131+160.

[82] 杨秀琴,皮坤乾.台湾技职院校学生就业"软实力"培养的启示——以台湾朝阳科技大学为例[J].职业教育(中旬刊),2017(3):10—13.

[83] 张育诚.大学如何地方实践?一些行动参考[J].当代通识,2020(2):1—22.

[84] 张德启.台湾高校通识教育课程发展及其特色[J].河北师范大学学报(教育科学版),2009(9):89—94.

[85] 陈雯.台湾高校通识教育发展策略与改革趋势研究[J].高教学刊,2018(11):1—4+7.

[86] 林聪明,巫铭昌,郑美君,等.台湾高等技职教育的评鉴制度与实施[J].职业技术教育(教科版),2005(22):31—38.

[87] 吴言荪,王平.台湾高等教育评鉴的演进与思考[J].重庆大学学报(社会科学版),2008(2):132—137.

[88] 古源光.由校务评鉴谈未来技职教育的永续发展[J].评鉴(双

月刊），2020（87）：53—55.

[89] 吴淑媛. 台湾高等技职教育评鉴现况与未来发展 [J]. 中国高教研究，2015（12）：34—35.

[90] 闫亚林. 另一种大学竞争力：中国台湾高校通识教育的两次评鉴 [J]. 教育理论与实践，2005（19）：57—62.

[91] 李家新，张宝蓉. 从"反服贸""反课纲"运动透析台湾民众教育困局 [J]. 台湾研究集刊，2016（5）.

[92] 马星，董垌希. "以学为本"：新一轮台湾通识教育评鉴探析 [J]. 高教探索，2016（10）：81—85.

[93] 徐昌慧. 科技大学暨技术学院评鉴之指标修订及未来发展 [J]. 评鉴（双月刊），2009（18）：36—40.

[94] 黄自敏. 台湾省高等教育评价的发展历程与制度框架 [J]. 复旦教育论坛，2009（2）：17—21.

[95] 刘金源. 通识教育教学品质确保与精进 [J]. 评鉴（双月刊），2020（85）：55—57.

[96] 蔡雅文. 通识教育评鉴认可关键要素解析 [J]. 评鉴（双月刊），2012（36）：20—23.

[97] 李凤亮，陈泳桦. 新文科视野下的大学通识教育 [J]. 山东大学学报（哲学社会科学版），2021（4）：170—176.

[98] 肖章柯. 应用型大学实施通识教育探微 [J]. 北京教育（高教版），2011（5）：27—28.

[99] 蒋家平. 通识教育应突出价值观导向 [N]. 中国教育报，2018-05-11（5）.

[100] 张威. 通识教育：高校课程思政的有效促进 [J]. 中国高等教育，2019（2）：36—38.

[101] 冯爱秋，杨鹏，肖章柯. 地方普通高校应用型本科人才培养方案研究与实践 [J]. 北京教育（高教版），2012（11）：53—55.

[102] 周志成，韩强，孟宪东，等. "问题导入式"专题教学改革探

索与思考［J］．思想理论教育导刊，2014（3）：73—76．

［103］李艺英，于洋．深化"课程思政"建设　落实立德树人根本任务——北京联合大学党委书记韩宪洲访谈录［J］．北京教育（高教版），2019（6）．

［104］吴庆，段祥伟．"服务学习"理念下的学生社会责任感培养模式探析——以北京联合大学商务学院为例［J］．劳动保障世界，2016（30）．

［105］李伟华．浅谈高校志愿服务思想政治育人功能实效性的提升——以北京联合大学机器人学院为例［J］．文教资料，2019（21）．

［106］王平，吴梅．专业志愿服务提升法律人才应用能力的实践——以北京联合大学为例［J］．北京教育（高教版），2016（3）．

［107］杨芳，吉波．多校区大学通识教育选修课的建设与实践——以北京联合大学为例［J］．教育教学论坛，2017（47）．

［108］方国权．技职教育的双璧——专业教育与通识教育［J］．通识在线，2006，3．

［109］张一蕃．教育不是训练——通识是专业的先决条件［J］．通识在线，2006，3．

［110］张一蕃．为海峡两岸通识教育注入新力量［J］．通识在线，2005，1．

［111］林崇熙．技职体系通识教育的新大道［J］．通识在线，2016，65．

［112］王俊秀．回首"通识"来时日——在线博物馆开馆志［J］．通识在线，2005，1．

［113］林孝信．台湾通识教育的推动者"通识教育学会"简介与近况［J］．通识在线，2005，1．

［114］黄俊杰．通识教育工作者对话平台［J］．通识在线，2005，1．

［115］刘柏宏．技职通识课程专栏介绍［J］．通识在线，2017，70．

［116］张瑞雄，陈闵翔．走出一条技职通识教育的路［J］．通识在线，

2016，65.

[117] 邱天助. 通识教育不应沦为专业教育的侍臣 [J]. 通识在线，2016，62.

[118] 黄政杰. 以专业通识串联共同通识 [J]. 通识在线，2016，62.

[119] 方永泉. 能力乎？素养乎？——通识教育目标再思 [J]. 通识在线，2012，42.

[120] 方永泉. 通识教育成为大学教育的核心？——通识教育的"不可承受之重" [J]. 通识在线，2016，62.

[121] 邹川雄. 剧变时代下通识核心课程的总体省思 [J]. 通识在线，2014，50.

[122] 林从一. 台湾通识教育发展方向 [J]. 通识在线，2014，54.

[123] 何昕家. 从技职教育脉络与技职学生特质，浅谈技职通识课程 [J]. 通识在线，2016，65.

[124] 编辑部. 深度论坛：技职通识是否要复制综合大学？[J]. 通识在线，2016，65.

[125] 刘阿荣. 谈通识教育的评鉴及其影响 [J]. 通识在线，2019，80.

[126] 王远嘉. 技专院校通识评鉴之反思与鞭策 [J]. 通识在线，2011，36.

[127] 陈芊卉. 生命需要体验，学习才能深刻 [J]. 通识在线，2011，36.

[128] 郭峰呈. 学习的热情、宽容的心与通识教育 [J]. 通识在线，2017，68.

[129] 王崧合. 对于自由学习的一丝渴望，在专业教育与通识教育之间与之外 [J]. 通识在线，2016，67.

[130] 谢灵. 经典可以这么教——曾暐杰老师"墨子课"上课方法原理及效果分析 [J]. 通识在线，2018，78.

[131] 陈晓瑄. 在自由中陶塑民众素养　原来这才是通识课 [J]. 通

识在线，2017，71.

[132] 王立琦. 属于大学生的通识教育 [J]. 通识在线，2013，49.

[133] 沈柏佑. 我对于通识课的梦想，以及许多的失望 [J]. 通识在线，2016，66.

[134] 王钧平. 直言大一语文的学习心得 [J]. 通识在线，2017，69.

[135] 郑志成. 对于通识教育与专业化的一些思考 [J]. 通识在线，2018，79.

[136] 包宗和. 以通识政治教育厚植民众民主素养 [J]. 通识在线，2014，55.

[137] 顾忠华. 通识教育如何培育现代民众？[J]. 通识在线，2014，55.

[138] 谢登旺. 通识教育提升民众政治素养刍议 [J]. 通识在线，2014，55.

[139] 魏楚阳. 大学中的民众教育与学生运动 [J]. 通识在线，2014，55.

[140] 余元杰，林文斌. 政治教育在通识课程中的实践 [J]. 通识在线，2014，55.

[141] 庄明哲. 通识教育是教育的基础，也是专业教育的基础 [J]. 通识在线，2016，63.

三、电子资源、其他类

[1] 余婷婷. 台湾高校通识教育研究 [D]. 北京：北方工业大学，2014.

[2] 张毅鑫. 我国本科生核心素养现状及影响因素研究 [D]. 北京：北京理工大学，2017.

[3] 张东海. 全人教育思潮与高等教育实践研究 [D]. 上海：华东师范大学，2007.

[4] Princeton University. Report of the task force on general education [R/OL]. (2016-10-14). https://strategicplan.princeton.edu/sites/strate-

gicplan/files/task-force-report-on-general-education. pdf.

［5］Harvard College Program in General Education. Gen ED Categories［EB/OL］. https：//gened. fas. harvard. edu/courses-listing.

［6］Association of American Colleges and Universities. Essentiallearning outcomes［EB/OL］（2021－9－19）. https：//www. aacu. org/trending-topics/what-is-liberal-education.

［7］范广欣. 芝加哥大学的西方文明核心课程：通识教育与大学理念［EB/OL］.（2015－9－2）. https：//www5. cuhk. edu. hk/oge/oge_media/rcge/Docs/Conference/Idea_of_University/fanguangxin. pdf.

［8］刘振维. 生活中的哲学涵养期末报告［EB/OL］. https：//ge. cyut. edu. tw/p/412－1023－924. php？Lang＝zh-tw.

［9］台湾地区教育事务主管部门. 追求卓越的技职教育［R］，2000.

［10］台湾通识教育学会. 2001年度科技大学通识教育访视结果报告，2001.

［11］台湾地区教育事务主管部门. "通识教育委员会". 大学通识教育评鉴先导计划评鉴报告，2004.

［12］台湾地区教育事务主管部门. 大学通识教育评鉴先导计划（第三期）A类计划评鉴报告，2008.

［13］台湾地区教育事务主管部门. 大学通识教育评鉴先导计划（第三期）B类计划评鉴报告，2008.

［14］台湾地区教育事务主管部门. 通识教育中程纲要计划（2007—2010）成果报告［R］，2010.

［15］大学通识教育联盟. 大学通识教育联盟章程（修订稿）［EB/OL］.（2016－6－20）. http：//www. dean. pku. edu. cn/web/rules_info. php？id＝145.

［16］台湾评鉴协会. 2014—2019学年度科技校院校务暨系所评鉴指标［EB/OL］. https：//tve-eval. twaea. org. tw/page/target.

［17］台湾评鉴协会. 2021学年度技专校院评鉴实施计划［EB/OL］.

https://tve-eval.twaea.org.tw/page/target.

[18] 高雄科技大学通识教育中心［EB/OL］.［2018-09-10］. http://gec.kuas.edu.tw/files/11-1012-5.php.

[19] 屏东科技大学通识教育中心［EB/OL］.［2018-09-10］. http://hs.npust.edu.tw/files/11-1164-6404.php? Lang=zh-tw.

[20] 朝阳科技大学通识教育中心［EB/OL］.［2018-09-10］. http://ge.cyut.edu.tw/p/412-1023-924.php? Lang=zh-tw.

[21] "建国"科技大学通识教育中心［EB/OL］.［2018-09-10］. http://gc.ctu.edu.tw/about.

[22] 台湾科技大学共同教育委员会［EB/OL］.［2018-09-10］. https://cge.ntust.edu.tw/files/11-1009-2.php? Lang=zh-tw.

[23] 台北科技大学通识教育中心［EB/OL］.［2018-09-10］. https://gec.ntut.edu.tw//files/11-1017-9302.php.

[24] 云林科技大学通识教育中心［EB/OL］.［2018-09-10］. http://www.uhx.yuntech.edu.tw/computer/default.aspx.

[25] 高雄餐旅大学通识教育中心［EB/OL］.［2018-09-10］. https://ge.nkuht.edu.tw/intro/super_pages.php? ID=intro1.

[26] 澎湖科技大学通识教育中心［EB/OL］.［2018-09-10］. http://203.68.252.181/contents/menu/menu_view.asp? menuID=367♯.

[27] 台湾中国科技大学通识教育中心［EB/OL］.［2018-09-10］. http://www.cute.edu.tw/~gec/introd/index.html.

[28] 弘光科技大学通识学院［EB/OL］.［2018-09-10］. http://gec.hk.edu.tw/intro/super_pages.php? ID=intro03.

[29] 台南科技大学通识教育中心［EB/OL］.［2018-09-10］. https://genedu.stust.edu.tw/tc/node/aboutus.

[30] 昆山科技大学通识教育中心［EB/OL］.［2018-09-10］. https://web.ksu.edu.tw/DTGC000/page/47283.

[31] 东南科技大学通识教育中心［EB/OL］.［2018-09-10］. ht-

tp://ge.tnu.edu.tw/zh_tw/idea/concept.

[32] 育达科技大学通识教育中心[EB/OL].[2018-09-10].http://www.ge.ydu.edu.tw/zh_tw/about/History.

[33] 长庚科技大学通识教育中心[EB/OL].[2018-09-10].http://ge.cgust.edu.tw/ezfiles/12/1012/img/248/202185241.png.

[34] 树德科技大学通识教育学院[EB/OL].[2018-09-10].http://www.zzd.stu.edu.tw/intro/super_pages.php?ID=intro1.

[35] 辅英科技大学共同教育中心[EB/OL].[2018-09-10].http://egec.fy.edu.tw/files/11-1005-741.php?Lang=zh-tw.

[36] 健行科技大学通识教育中心[EB/OL].[2018-09-10].http://aps2.uch.edu.tw/acade_search/GE/v2/intro.htm#i1.

[37] 台湾大学共同与通识教育改革之研究计划报告书[EB/OL].https://cge.ntu.edu.tw/001/Upload/1022/relfile/0/60774/dce26a69-f95b-42e2-85d4-fbb12992f55b.pdf.